Econo-Globalists 15

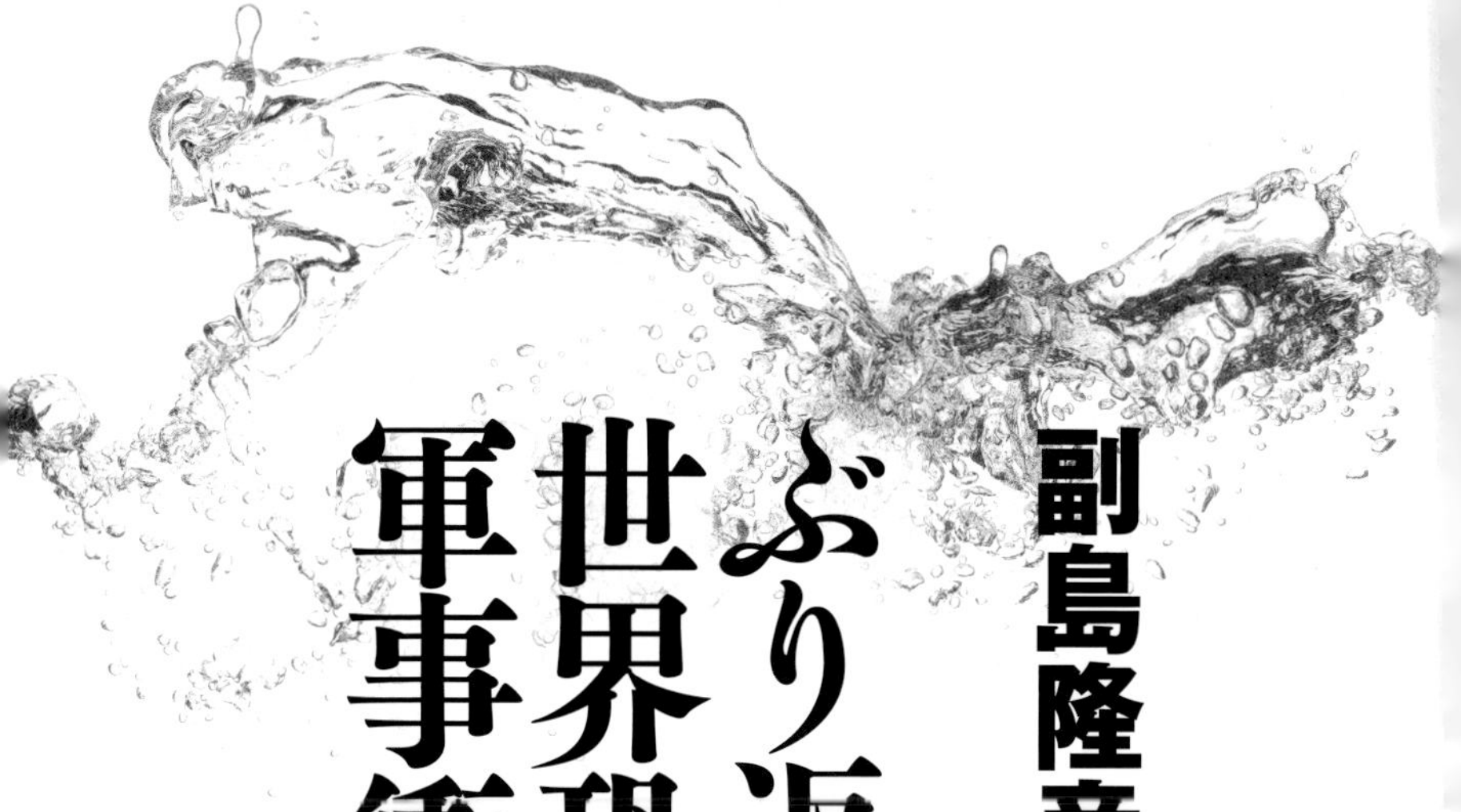

ぶり返す世界恐慌と軍事衝突

副島隆彦

Return to War Economy & Military Collisions

祥伝社

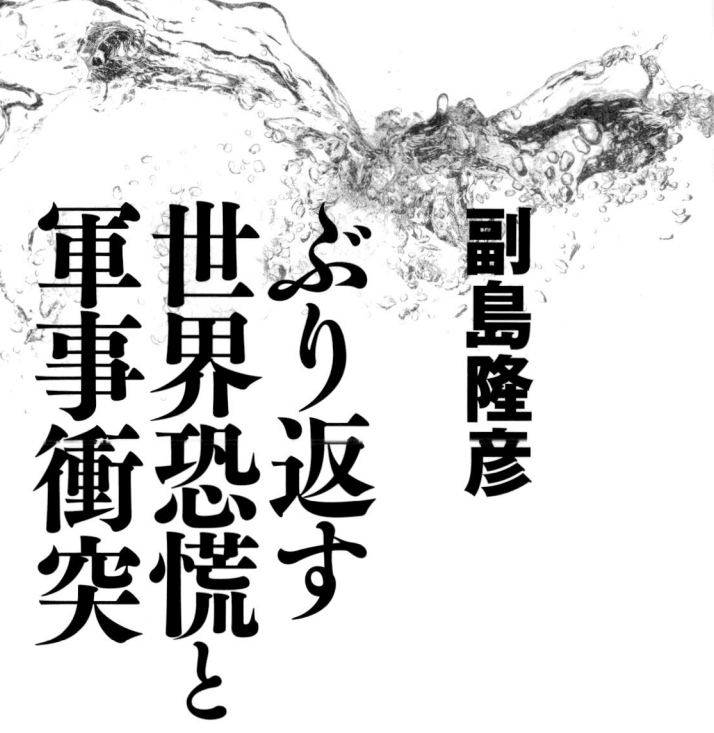

ぶり返す世界恐慌と軍事衝突

まえがき

尖閣《せんかく》諸島の領有をめぐる中国での反日デモ（9月15、16日）で、日本国内の空気が一変した。中国からの企業撤退まで言いだす人々が出てきた。そんなことができるはずがない。中国との戦争を煽動《せんどう》している人々のほうが、何となくビクついている。これで日本は、景気回復どころか、さらにアメリカに仕組まれて騙《だま》されてやらされる戦争の時代へと突入した。

本当は、すぐに日中両国政府が話し合いをして事態を収めるべきなのだ。「アジア人どうし戦わず（戦争だけはしてはならない）」が正しい考えだ。それが大人の態度というものだ。両国で決められないというのなら、さっさとオランダのハーグにある国際司法裁判所に持ち出すべきである。日本の主張がそんなに正しい、と言うのなら絶対に国際社会＝すなわち国際司法裁判所の判決をもらうべきだ。韓国との竹島《たけしま》領有権問題で、日本政府はそのように主張したのだから。それもできないと言うのなら、それは自分たち自身がよっぽど後ろ暗いのだ。

簡単に戦争などできるはずもない。しかし、軍事衝突ならばこの先、断続的に何度か起きるだろう。日本経済はどうなってしまうのか。

FRB《エフアールビー》（米連邦準備制度理事会）のベンジャミン・バーナンキ議長が、ついにQE《キューイー》3《スリー》（Quantitative《クオンティティティブ》 Easing《イージング》 量的緩和）の実施を発表した（9月13日）。直近までやる予定がなかった、この金融緩和の「ジャブジャブ・マネー」で、アメリカは破れかぶれのインフレ政策に舵《かじ》を切った。2012年の年内は、これでアメリカの景気は何とか維持できる。この資金の大放出で、ドル資金が世界中に拡散するので、各国の金融市場や鉱物・穀物市場などの商品市場（コモディティ・マーケット）も上がる。

だが来年の3月には効き目が切れる。そのころ、4年前の〝リーマン・ショック〟（2

008年9月）並みの激しい金融崩れが世界を襲うだろう。またしても戦争〝刺激〟経済（war economy《ウォー・エコノミー》）で、アメリカは、この荒波を乗り越える気である。

ヨーロッパ中央銀行（ECB）のマリオ・ドラギ総裁が、夏休み明けの9月6日に「南ヨーロッパ諸国のボロクズ国債の無制限の買い取り」を発表した。3回目の「ドラギ大砲」である。前回の資金供給（2011年11月と2012年2月の合計1兆ユーロ、100兆円）は、〝ドラギ・マジック〟とか〝LTRO《エルトロ》砲〟、〝ビッグ・バーサ〟（第一次世界大戦の時の巨砲の名）と呼ばれて歓迎された。今回は「ドラギ・バズーカ」と呼ばれている。

いったいそんな金が、ヨーロッパのどこにあるのだ。アメリカの真似《まね》をして、ついに欧州人も無節操のじゃぶじゃぶマネーをやるのである。潰《つぶ》れかかっているヨーロッパの大銀行が持つボロ国債をどれだけでも買う、というのだ。これが2015年から襲いかかる激しいインフレ（通貨膨張）の原因となるだろう。もう誰も止めることはできない。自業自得だ。

私たちにできることは、身構えて自分の資産と資金を守ることだ。勇ましいだけのコトバに騙される者たちは、自《みず》ら進んで地獄に落ちてゆくがいい。

副島隆彦《そえじまたかひこ》

目次

2章 日本は中国と衝突させられる 55

装幀／中原達治

1章

米欧日の「金融緩和」と「戦争経済」

●金融緩和が金《ゴールド》の値段を押し上げる

米と欧が、じゃぶじゃぶマネーをやると決めたのだから、どうせ日本もこれに無理やり引きずられる。日銀がすぐに10兆円の追加緩和をやった。日本財務官僚たちは、政治家たちをいいように使って消費税増税法（8月10日に成立した）をやり上げた。財務省のドンの武藤敏郎《むとうとしろう》（大和総研理事長）が、来春4月には次の日銀総裁になって、「外債（つまり米国債のことだ）の大量の直接買い取りをやる」そうだ。こんなバカなことを、本当にいつまで続けるつもりだ。

じゃぶじゃぶマネーをやる限り、景気維持のその場しのぎはできる。株式も穀物・鉱物資源の市場（市況《しきょう》と言う）も少しは上がる。だから金《きん》（ゴールド）もどんどん上がっている（左の表参照）。

金《きん》は国際価格（ニューヨーク先物《さきもの》市場）で、今は1オンス（31グラム）が、1790ドルまで上がってきた。国内価格は、1グラム4500円を突破した。小売りなら4750円だ。一時は、4000円を割って3851円まで下げていた（2011年9月26日。ニューヨーク市場では1535ドル）。この先の予測（予言）だが、このあと1回、下押《したお》ししたあと、5000円を突破してゆくだろう。だからあと1回下落したところが金《きん》の買い場であ

1グラムあたりの金《きん》の国内価格
（2011年1月からの直近1年半の推移）

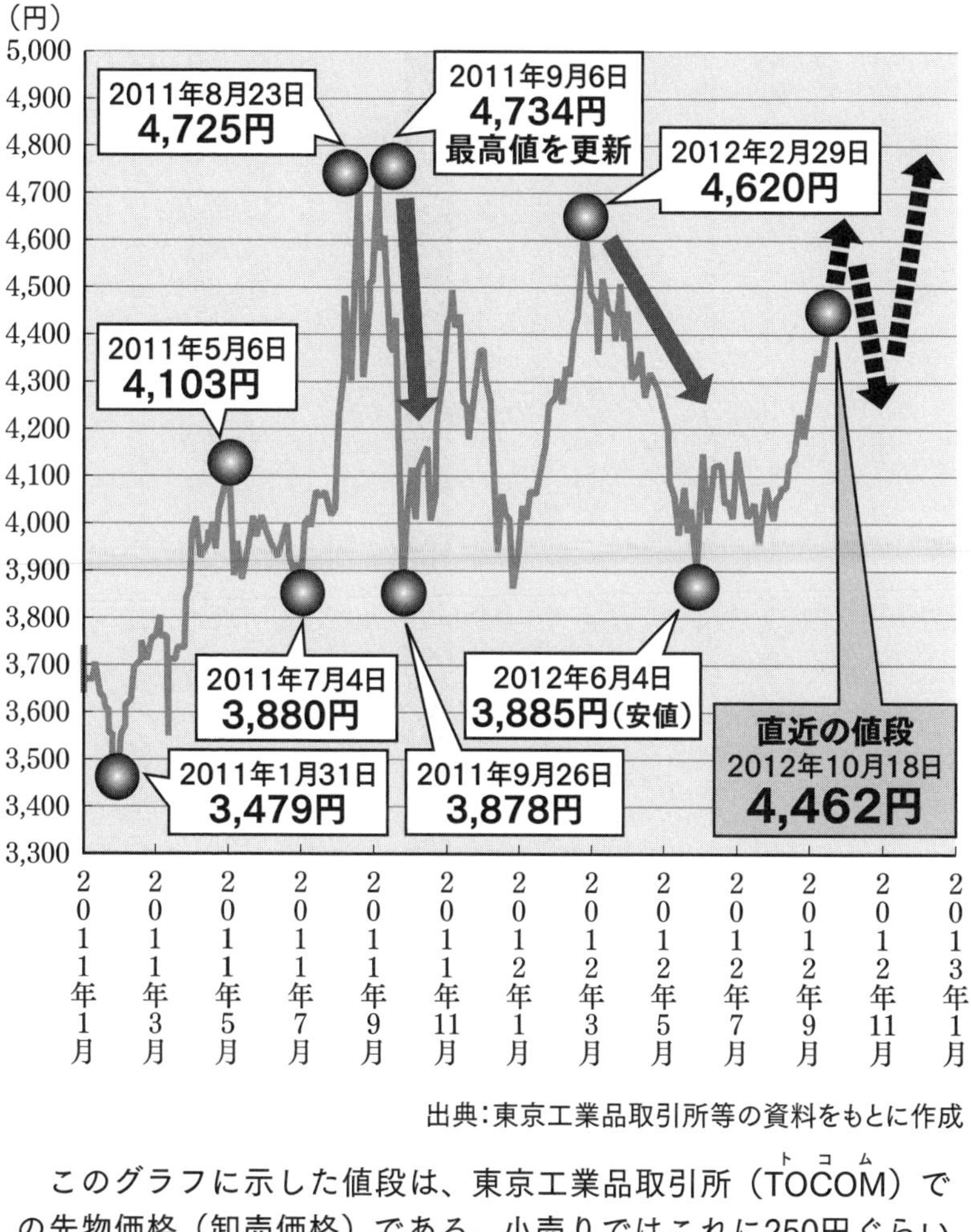

出典：東京工業品取引所等の資料をもとに作成

このグラフに示した値段は、東京工業品取引所（TOCOM《トコム》）での先物価格（卸売価格）である。小売りではこれに250円ぐらいを足す。

る。

前回、最高値4734円（2011年9月）があったのだから、今回は米欧日連携のじゃぶじゃぶマネーの後押しもあるので、5000円を突破して6000円を目指すだろう。バンク・オブ・アメリカ・メリルリンチのアナリストたちが「（1オンス）2400ドルもあり得る」と言いだした。

金価格、14年末までに2400ドル／オンスに上昇も＝バンカメメリル

バンク・オブ・アメリカ・メリルリンチは、米連邦準備理事会（FRB）と欧州中央銀行（ECB）による積極的な政策緩和を背景に、金《きん》相場が2014年末までに1オンス＝2400ドルまで上昇する可能性があるとの見方を示した。

バンカメメリルは、FRBがモーゲージ担保証券（MBS《エムビーエス》）の買い入れを、2014年末まで続け、ツイスト・オペ（註　FRBが、金融機関から短期国債を買うと同時に長期国債を金融機関に売ること）の終了後に国債買い入れに動くと予想した。顧客向けリサーチノートの中で「量的緩和の第3弾（QE3）がオープンエンド型（註　無期限）であることを踏まえ、金《きん》価格の上昇圧力は政策転換を正当化するほど強く、雇用が回復する（註　失業率が下がる）ま

1トロイオンスあたりの国際金《きん》価格
（2011年1月からの直近1年半の推移）

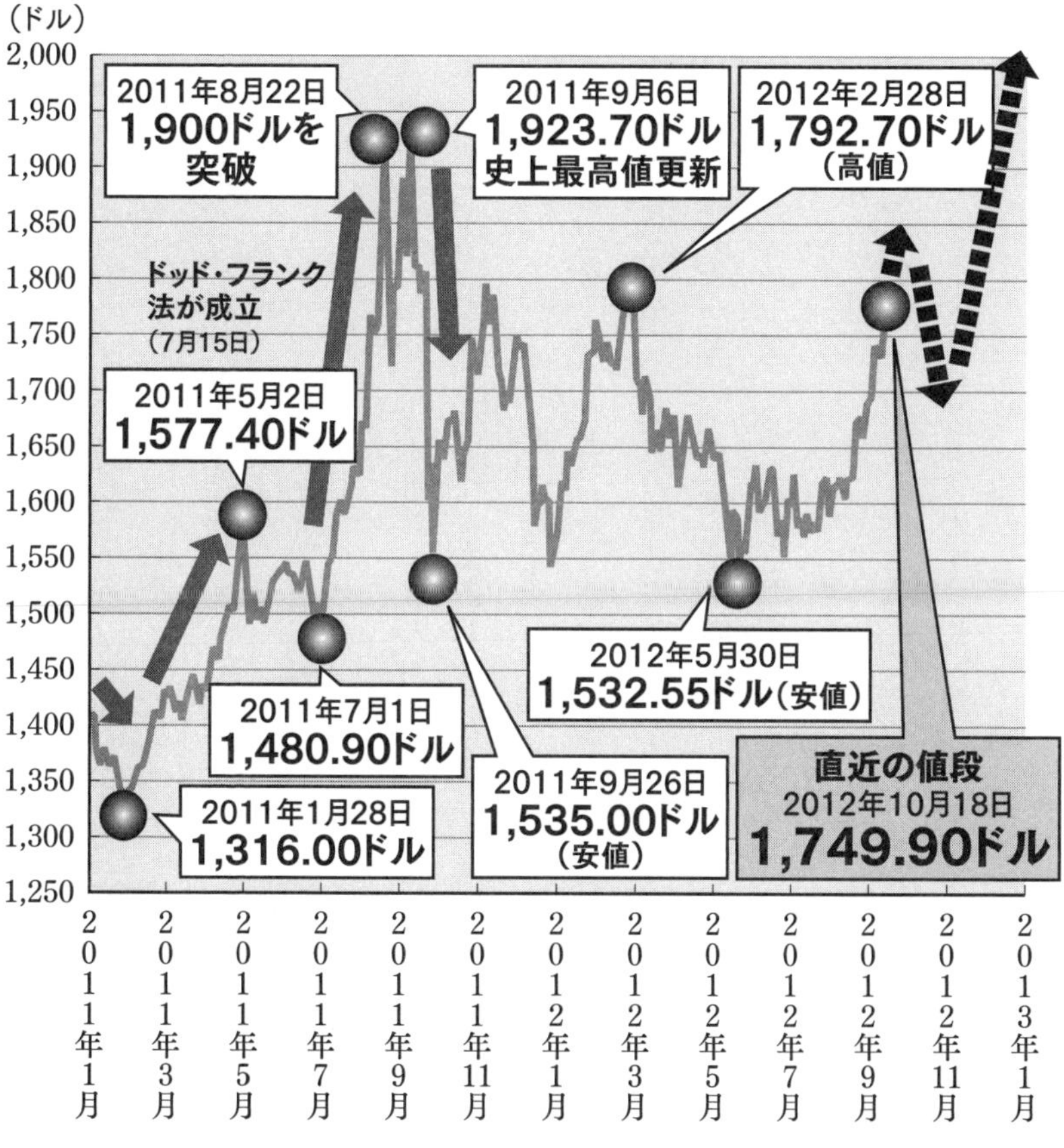

出典：貴金属商金推移価格、COMEX期近値を参考にして作成

私の予測では、金《きん》は1,850ドルぐらいまで上げたあと、下落（下押し）して、1,700ドルを割ってくる。そのあと2,000ドルを超してゆくだろう。

で続く見通しだ。われわれはこの時期が2014年末になる可能性が高いとみている」としている。
2013年第2・四半期での金相場見通しは、1オンス＝2000ドルに据え置いた。
（ロイター　2012年9月18日　傍点は引用者）

このように金《きん》は2400ドルを目指す。この記事の中の「ツイスト・オペ」とは、国の短期の借金（国債）を、どんどん30年とかの長期の借金（国債）に切り替えることだ。返済金の引き延ばしだ。

それでもアメリカ政府（ゴールドマン・サックスが御用聞き）は、今でも金《きん》への憎しみを持っている。自分自身の紙クズのようになってきたドル紙幣を守るために、金《きん》の暴落を再度、仕掛けたいと思っている。しかし、それはなかなかできない。自分のほうが根負けして「ジャブジャブ・マネー」（QE3《キユーイースリー》）をやってしまった。

本当はQE3なんか実施しないで、やせ我慢でデフレ政策を続けるつもりだったのだ。しかし、ワルのヒラリー・クリントン国務長官に詰め寄られて、バーナンキFRB議長も

「戦争景気を作って大不況を吹き飛ばすしかない」の大借金容認経済に踏み切った。
私はずっと「金《きん》は（1グラム）4000円を割ることがあったら、まだまだ買い増しなさい」と何度も強く言ってきた。これからもこのことを言い続ける。

あと1回、彼らは金の暴落を仕掛けてくる。紙切れと化しつつある米ドルには、もう世界の基軸通貨（キー・カレンシー、リザーブ・マネー）の資格はない。いくらヒラリーが「中国を包囲して孤立させる。戦争も辞さない」と決断したとしても、アメリカの威厳と威令がそういつまでも続くものではない。世界帝国アメリカに残されている唯一の力は軍事力だけである。これを使う、と決断したようだ。だから、いよいよ戦後68年目にして戦争の時代に、私たちのアジア・太平洋も入ったのである。

この本の書名は『ぶり返す世界恐慌と軍事衝突』である。英文書名はReturn《リターン》 to《トウ》 War《ウオー》 Economy《エコノミー》 &《アンド》 Military《ミリタリー》 Collisions《コリジョンズ》である。バーナンキがヒラリーたちにドーンと背中を押されて、急にやると公表した金融緩和（QE3）は、全身がただれバイ菌が回った病人に、痛み止めの抗生剤《こうせいざい》を与えるようなものだ。薬が切れれば病状は再発する。だから「ぶり返す世界恐慌」だ。

戦争へ。歴史は繰り返す

1月 昭和天皇崩御	1989年（平成元）
12月 日経平均が最高値（38,915円）	
3月 大蔵省が総量規制通達。バブル崩壊へ	1990年（平成2）
1月 阪神淡路大震災	1995年（平成7）
8月 兵庫銀行が破綻	
11月 山一證券と北海道拓殖銀行が破綻	1997年（平成9）
10月 外為法改正（金融ビッグバン）	1998年（平成10）
10月 アメリカがアフガニスタン空爆	2001年（平成13）
3月 イラク戦争開始	2003年（平成15）
4月 北京などで反日デモ	2005年（平成17）
4月 ペイオフ解禁	
1月 中国の外貨準備高が世界一に	2006年（平成18）
9月 リーマン・ショック	2008年（平成20）
8月 民主党政権誕生	2009年（平成21）
9月 尖閣諸島沖で中国船を拿捕	2010年（平成22）
3月 東日本大震災	2011年（平成23）
9月 尖閣国有化で大規模反日デモ	2012年（平成24）

倒壊した阪神高速道路（時事）

リーマン破綻で株価大暴落。呆然とするトレーダー（AFP＝時事）

2012年9月、北京での反日デモの様子（EPA＝時事）

大災害から世界大恐慌、そして

関東大震災直後の銀座（時事）

ウォール街の「ブラック・サーズデー」（The Art Archive/PANA）

盧溝橋事件で進軍する日本兵（毎日新聞社/PANA）

日米開戦。炎上する米太平洋艦隊の主力艦（AFP＝時事）

1914年（大正2）	1月 対華21カ条の要求
	12月 大戦景気で株の暴騰
1923年（大正12）	9月 関東大震災
1927年（昭和2）	3月 金融恐慌
	5月 第1次山東出兵で反日運動激化
1929年（昭和4）	10月 ニューヨークで株式大暴落。世界恐慌の始まり
1930年（昭和5）	1月 浜口内閣が金解禁決定。昭和恐慌へ
1931年（昭和6）	9月 満州事変。日中15年戦争へ
1932年（昭和7）	1月 第1次上海事変
	3月 満州国建国宣言
	5月 5・15事件
1933年（昭和8）	1月 ドイツでヒトラー内閣成立
	1月 アメリカでルーズヴェルト大統領就任
1936年（昭和11）	2月 2・26事件
1937年（昭和12）	7月 盧溝橋事件。日中全面戦争へ
	8月 第2次上海事変
1938年（昭和13）	4月 国家総動員法公布
1940年（昭和15）	10月 大政翼賛会発足
1941年（昭和16）	12月 真珠湾攻撃。太平洋戦争へ
1945年（昭和20）	2月 ヤルタ会談
	8月 日本の無条件降伏

アメリカは世界管理者（一極の世界支配者《ワールド・コントローラー》）の名にかけて、この「ぶり返す世界恐慌」をどうにか押さえつけようとする。そのためには、アラブ中東地域《リージョン》だけでなく、私たちの東アジア（極東）でも、軍事衝突＝戦争の前ぶれ、前兆をこれから何カ月かおきに何度も仕掛けるだろう。他国どうしの戦争ならば、高みの見物《けんぶつ》だから、株も上がって景気も良くなる。しかし自分が当事者となったら、そうはゆかない。

いよいよキナ臭い時代になった。どう見ても、日本は中国と衝突させられる。それは「70～80年に一度は、人類（人間）は、どこの国でも必ず戦争をしてきた」という冷厳《れいげん》な歴史の事実、歴史の法則にも従っている。①大災害と②恐慌と③戦争の3つは、必ず順番に人類（人間）に襲いかかる。歴史の法則をバカにはできない。歴史（学）だけが唯一の本物の学問である。私たちは恥多き過去の歴史から学ばなければいけない。このことはP127以下でも述べる。

●やがて1ドル＝60円台が出現する

まず、ドル・円の為替相場の今後について予測する。円・ドル相場は去年の2011年8月19日に、東京市場で戦後の最安値（円の最高値）である1ドル＝**75円93銭**を記録し

ドル・円の為替相場の推移

（直近の1年半）

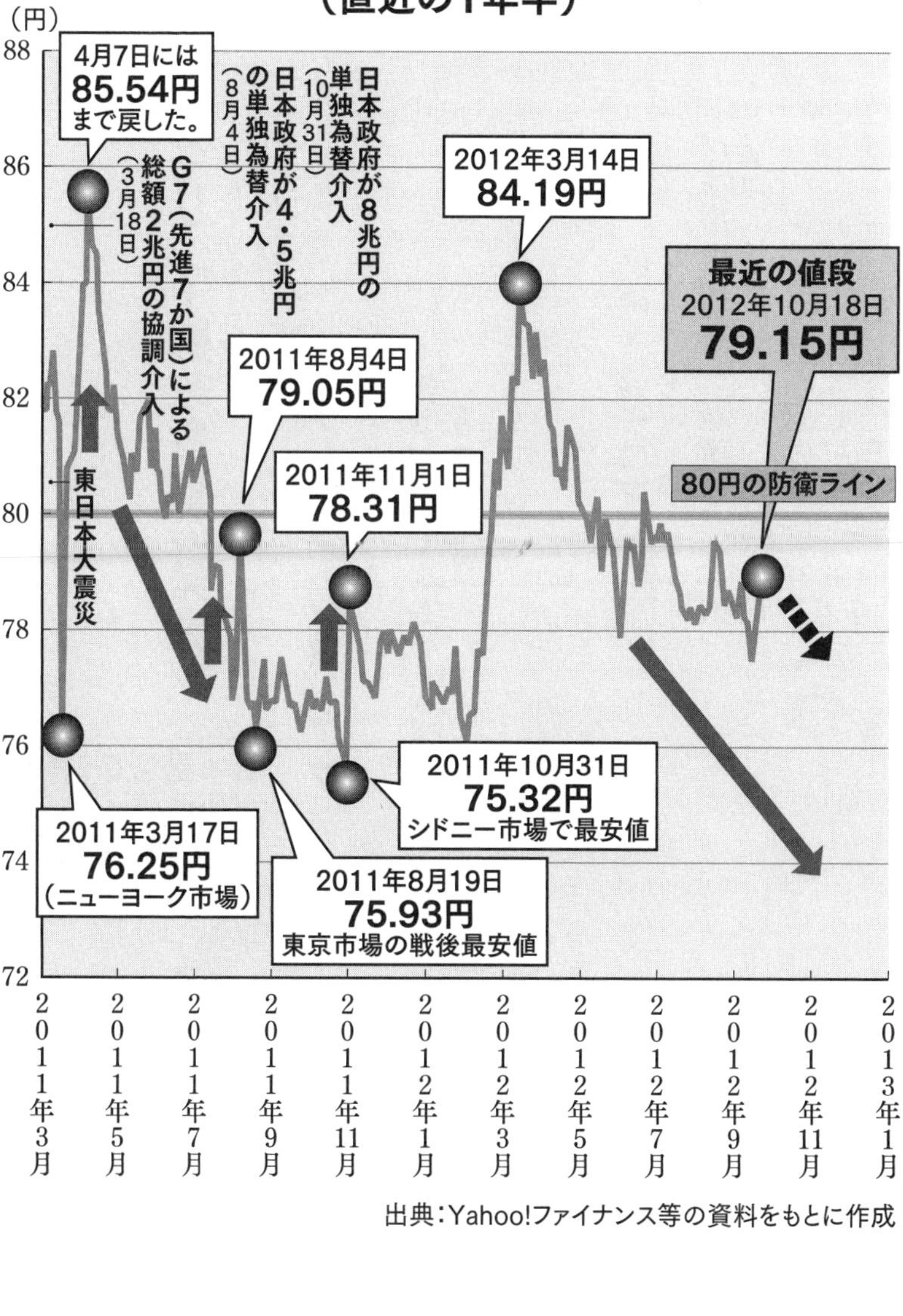

出典：Yahoo!ファイナンス等の資料をもとに作成

（1980年から2012年までの32年間）

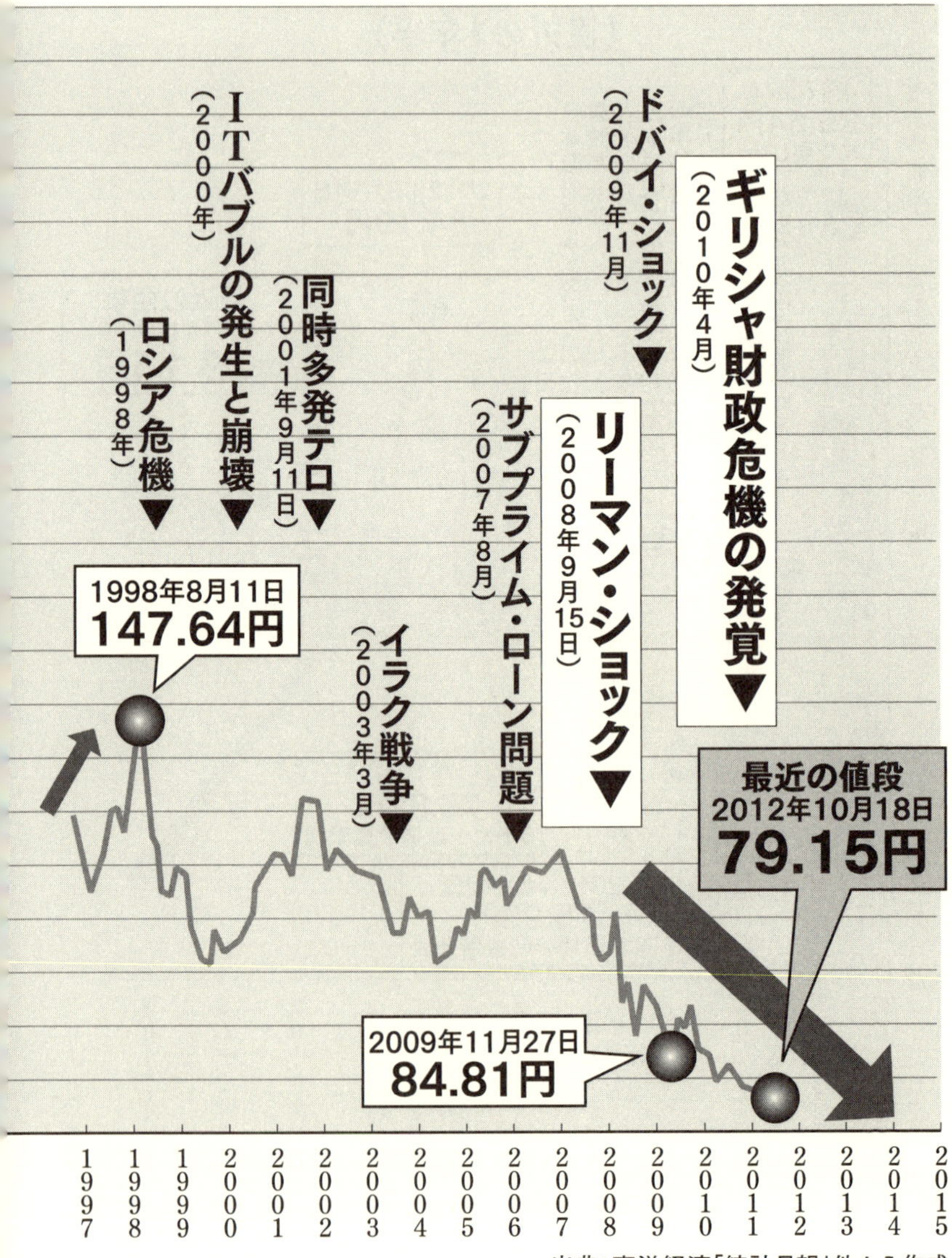

出典：東洋経済「統計月報」他から作成

ドル・円の為替相場の長期推移

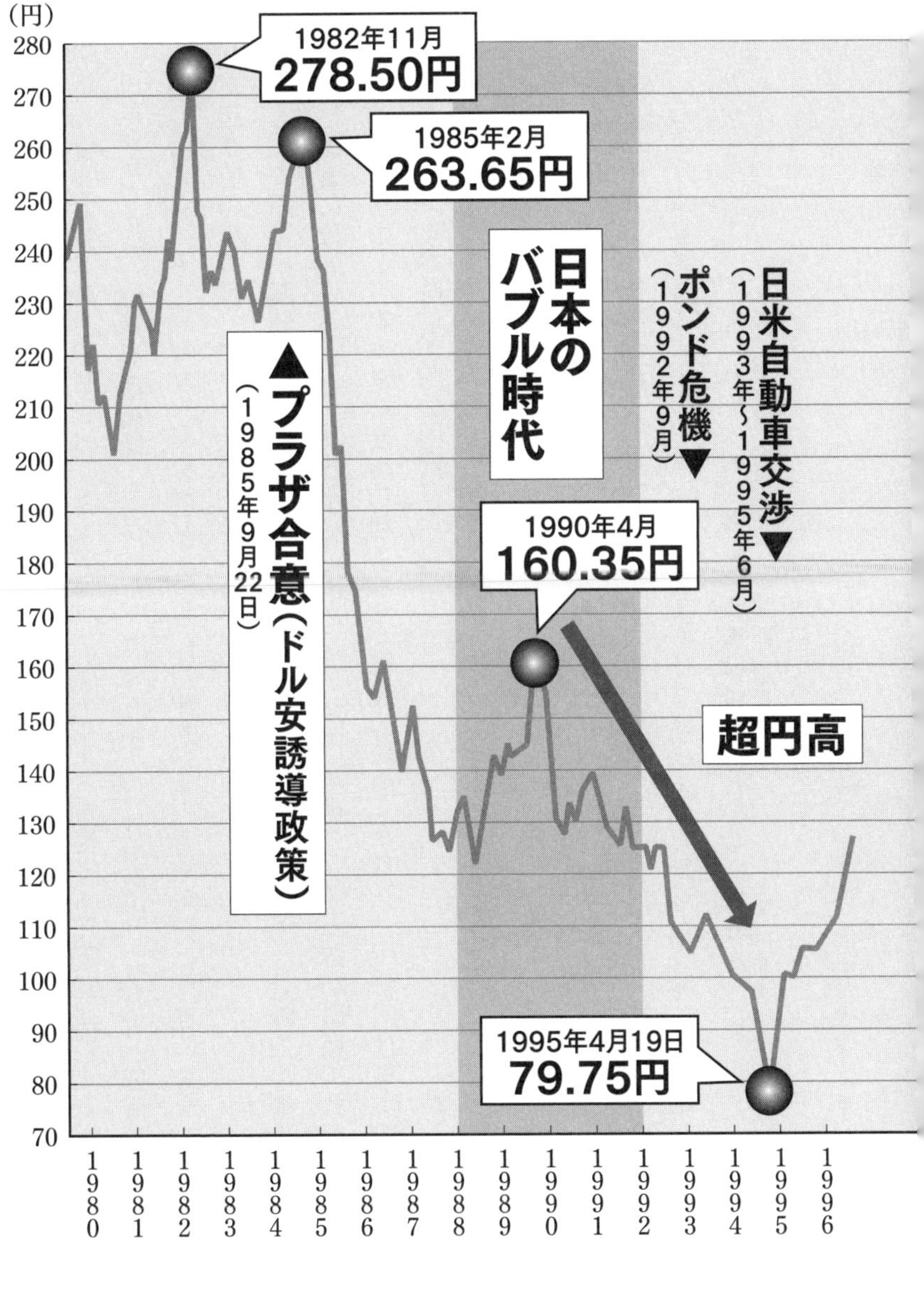

た。その2カ月後の10月31日には、オセアニア（シドニー）市場で、**75円32銭**の史上最安値（円の側からすれば**円高の最高値**）を付けた。この直後に、日本政府（財務省と日銀）が8兆円の円売り・ドル買い介入を実施している。今からちょうど1年前にはこのような超円高が起きていたのだ。そのあとから円安への揺り戻しが起きた。

しかし、この75円32銭という円高（ドル安）の新記録は、どうせさらに更新される運命にある。円安には向かわない。2013年中には、70円を割って60円台が出現するだろう。ただし、中国と日本の軍事衝突が起きれば（計画的に起こされれば）、日本は軍事的に弱い国だから、その時は**90円の円安**になる。

今は1ドル＝78円ぐらいでずっと張り付いている。75円台まで円高が進むようだと、人気のない野田《のだ》政権の財務大臣（いかにもアメリカの操《あやつ》られ人間）が、「必ず（円高阻止）介入する」と言いだす。そう公言しているのだから、するだろう。それを待ち受けて、今も82円ぐらいのところに**先物の円売り**を仕掛けているＦＸ《エフエックス》（バクチ大好き人間）たちが、たくさんいるようだ。私はこの手の、ちっともまじめでないバクチ人間たちは嫌いだ。この手のＦＸデイトレーダーで、私の本の読者という人はほとんどいないと分かった。

日本財務省はこうして操《あやつ》られている

ジム・オニール
（ゴールドマン・サックス・アセット・マネジメント会長）
写真／AFP＝時事

指図、指令

日本財務省のドン

武藤敏郎 大和総研理事長
（次の日銀総裁を狙っている）
写真／時事

勝栄二郎 前財務事務次官
（再就職先を探している）
写真／時事

ドル円はこのあとも、じりじりと円高方向に向かう。

私は、今年(2012年)の3月ぐらいに早々と1ドルは70円を割る(60円台の出現!)と予測していた。ところが70円割れは起きなかった。

その理由は、私の前著『欧米日やらせの景気回復』(2012年4月、徳間書店)で私が見破ったとおり、ジム・オニール(前ページ写真)というゴールドマン・サックスの幹部社員のワルが世界中で暗躍して、それで無理やり1ドル=84円という急激な円安を実現したからである。しかしあれがこの男の限界であった。とてももう、1ドルは90円台には戻らない。ただし日中の軍事衝突の時だけは、それが起こる。

ジム・オニール(彼はアイルランド系なので白人世界では蔑《さげす》まれている)は、今も日本の財務官僚たちをたらしこんで暗躍している。世界中の中小国を飛行機で駆け回って暗躍している。アメリカ財務省の意を体現した御用聞きのようなことをやっている。

アメリカ(米ドル)大好きの皆さんは、このままアメリカと心中《しんじゅう》してください。ご自分が、5年前に1ドル140円で買い込んでいる米ドル建ての金融資産1億円(ドル預金あるいはドル建ての金融商品)をじっと握りしめたまま、ちょうど半値になっている現実を見つめたくない敗北者の心理で、このままずるずると生きてください。尖閣諸島をめぐる

日本と米国の長期金利（10年もの国債の利回り）の推移
（1990年から2012年までの22年間）

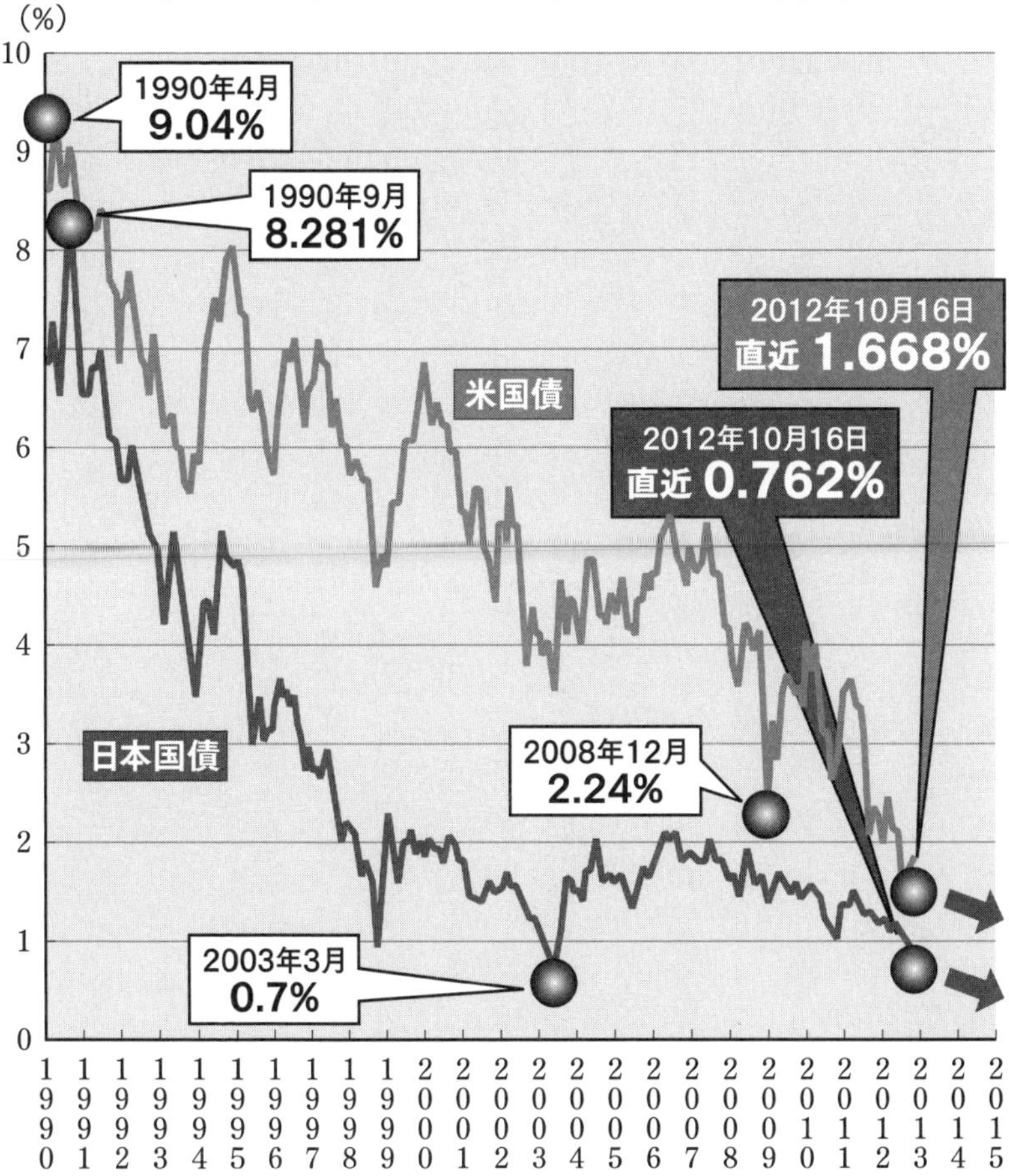

出所：財務省、Yahoo! ファイナンスより作成

“世界一の安全資産”アメリカ国債で1.67%、日本国債は0.76%だ。
ゼロ金利＝デフレ経済＝大不況はまだまだ続く。

領海・領土問題で荒れなければ、米ドルは来年、70円を割っていく。P23の為替の表をじっくりと見てほしい。

●アメリカで「財政の崖」（フィスカル・クリフ）の次に起きること

株の動きは、もう少しあとのほうで予測する。株式というのは、現在は、重要な金融指《し》標《ひょう》ではない。株式や鉱物資源（市況《しきょう》、コモディティ）の世界中の現物の値段を足し上げてみても、大した金額にはならない。50兆ドル（4000兆円）ぐらいのものである。

これらの現物資産に比べたら、債券市場（ボンド・マーケット）のほうがずっと大きいのである。世界は債券（ボンド）、その中心は国債（ナショナル・ボンド）という仮象《かしょう》のお金で動いている。債券市場は株式市場の100倍ぐらいの大きさだ。日本政府の健全な国債（笑）発行残高だけでも1100兆円ある。地方債（すなわち47の都道府県と大きな市の借金）が500兆円ある。合わせると1600兆円ぐらいだ。

アメリカ政府（米財務省）は隠していて、本当の米国債（米財務省証券、ＴＢ《ティービー》）の発行残高を発表しない。米国債と各種政府債を本当はいくら発行しているのか言わない。おそらく、日本の30倍はある。それぐらいに膨《ふく》らんでいる。公表しているのは16兆ドル（12

これからのアメリカ経済の動き

1 Capitol《キャピトル》 gridlock《グリッドロック》（議会の立往生）

＝fiscal《フィスカル》 cliff《クリフ》（財政が崖《がけ》から落ちる危険性）

↓

2 Government《ガヴァメント》 shutdown《シャットダウン》

（政府支払いの停止、不能）

↓

3 Delayed《ディレイド》 subsidies《リブシディーズ》

（各種の補助金の支払い遅延、停止）

↓

4 Impacted《インパクテッド》 economy《エコノミー》

（不満が鬱積《うっせき》して、ぎゅうぎゅう詰め状態の経済）

（例：各種の手数料、経費の上昇にはね返る）

↓

5 Catastrophe《カタストロフィー》

（1国の経済の破綻）

80兆円）という嘘の数字だ。本当はその8倍の150兆ドル（1・2京《けい》円。1ドル＝80円で計算）である。この16兆ドルについては、P34の新聞記事にあるとおり「米政府の債務が発行上限額に迫りつつある」に現われている。

この発行上限を、さらに2兆ドル（160兆円）増やして、18兆ドル（1500兆円）にすることを、2012年末までに米議会で承認しなければいけない。これが「フィスカル・クリフ」（fiscal cliff　財政の崖《がけ》）である。この崖が崩れたら、アメリカ経済は一気に崩壊だ。しかし、この崖は無理やりにでも何とかするだろう。本当は18兆ドルなどという、こんなものでは済まないのだ。本当はこれの8倍はある。だから150兆ドルなのだ。

アメリカの衰亡（デクライン・アンド・フォール）は近づいている。この大きな事実を認めたがらず、今も「アメリカは強い。アメリカのドルは復活する。アメリカには軍事力がある」と内心で信じ続けている人々は、地獄の底に落ちるがいい。

この「フィスカル・クリフ」というコトバは、「キャピトル・グリッドロック」Capitol gridlock（議会の立往生）とも言われる。首都《キャピトル》の議会で、赤字国債増発の審議が進まず、立ち往生《グリッドロック》（支払い停止）になっているということだ。この「財政の崖」あるいは**1・キャピトル・グリッドロック**は、次のようなプロセスを今後たどる（P31の表を参照）。

キャピトル・グリッドロックのあとに、**2・ガヴァメント・シャットダウン**（政府支払いの停止）が起きる。それが**3・ディレイド・サブシディーズ**（各種の、とくに農業への補助金の支払いの遅延、停止）につながる。そして**4・インパクテッド・エコノミー**（国民の不満が鬱積《うっせき》して、ぎゅうぎゅう詰め状態の国民経済）になる。そして最後が、**5・カタストロフィ**（経済崩壊）、すなわち大恐慌である。

この5つの過程の進行を阻止しようとして、ついに「経済のことなど何も知らない」ヒラリー・クリントンが戦争（刺激）経済 war economy《ウォー　エコノミー》に打って出た。それが、東アジアでの中国との軍事衝突（戦争の手前）も辞さず、という構えである。

今、アメリカの国家財政《ファイナンス》は「赤字財政金額のあまりもの大きさで、今にも崖から墜落しそうな状態」なのである。〝リーマン・ショック〟以来の金融危機（大銀行の救済）の兆候が起きている。それがふたたび、新たな金融危機を生み出すというプロセスに入った。現在、抱えている16・4兆ドルの政府債務（国債発行額の残高）限度の見直しが、米議会で行なわれなければならない。期限は今年の年末だ。前述したように、あと2兆ドルぐらいが、また上乗せされるだろう。

米連邦債務残高、1256兆円突破

米政府が8月31日に示した新たな統計で、連邦債務残高が16兆ドル（約1256兆円）を上回ったことが明らかになった。16兆3940億ドルの連邦債務上限に向けて拡大を続けている。米財務省によると、債務残高は8月31日時点で16兆157億6978万215・80ドルと、前日の水準から250億ドル増加した。（略）

米政府の月次の財政赤字平均は現在、1000億ドルとなっており、12月中には連邦債務上限に達する公算が大きい。そうなれば、財務省は政府の債務不履行を回避するために数カ月間にわたり緊急措置を講じることが可能となる。債務上限に達したら、政府はもはや法定限度を超えた借り入れができなくなる。

（ウォール・ストリート・ジャーナル　2012年9月5日）

アメリカ政治はどうせ、次の4年も民主党政権だと決まっている。そして再選される黒人のオバマ大統領は、途中で病気で倒れる（P56で述べる）。そのあとを誰がやるか、だ。

S&Pケース・シラー住宅価格指数の推移
（米20都市圏指数）

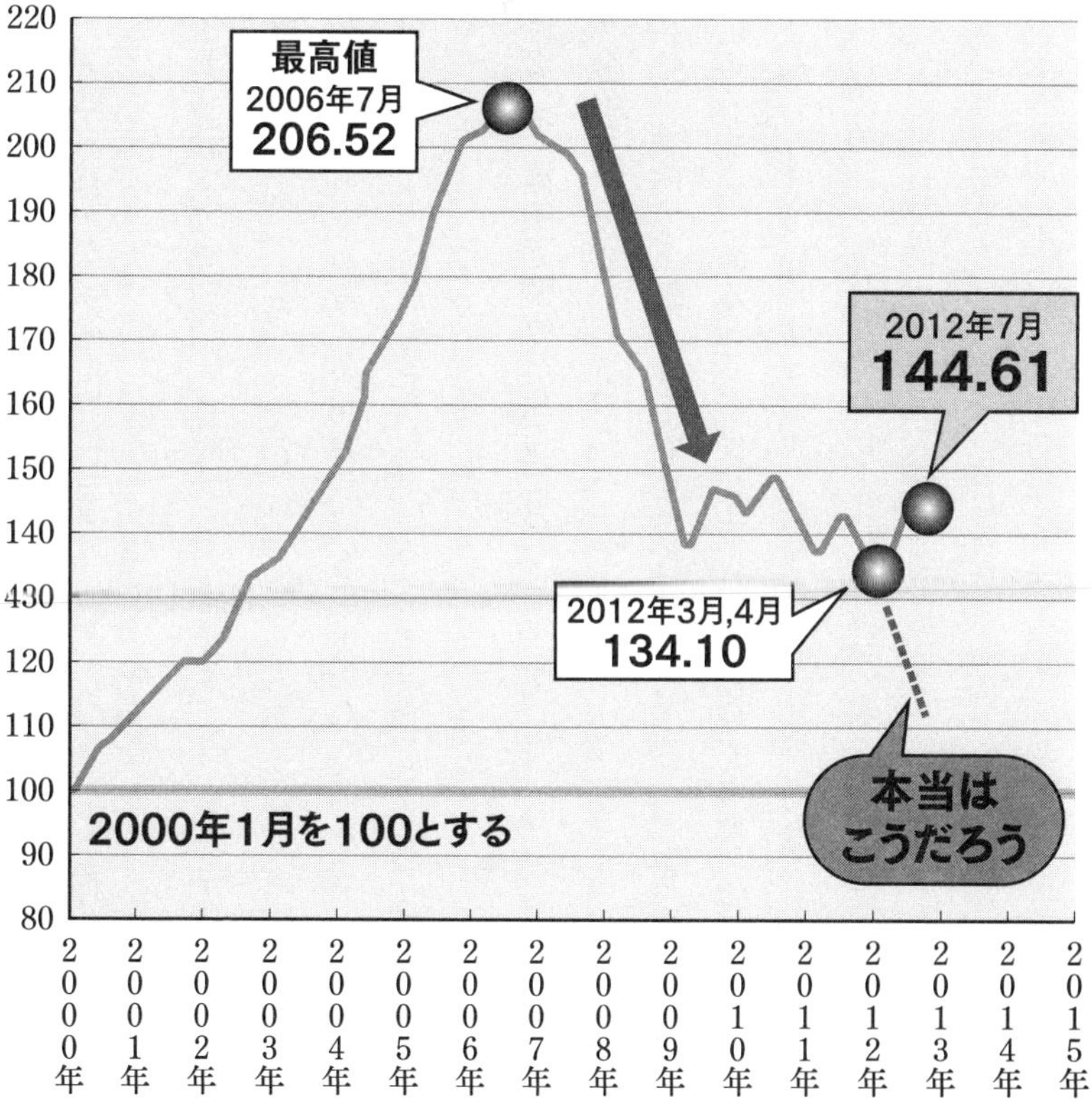

出典：全米住宅価格指数（S&P/Case-Shiller U.S. National Home Price Index）等の資料をもとに作成

本当はアメリカの住宅価格はもっと下落している。現地を見て回った人々は分かっている。しかし上記のグラフのように、グズグズの横ばいの状態のヘンな統計数字に無理やりしている。

住宅市場と株式の回復をジャブジャブ・マネーで起こさないと、アメリカ経済は保《も》たないのだ。

今のバイデン副大統領か。あるいはヒラリーが、バイデンを押しのけて副大統領になっているか、だ。

その理由は、今のウォー・ジェネラル（〝戦争将軍〟。平和時ではない、実戦用に任命された狂気の将軍）であるバーナンキFRB議長の首を、共和党の政治家たちから切られるわけにはいかないからである。共和党のロムニー氏たちはまともな人間たちだから、「バーナンキの首を切ってやる」と公言している。はたしてこのあと誰が米大統領になるか？

●〝戦争経済〟に背中を押されたQE3

アメリカ政府が今度の〝QE3〟の、じゃぶじゃぶマネー（金融緩和）をやると決めたのは、アメリカ国内の土地・住宅価格と株式（NYダウ）の再度の大暴落という危機を何とか喰《く》い止めるためである（P35の住宅価格のグラフを参照。本当はこんなものではない）。だからFRBは今度のQE3（救急の救命の注射）で、MBS《エムビーエス》（住宅ローン担保証券）を買い取るだけのために、毎月400億ドル（3兆円）を出す、と9月13日に決めた。

NY《ニューヨーク》ダウ工業平均株価の値動き

（2007年9月からの直近5年間）

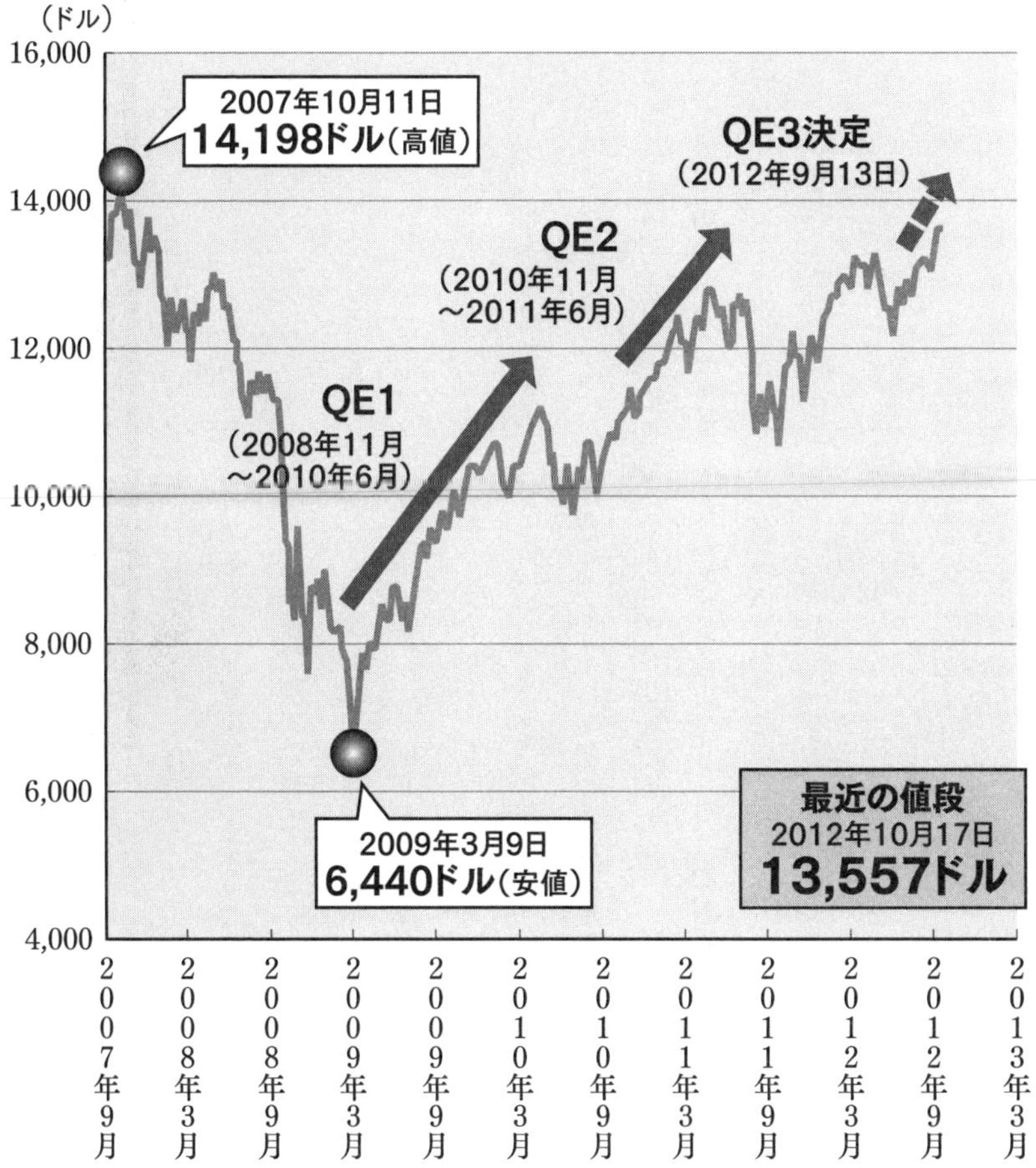

出典：Yahoo!ファイナンス等の資料をもとに作成

FOMC：量的緩和第3弾、MBS無期限購入―時間軸も延長

米連邦準備制度理事会（ＦＲＢ）は9月12、13日に開催した連邦公開市場委員会（ＦＯＭＣ《エフオウエムシー》）の終了後に声明を発表した。この声明で長期証券の保有を拡大する量的緩和第3弾（ＱＥ３）を実施すると表明した。オープンエンド型（註　無期限）の形式をとり、政府支援機関の住宅ローン担保証券（ＭＢＳ《エムビーエス》）を、毎月４００億ドルずつ購入する。ＦＯＭＣ声明は「少なくとも２０１５年半ばまで」フェデラルファンド金利（註　ＦＦレート。政策金利）の誘導目標を現在のゼロから０・25％のレンジのまま据え置くことを明記した。今年の1月に、ＦＯＭＣは「少なくとも２０１４年遅くまで超低金利を維持する方針」を示した。今回の声明は「今後、景気回復の力強さが増したあとも、相当な期間、非常に緩和した金融政策スタンスが引き続き適切であると想定している」と、時間軸の長期化の理由を説明した。

さらに「現状の労働市場の見通し（註　すなわち失業率の8％台）が大幅に改善しない場合、委員会は物価が安定した状態であっても、雇用状況が改善するまで住宅ローン担保証券の購入を継続する。このほか、追加の資産購入（註　ＭＢＳ以外のボロクズ債券を金融機関から買うこと）を実施し、必要に応じて他の政策手段を導入する」と声明文に記述している。

（ブルームバーグ　２０１２年9月13日　傍点は引用者）

日経平均株価の値動き
（2007年9月からの直近5年間）

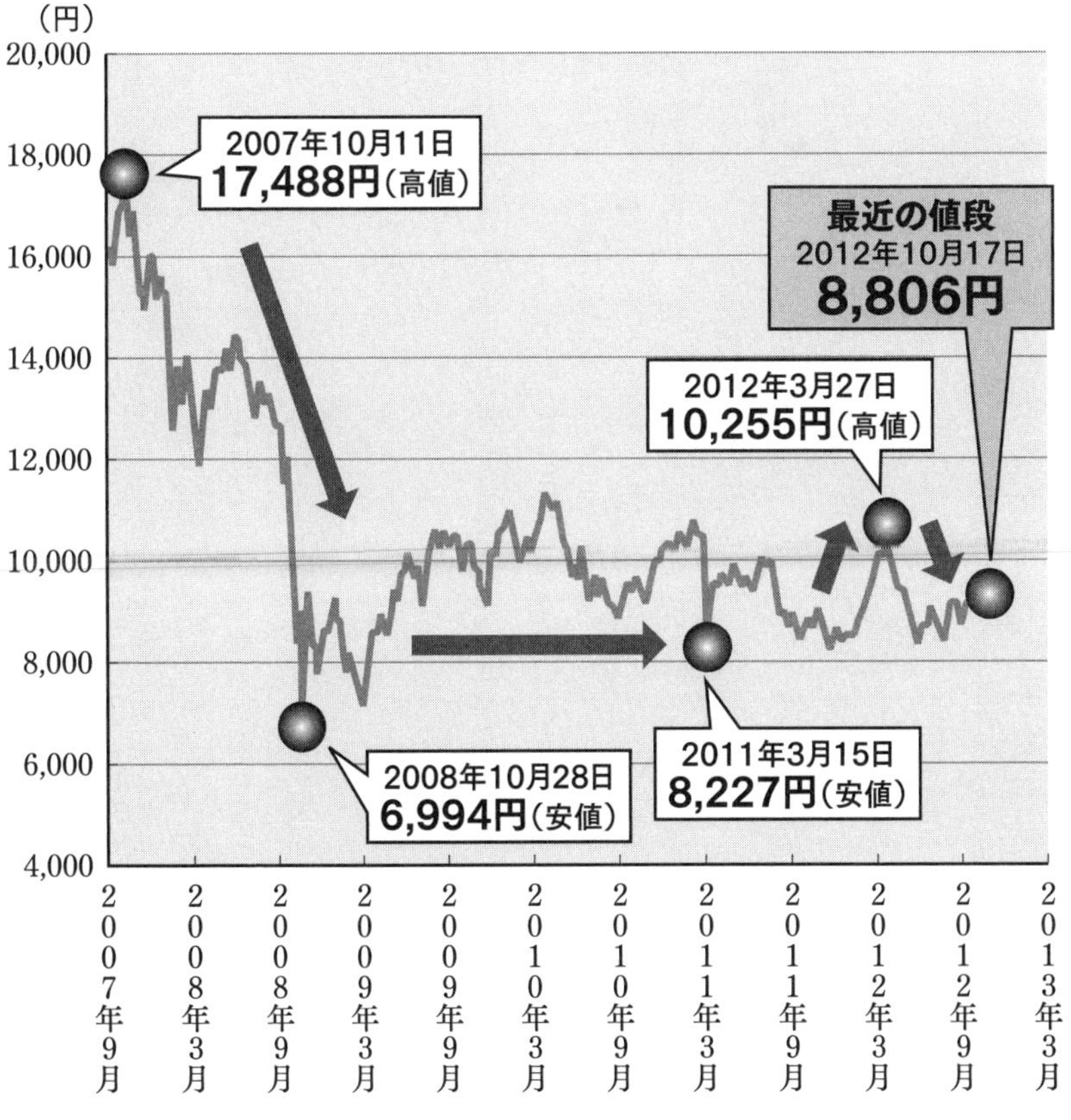

出典：Yahoo!ファイナンス等の資料をもとに作成

日本の株価は上がらない。しかし個別銘柄は別である。巻末付録（P248から）を参照のこと。

これが9月13日の、バーナンキによる突然のQE3（量的緩和）発表である。このQE3の実施発表は、〝青天の霹靂《へきれき》〟であった。〝バーナンキ・サプライズ〟だった。世界中のエコノミストたちが、ビックリたまげて、椅子から転がり落ちた。「やるはずがない。やれるはずがない。バーナンキは、今のままのデフレ（財政緊縮）政策で行く」と、専門家たちは皆、堅く信じ込んでいたのである。いったい、アメリカ政治にどんなドンデン返しがあったのか。

この謎解きは、バーナンキの決断によるQE3ではなくて、どうやらヒラリーの強硬路線の、ウォー・エコノミー war economy（戦争で経済を動かす）にバーナンキたちも従わざるをえなかった、ということである。経済が政治に引きずられたのだ。

副島隆彦がこの12年間、ずっと築きあげてきた、「アメリカ帝国は、裏付けのない〝ジャブジャブ・マネー〟で生き残ろうとする。が、無理だ。抱えてしまった正味《しょうみ》の隠れ国家財政赤字負債（50兆ドル、4000兆円）と、同じく民間の銀行業界（金融法人）が抱え込んでいる50兆ドル（4000兆円）の金融バクチ（デリバティブ）の失敗による隠れ借金が巨額すぎる」の理論のとおりの動きだ。

そして、その帰結は必ず、「こうなったら破れかぶれで戦争に訴える」という戦争経済《ウォー・エコノミー》

日本は中国と衝突させられる

写真／AFP＝時事

尖閣諸島のすぐ近くでせり合う海上保安庁の巡視船（左）と台湾の巡視船。

このまま日中両国の話し合いがなければ武力衝突してしまうだろう。

の手法である。それが計画的に出現したのが、東シナ海における尖閣諸島問題での、日中のいがみ合いだ。

今から11年前（2001年）の、「9・11」（米同時多発テロ）のやらせは、アフガニスタン戦争、イラク戦争を出現させた。今度は私たち東アジア（極東《ファー・イースト》）の番だ。私たち日本人に戦争の火《ひ》の粉《こ》が、ついに飛んでくることになった。火の粉では済まなくなりつつある。本当にけしかけられて、このまま行けば日本は中国とぶつけさせられるだろう。

●それは住宅ローン返済に困っている2000万世帯を救う策だった

「MBS《エムビーエス》（mortgage《モーゲッジ》 backed《バックト》 securities《セキュリティーズ》）の買い取り」というのは、銀行とサラリーマン層の救済策だ。アメリカ全土で増えている、住宅ローンの返済ができなくなっているサラリーマン層の国民を救済するための政策である。土地・住宅価格が下落を続け、その担保価値が下がれば、家の売り値が下がる。倒産、失業の恐怖もあって、住宅ローンの返済が滞《とどこお》っている国民が、すでに2000万世帯ぐらいいる。アメリカは自分のことしか考えない。当たり前である。自分のことで精一杯だ。アメリカの政治家たちは、自国民を怒らせるような政策はできない。

日・米・欧・中の政策金利の推移

（2001年から2012年までの11年間）

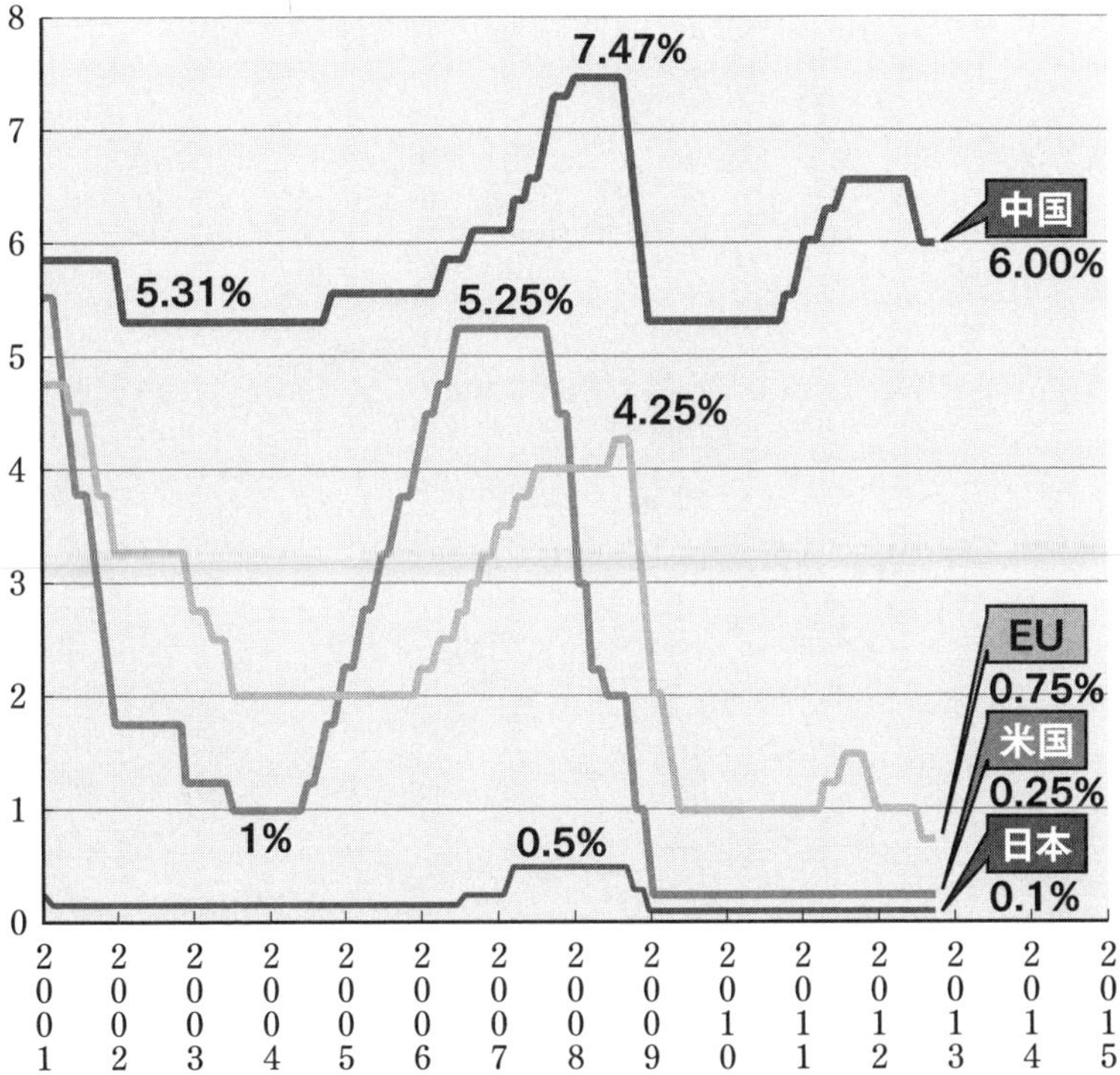

出所：日本銀行、FRB、ECB、中国人民銀行のデータより作成

日本にゼロ金利を矯正したアメリカも、2008年9月のリーマン・ショックのあとからゼロ金利に突入した。アメリカの政策金利であるFF（フェデラル・ファンド）レートは、ずっと0.25%のままである。日・米・欧の低金利状態と中国との違いが、このグラフから分かる。

QE3（量的緩和）という、ドル紙幣の無根拠の刷り散らしのじゃぶじゃぶマネーでも何でもやって、応急措置をやらなければアメリカはもたない。アメリカの株価が、インチキのヤラセ相場で1万3400ドルもの高値をずっと維持していることにも、このことは現われている（P37のグラフを参照）。

アメリカでは、サラリーマン層でも資産の3割ぐらいを株式で持っている。ただし、半分から下の国民（ロムニーが5月のフロリダでの集会で言った「47％の国民」）は、借金だけでその日暮らしである。株どころか銀行預金もない。クレジット・カードのカードローンの限度額いっぱいまで使う。その借金カードを20社分ぐらい皆が持っている。生活物資の、買い物による借金だ。カードを使い散らしながら生きている。

彼らは自国の米ドル紙幣なんか信用していない。「借金で暮らすのが当たり前」と思っている。「借金していたほうが、どうせハイパー・インフレ（ドルの紙切れ化）が起きた時に得をする」と、貧乏な層のアメリカ国民でも分かっている。

だから、どうしてもドル安（暴落）・円高が続く。ドルの崩落は、今度もまた、またしても、じゃぶじゃぶマネー政策のせいで先延ばしされた。ただし、このQE3の効き目は半年間だ。よくて1年だ。その2年先の2015年まで先延ばしすることはできない。だから今度は、アジア・太平洋での戦争との合わせ技である。

私たち日本国民は、中国で起きた「反日デモ」で戦争の予兆を感じて、震え始めている。この予兆、予感は、おそらく正しい。これから先、数カ月に一度ぐらいの割で、小さな軍事衝突が起こされるだろう。これで日本国内に緊張が走る。これが何度も断続的に繰り返される。そして数年後には、本当に戦争のようなものが起きる。その覚悟と準備を、私たちは今からしたほうがいい。

●アメリカに強制された日本のゼロ金利

「じゃぶじゃぶマネー」というアメリカのお札（紙幣）と米国債（ナショナル・ボンド）の刷り散らし、およびＦＲＢと米財務省との間での交換（これを「国債の直接引き受け」と言う）で、アメリカは生き残りを図る。このことを私は自分の本、10冊以上でずっと指摘してきた。

〝じゃぶじゃぶマネー〟というコトバを初めて使ったのは、私ではなくて速水優《はやみまさる》日銀総裁である。それは今から13年前の、１９９９年９月のことだった。速水総裁（当時）は、「ジャブジャブという名のお金が出回っている」と言った。速水優は、日銀＝三井住友＝

ロスチャイルドの生《は》え抜きの日銀総裁だった。

速水優は「ゼロ金利の解除（脱却）」を、必死でやろうとして打ち倒された。速水優は1999年9月21日のG7《ジーセブン》（7カ国財務相・中央銀行総裁会議）で、「今の日本には、ジャブジャブとかザブザブとか言うほど金が流れている」と公言した。そして速水は、「日本はもうアメリカの言いなりにはならない。もうこれ以上の金融緩和と、日銀による国債の引き受けはできない」と態度表明した。私はこれを当時から高く評価している。速水は金融緩和、国債増刷、紙幣増刷（すなわち、ジャブジャブ・マネー）を迫るアメリカのグローバリスト（地球支配主義者）たちに対して、「すでに日本には使い切れないほど金が余っている」と反撃した。

速水優は愛国者であり、日銀＝三井住友＝ロスチャイルドの意地を見せた。速水はこの時、アメリカに押し付けられた「ゼロ金利政策」を中止した（2000年8月）。ゼロ金利とは、いくらでもタダで中央銀行がお金を放出することで、やっぱりこれもじゃぶじゃぶマネーだ。すぐにアメリカから強い圧力がかかって、日本はゼロ金利を再度、強制され復活させられた。そして今に至っている。今の日本の短期金利（政策誘導金利）は0・1％のままである（P43のグラフ）。

長期金利（こっちは短期金利＝政策金利と違って本来、政府には動かす力がない）の指標である「10年もの日本国債」の金利（利回り。P29を参照）も、だらだら、グズグズと下げ続けて、今は0・8％とかである。

●欧米日の長期金利は今、どうなっているのか

面白いことに、アメリカも〝リーマン・ショック〟のあと、日本のゼロ金利に引きずられるようにして、2008年からゼロ金利政策（じゃぶじゃぶマネー）に突入していった。アメリカの10年もの国債の利回りは、現在1・7％ぐらいである（P29のグラフ参照）。こんなに低い長期金利は、アメリカにとっては「信じられない」ことである。ゼロ金利など日本人にだけ押しつけておけばよかった、では済まされなくなった。

皮肉な見方をすれば、これほどの超低金利（低利回り）の国債だということは、日本とアメリカが世界一強い通貨（すなわち高い信用力）を持っている国だ、ということだ。だからヨーロッパから米国債市場に資金が逃げてきている。

ドイツでも、今年の3月には、10年もの国債で2・1％ぐらいあったのが、10月には1・5％台になった。では、スイスはと言えば、すでに誇り高いスイス・ユダヤ人（アシ

の利回りの推移

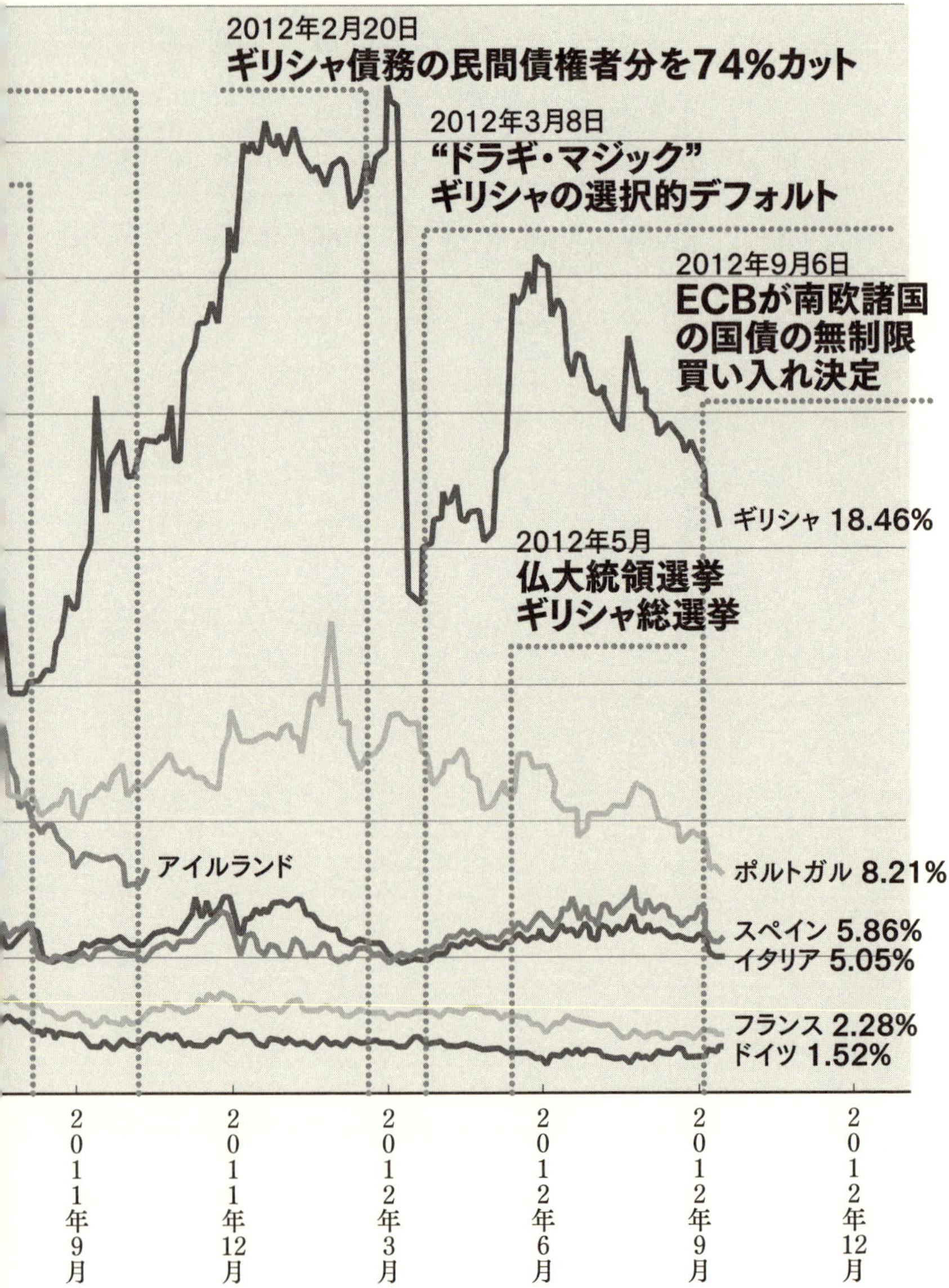

他のデータをもとに副島が作成。アイルランドは2011年10月11日以降は公表がない。

ユーロ圏諸国の10年もの国債

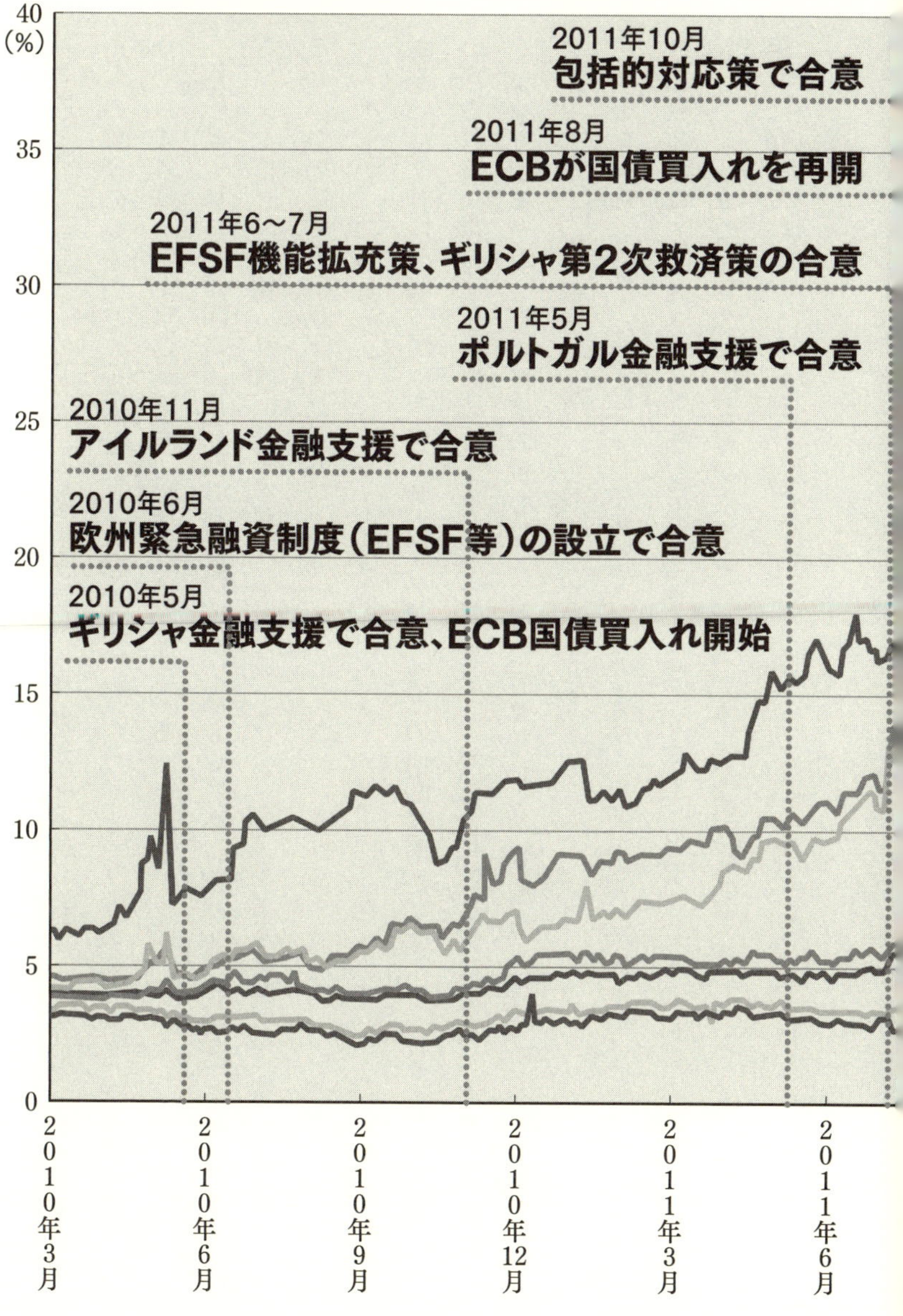
40
(%)
35
30
25
20
15
10
5
0
2011年10月
包括的対応策で合意
2011年8月
ECBが国債買入れを再開
2011年6～7月
EFSF機能拡充策、ギリシャ第2次救済策の合意
2011年5月
ポルトガル金融支援で合意
2010年11月
アイルランド金融支援で合意
2010年6月
欧州緊急融資制度（EFSF等）の設立で合意
2010年5月
ギリシャ金融支援で合意、ECB国債買入れ開始
2010年3月
2010年6月
2010年9月
2010年12月
2011年3月
2011年6月

出典：ブルームバーグ

ユケナージュ・ジュー）たちの「金融中立国」の城壁《じょうへき》がぶち破られて、世界的な大金持ちたちの資産の秘密の隠し場所という役割を失った。ルクセンブルク大公国もぶち破られた。スイスは〝ユーロ連動国家〟に成り下がっている。

他のヨーロッパ諸国の国債利回りの暴騰ぶり、激しい高さは前ページの表のとおりである。ヨーロッパ債務（財政、金融の両方）危機はこのあともズルズルと続いてゆく。このことについてはP84以下で述べる。

ドイツが、このあとユーロ・ゾーン（17カ国のユーロ通用国）から出て行くだろうか。あるいは反対に、弱体国のスペインやイタリアなどの南欧諸国が、ユーロ・ゾーンから追い出される（追放）だろうか。そんなことはもう、世界経済にとっては重要なことではなくなってしまった。世界経済の重心は、すでにBRICS《ブリックス》の新興5大国（ブラジル、ロシア、インド、中国、南アフリカ）に移っているからだ。

ユーロ（統一通貨）は、なくならないで、このままズルズルと「汚れた雪ダルマ」のように残ってゆくだろう。ユーロもEUも壊《こわ》れようがない。BRICSの新興大国5カ国も、アメリカのQE3の影響でジャブジャブ・マネーが流れ込むので、「一安心」という感じになっている。

欧米（ヨーロッパと北アメリカ）の不況のせいで、実需《じつじゅ》である貿易が伸びずに、ＢＲＩＣＳも不況に入っている（しかし、その半分はウソとデマ）とされる。中国にだけはアメリカのＱＥ３のジャブジャブ・マネーが回らないようにブロック（阻止）せよ、とアメリカが画策している。だからＩＭＦ・世界銀行総会（10月12日）を中国トップが欠席した。

●副島隆彦の金融予測（予言）最新版

この章の締めくくりとして、恒例の私の金融予測をする。今後の金融市場の動きを予測、予言する。

①円・ドル相場　1ドル＝60円台の出現

Ｐ26で前述したように、円・ドル相場は、今は１ドル＝78円ぐらいでずっと張り付いている。去年の２０１１年８月19日に、東京市場で戦後の円の最高値である１ドル＝**75円93銭**を記録した。その２カ月後の10月31日には、シドニー市場で**75円32銭**の、**円高の史上最高値**を付けた。この75円32銭という記念碑的史上最安値、円の最高値は、どうせさらに更新される運命にある。

ヨーロッパ金融危機で、ユーロはドルに対して大きく下落する。しかし、円はドルとの関係では強いままだ。だから円安には向かわない。

ドル円はこのあとも、じりじりと円高方向に向かう。そして2013年中には**1ドル＝60円台**が出現するだろう。

② 株式市場　NY市場は上昇、日経平均は8000円割れも

日本の株価（日経平均）について予測する。日本の株価は今年、2012年の3月27日に1万255円を付けて1万円台に乗せた。しかし、このあとが続かなかった。ズルズルと下げて、この5月からは、ずっと8500円から8900円ぐらいの間で張り付いている。

ニューヨーク・ダウのほうは、QE3のジャブジャブ・マネーの効果で、1万4000ドルを超えて上げてゆく。しかし日本の株価は、このまま低迷を続けるだろう。ヨーロッパ金融危機の煽《あお》りで、**8000円台を割る**ことも考えられる（株価の推移グラフはP37とP39を参照）。

③金《きん》の値段　〝QE3効果〟で1グラム5000円を突破する

金《きん》の国際価格（ニューヨーク先物《さきもの》市場）は、今年の2月28日に1オンス（31グラム）で1792ドルの高値を記録した。そのあと、下押しして1530ドル台まで下げた。このあと7月から持ち直して、1オンス1770ドルにまで上がってきた。次は2000ドルを目指す。この動きは強い。

国内価格（東京工業品取引所＝TOCOM《トコム》の価格）では、5月16日に、1グラム3961円まで下げた。4000円割れは絶好の買い場だった。今は4500円を超えた。このあと5000円を突破するのは時間の問題である。2012年10月5日には4550円の高値を記録した。最高値を更新した2011年9月6日の4734円まであと一歩だ。今回は、アメリカのQE3の、じゃぶじゃぶマネーの後押しもあるので、**5000円を突破して6000円を目指す**だろう。

④長期金利　日米の「超低金利」が続いてゆく

日本の長期金利の指標となる「10年もの日本国債」の利回りは、去年の2011年2月には1・35％だった。それがダラダラと下がり続けて、今は0・76％である（10月16

日）。１％割れの超低金利が当たり前のようになってしまった。

同じように米国債（10年もの）の利回りも、１・66％という低金利である。９月13日の〝バーナンキ・サプライズ〟の「（短期金利の）ゼロ金利政策を２０１５年まで続ける」という公約があったので、しばらくは何があっても超低金利のままだ。

2章

日本は中国と衝突させられる

●〝オバマ辞任〟以後の、3つのオプション

日本国内では、どこにも出ていない私独自の情報を書く。

アメリカのバラク・オバマ大統領は、すでに2回、倒れている。原因は呼吸器性疾患である。肺ガンの疑いがあった。しかし、そうではなかった。この呼吸器性疾患（AD《エイディ》 airway《エアウエイ》 disease《ディジーズ》 もしくは肺疾患 PD《ピーディ》 pulmonary《パルモナリー》 disease《ディジーズ》）とは、胸が詰まる病気で、黒人特有というほどではないが、黒人男性に多くみられる疾病《しっぺい》である。南アフリカのネルソン・マンデラ元大統領も、２０１１年1月、この急性呼吸器疾患で入院生活をした。

この情報はアメリカ政府内でも箝口令《かんこうれい》が敷かれている。私がワシントンから入手した情報だ。オバマがどうやら病気だという事実から、次のことが予定される。オバマはどうせまた倒れる。10月3日の、共和党のミット・ロムニーとのテレビ討論でも、オバマは演台《レクターン》に寄りかかって、力なく話していた。

11月6日の米大統領選挙本選でオバマが勝ったあと、何が起きるか。ジョゼフ・バイデン副大統領が、ランニング・メイトとしてオバマと一緒に元気よく全米を走り回っていた。現在、バイデンは70歳である。今後、起こり得る異変は3つある。

① オバマが病気を理由に辞任すると、バイデンがオバマに取って代わるだろう。

次のアメリカの大統領は誰がやっているか？

写真／AFP＝時事

バラク・オバマは健康状態を損ねているようだ。もしオバマが病気を理由に大統領を辞任すると、バイデン副大統領（左）が大統領に“昇格”するだろう。その時はヒラリー国務長官（右）が副大統領になる可能性が高い。

② この時、国務長官を辞める予定のヒラリー・クリントンではあるが、おそらく何らかの形で国務長官（アメリカの外交問題を担当）の任務を引き継ぐだろう。あるいは、

③ バイデンを押しのけてヒラリーが副大統領になる可能性もある。それが早ければ来年1月22日ごろの大統領就任式（イノギュレーション）までに起きることもあり得る。

もし、そのような急速な転変がないとしても、①のオプションで、バイデンが大統領になれば、ヒラリーが副大統領になる可能性が高い。そして4年後を目指して、ヒラリーが次の大統領を狙う、ということが大いに考えられるのである。その時には、なんと、夫のビル・クリントン元大統領が副大統領になることだってあり得るのである。ビルは今も、やる気満々である。

いくら何でもこのようなシナリオは想定できない、とする考えもある。その場合は、いったい次のアメリカ大統領は誰がなるのか。他に人材がいない。

バイデンとヒラリーは、現在も互いに仲が悪い。政権内で対立し合っている。バイデンを支持しているのは、穏健派であるCFR《シーエフアール》（米外交問題評議会 Council《カウンシル》 on《オン》 Foreign《フォーリン》 Relations《リレーションズ》）である。このCFRは、日本の経団連のような財界人《ビジネス・サークル》の団体である。CFR

は「もうアメリカには外国で戦争する余裕はない」と冷静に判断している。

ここで日本の国内政治についても、少しだけ書いておく。今の野田政権は、アメリカ（ジェラルド・カーティス・コロンビア大学教授）と財務省が操《あやつ》っている政権である。「特例公債発行（＝赤字国債）の増額」を国会で決議する法案を通してからでなければ総選挙はできない。実は自民党もこのことをよく分かっている。とにかくこの法案と次の年度の予算を3月末までに通さなければならない、とするものだ。

だから、来春（2013年4月）以降にならなければ総選挙（衆議院議員総選挙）はできないだろう。いくら自民党が、「（消費税増税法案に賛成した時の）約束どおり、さっさと解散しろ。そして総選挙をやれ」と要求しても、野田政権は居座りを決め込む。

9月26日に、安倍《あべ》晋三《しんぞう》が、今から5年前に時計が巻き戻されたかのように自民党の総裁に選出された。まじめに考えている地方の自民党員たちが怒っている。なぜ、安倍晋三が突然、復帰してきたか、はヒラリー勢力の動きと関係する。日本に右翼政権、ファシズム（金融統制《コントロールド・エコノミー》）政権を作らせる地ならしだろう。

●「アジアに軸足を移す」――ヒラリー・クリントンの論文の中身

次に「ヒラリー論文」を載せる。ヒラリーは、今からちょうど1年前に、アメリカの外交専門誌である「フォーリン・ポリシー」Foreign Policy 誌（２０１１年11月号）に重要な論文を寄稿していた。論文のタイトルは「アメリカの太平洋の世紀」America's Pacific Century である。

アメリカの太平洋の世紀 America's Pacific Century

ヒラリー・クリントン Hillary Clinton 筆

「フォーリン・ポリシー」Foreign Policy　２０１１年11月号

http://www.foreignpolicy.com/articles/2011/10/11/americas_pacific_century

古村治彦《ふるむらはるひこ》訳

（前略）

アジア・太平洋地域へ軸足を移すというアメリカの戦略的大転換（strategic《ストラテジック》 turn《ターン》 to《トウ》 the《ザ》 region《リージョン》）は、アメリカの世界的なリーダーシップをこれからも維持していく点からも論理的に正しいことである。この戦略的大転換を成功させるには、アジア・太平洋地域はアメリカの国益にとって重要なのだという、党派を超えた（bipartisan《バイパーチザン》）コンセンサスを形成し、維持することが必要だ。アメリカの歴代大統領と国務長官は、所属政党に関係なく、世界に関与してきた。私たちはこの力強い伝統をこれからも追求していく。また、戦略的大転換には、アメリカの選択が世界に与える影響を考慮に入れた一貫性のある地域戦略を堅実に実行する必要がある。

（略）

日米両国は、新たな取り組みを始めることで合意している。その中には、日本が50億ドル（約4000億円）以上の資金を新たに提供するということが含まれる。また、日米は、日本国内に引き続き米軍を駐留させることでも合意に達している。さらには、地域の安全保障を脅かす脅威（引用者註　すなわち中国のこと）を抑止し、迅速に対応できるようにするために、情報交換、監視、偵察活動を合同して行なうことや、サイバー攻撃に関しての情報共有を進めることも決定している。

日米両国はオープンスカイ協定（航空協定）を締結した。これにより、ビジネスへのアクセスや人と人とのつながりを増進されることになる。また、日米両国は、アジア・

太平洋地域に関する戦略対話を開始した。さらに、日米両国は、アフガニスタンに対する二大援助国として協力して行動している（以下略。傍点は引用者）。

このように、ヒラリーが率いるアメリカ国務省は、"pivot to Asia"（ピボット・トゥ・エイシア）、「軸足をアジアに移す」の大方針転換を決めて、アジア・太平洋での軍事衝突までを視野に入れた行動に出ている。その主眼は、日本を中国にぶつけさせる、という戦略である。私たちは、このヒラリーの魔の手に乗ってはいけない。

それと、ヒラリーによる中国包囲網（Containing China　コンテイニング・チャイナ）の戦略である。ヒラリーは7月5日に、ハーヴァード大学での講演で「中国をこれ以上、経済成長させない。元の貧乏な国に戻す」とまで発言している。

次に、尖閣《せんかく》問題についての、私の直近での最新の考えを書く。題して、**「ヤルタ＝ポツダム体制が今の国際社会だ論」**である。

●「閣議決定」では、領有の根拠にならない

尖閣諸島の領有権をめぐる問題（今や領土問題になってしまった）で、日本と中国の間で冷たい対立状態が続いている。この問題への私の考え（分析と予測）を、ここではっきりと書く。

日本政府（野田首相）は、「尖閣諸島は日本固有の領土であり、それは歴史的にも国際法上も明らかなことである」と9月26日の国連総会でも言った。そんなに日本の主張が正しい、と言うのなら、国際司法裁判所（オランダのハーグにある。International《インターナショナル》 Court《コート》 of《オブ》 Justice《ジャスティス》）に提起すべきである。そして勝訴すればいい。日本政府の主張は疑問点が多い。以下に明確に説明してゆく。

日本の新聞は、だいたい次のように書く。外務省の見解でもある。

日本は1895年（明治28年。すなわち、日清《につしん》戦争の終結の年）に、尖閣諸島が無人島であることと、他のどの国の支配下にもないことを確認したうえで、領有（日本の領土への編入）を閣議決定した。その翌年の1896年（明治29年）に、民間人の商人である古賀《こが》辰四郎《たつしろう》に対して、尖閣諸島の5つの島のうち4島を貸与《たいよ》した（すなわち、石垣島の法務局での登記を認めた）。

だから日本政府も新聞も、この１８９５年の閣議決定を根拠に、尖閣が日本の領土であると主張しているのである。

ところが閣議決定というのは、国家としての決断であって、「国内でそう決めました」というだけのことだ。外国との交渉と、それからの合意（覚書き《メモランダム》とか）はない。国境線や領土の確定は外交交渉を経た決着でなければならない。それが国際社会のルール（国際法）だ。

今年、２０１２年の9月11日に、日本政府は尖閣４島の現在の地権者である栗原《くりはら》家から、20億５０００万円で買い上げて国有化することを閣議決定で決めた。そして同日に、所有権の移転登記をこの日付で行なった。

中国側はこの日本政府の閣議決定に怒った。それで次の日（12日）から反日デモが始まった。中国で、どんな内部抗争やデモ企画者たちの動きがあったかは私にも分からない。中国の内部も割れているようである。ここでは日本国内の進展だけを考える。野田佳彦政権が、この問題の〝火付け役〟である石原慎太郎東京都知事の「都が買い上げる。支援金14億円も集まった」の動きに押される形で、しかし石原氏を小馬鹿にする形で「国による買い上げ」に追い込まれたのが事実であろう。

「1895年に閣議決定をした。だから尖閣は日本の領土である」という主張は、中国だけでなく諸外国に対しても成り立たない。なぜなら、紛争相手国との交渉で決まったことではないからだ。

尖閣諸島が日本固有の領土だ、と主張する人たちは、「無主物先占《むしゅぶつせんせん》」という理屈を持ち出す。この「無主物先占」あるいは「先取特権《さきどりとっけん》」は民法学上の理論である。例えば道端《みちばた》に転がっている、誰のものでもない珍しい石とか、きれいな花を勝手に自分のものにしていい、という理屈だ。15世紀から始まった大航海時代《ザ・グレイト・ナビゲーション》には、スペインとポルトガルがアメリカ大陸やアジア・アフリカでの植民地の獲得と支配権をめぐって争った。「この土地は自分のものだ」と、ローマ法王の前で大ゲンカを繰り広げた。1494年のトルデシリャス条約である。この時、誰も発見・占領していない土地に関しては最初に発見した人のものになる、という考え方が生まれた。これが無主物（無主地《むしゅち》）先占 occupation《オキユペーション》 の法理である。

だがしかし、この「先占《せんせん》の理論」で領有権が成り立つと考えるのもおかしい。争っている当国どうしの話し合いで決めなければいけない。日本と中国の戦争（大規模の軍事衝突）は何としても避けなければいけない。それが大人の態度だ。「尖閣については、もともと領土問題は存在しない」などと、もうどんな偏狭《へんきょう》な人間でも言えなくなった。領土の領有（権）とは、その土地（島）の国家主権（ソブリーンティ sovereignty）のことである。いちばん簡単に言えば、その土地（島）の所有権のことだ。そしてそれは外交交渉で決着したものでなければならない。

1894年（明治27年）の日清戦争に勝利した日本は、翌年に、清国との間で日清講和条約（下関《しものせき》条約）を結んだ（1895年5月発効）。これで、日本は清国から台湾と澎湖《ほうこ》諸島の割譲《かつじょう》を受けた（下関条約第2条）。尖閣諸島は、この台湾の一部だったのである。沖縄（県）の一部だったのではない。

●戦後の世界体制を決めた「ヤルタ会談」

日本を含めて、現在の世界体制は、国際連合（United《ユナイテッド》 Nations《ネーションズ》 本当は「連合諸国」と訳さなければいけない。その理由はあとで書く）を中心にできている。連合諸国《アライド・パワーズ》（その軍事部門を連合軍と言う）が、敗戦国である日本とドイツ（とイタリア）を〝処分〟してできあがったのが今の世界体制である。このことを私たちは認めながら生きている。だから、今の国際社会とはヤルタ＝ポツダム体制のことである。

この時、「戦後の世界体制」が決められた

写真／時事

ヤルタ会談。左からチャーチル、ルーズヴェルト、スターリン。この連合諸国側の3人の合意事項で、戦後の世界体制が決められた。日本はその体制を受け入れている。

この戦後体制を作った連合諸国側の合意事項は、すべて「ヤルタ会談」Yalta《ヤルタ》 Conference《カンファレンス》で決められた。ヤルタ会談は、クリミア半島のヤルタ（現在のウクライナ）で、ドイツの敗戦（4月末）が間近となった、1945年（昭和20年）2月4日から2月11日まで行なわれた首脳会談である。ここでアメリカのフランクリン・ルーズヴェルト大統領と、イギリスのウィンストン・チャーチル首相と、ソ連のヨシフ・スターリン書記長の3人が話し合って、世界の戦後体制を決めたのである。

このヤルタ会談では、台湾の処理問題も話し合われた。この会談には当時の中国（中華民国）国民政府主席の蔣介石《しょうかいせき》（チアン・カイ

シェック）は参加していない。だが、その1年3カ月前（1943年11月）に開かれた、ヤルタ会談の前段階である「カイロ会談」には出席した。ヤルタ会談で、「日本の占領地区である台湾は、中華民国に返還する」と決まったのである。このことは、蔣介石が参加したカイロ会談で決まっていたこと（カイロ宣言）の再確認でもあった。

ヤルタ会談に基づくヤルタ協定は、秘密協定（極東密約）である、とも言われている。その国際法上の効力を否定する主張を唱える学者もいる。

しかし、そんなことを言っても、現に私たちが生きている今の世界（これが国際社会だ）は、ここで枠組み、骨格ができたのである。「ヤルタ＝ポツダム体制」と言う。「ヤルタ協定」を土台にして、日本に降伏を勧告した「ポツダム（会談）宣言」を日本政府は受諾した。そして今の日本がある。誰も否定できない。

ヤルタ会談では、ルーズヴェルトとチャーチルとスターリンの3人で、「ドイツが降伏したあとの3カ月以内にソ連が日本に宣戦布告すること（日ソ不可侵条約の破棄）や、その見返りに千島《ちしま》列島・北方領土のソ連の占領（占有）を認める」ことなどが決められた。

私は、この本では北方領土の問題については議論しない。

●「施政権」と「主権」の違い

念のため繰り返すが、ヤルタ会談の合意事項として日本に対する処分を具体化したのが、同年のポツダム宣言 The《ザ》 Potsdam《ポツダム》 Declaration《デクラレーション》 である。ポツダム宣言は1945年7月26日に発せられた。このあと日本政府はグズグズしていたので、原爆が広島、長崎に投下された。

ポツダム宣言の中で、連合諸国《ユナイテッド・ネーションズ》は、「日本はカイロ会談で決めたこと（カイロ宣言）を受け入れて実行すること」「日本の主権がおよぶのは北海道、本州、四国、九州と、連合諸国側が決める諸島に限定すること」を明記した。日本はこれを受諾して、降伏文書に調印した。

だから、戦後世界体制の決定（決断）を認めるならば、台湾および澎湖諸島が中国に返還されることを、日本政府は受け入れなければならない。

そこで、である。今の日本の外務省は、尖閣諸島は（下関条約で割譲された）台湾と澎湖諸島には含まれない、と主張している。だが、世界的な見方からは、台湾と澎湖諸島は日本が植民地として占領していた地区であり、尖閣諸島は台湾諸島の一部と認定されていたようである。だから、尖閣諸島は台湾という国の主権 sovereignty《ソブリーンティ》 に属するはずなのである。だから最近、台湾（馬英九《ばえいきゅう》政権）が、あらためて尖閣諸島の領有権（主権、所有権）を強く主張し始めた。

さて、さらに時代が下って、1972年（昭和47年）5月15日に、沖縄の「施政権《しせいけん》」がアメリカから日本に返還された。この時、南西《なんせい》諸島の一部である尖閣諸島の「施政権」も日本に戻ってきた。アメリカ軍が管理していた諸島が、沖縄県の一部として、その「施政権」が日本国に返還されたのである。

沖縄を含む南西諸島（八重山《やえやま》列島など）は、サンフランシスコ平和条約（1951年9月）でアメリカの施政下に置かれた。この海域はアメリカ海軍の管理・パトロール（遊《ゆう》弋《よく》）下にあった。この施政権（管理権）が日本に返されたのである。それ以来、日本の海上保安庁が尖閣諸島を実効支配（effective《イフエクティブ》 control《コントロール》 あるいは de《デ》 facto《ファクト》 control《コントロール》 事実上の支配のこと。権利の適正、違法を問わない）している。すなわち尖閣諸島はアメリカから（施政権を）返還されたのだ、という考え方である。

この施政権 administration《アドミニストレーション》 right《ライト》 というのは、主権ではない。前述したように主権（国家主権）とは、簡単に言えば国の所有権のことである。この所有権（尖閣諸島の所有権）は、やはりどう考えても台湾に帰属している。私の冷静な判断ではそのようになる。それがヤルタ＝ポツダム体制を前提とした、現在の戦後の世界秩序なのである。このことをアメリカの国務省もよく理解している。

欧米人の普通の感覚では、こういう島々は、暫定的《ざんていてき》な権利（provisional right《プロヴィジョナル　ライト》）として、provincial（プロヴィンシャル。小さな地方、限定地域）として、アメリカが国際連合から暫定的に委託されて信託統治（trustee　トラスティ）している、と考える。だから、アメリカ国務省は「日本と中国の2国間の領土紛争には立ち入らない」と正式表明しているのである。アメリカ国務省はよく分かっているのだ。

ところが、彼らの長官であるヒラリー・クリントン国務長官が「尖閣諸島には、日米安保条約第5条が適用される」と、中国首脳に言いに行った。アメリカ国務省は、それは長官の勝手な行動だと考えている。

●外交交渉（話し合い）でしか決着できないこと

この「尖閣諸島は台湾の領土であること」については、さらに時代の進展がある。日本とドイツが敗戦（降伏）したあと、1946年6月から国共内戦《こっきょうないせん》が起きた。中華民国の総統であった蒋介石（中国国民党）と、毛沢東《もうたくとう》（マオ・ツォートン）が率《ひき》いる中国共産党が中国全土で戦った。3年間にわたる内戦で、国民党は負けてしまう。1949年12月には、蔣介石は政府機構や軍隊とともに（アメリカの軍艦で）台湾へ撤退していった。故宮《こきゅう》（紫禁城《しきんじょう》）の財宝・美術品をごっそりと船に積んで。そして中華民国は中国大陸と分離した形になった。その2カ月前の10月1日に、北京で毛沢東による中華人民共和国の建国が宣言された。

それから22年経《た》って、1971年に、中華人民共和国の国連への加盟が国連総会で承認された（10月25日）。あんなに世界中から恐れられた「共産中国」の、中国国内での度重《たびかさ》なる民衆虐殺事件がいくつもあったが、そのことと国際社会は別である。その国の国内での騒乱、大事件と国際社会は冷静に別ものである。国際社会は中国を温かく迎え入れた。連合諸国《ユナイテッド・ネーションズ》（国連）が中華人民共和国を正式な中国政府と認めたのだ。この時、台湾（中華民国）は国連から追放された。これで中国の正統《レジティマシー》な政府が、北京の政府になったのである。

中華人民共和国政府は台湾のことを「台湾省」だと考えている（台湾省を入れると中国の省は23になる）。すると、この台湾省の一部である尖閣諸島も自分たちのものだ、という理屈になるのである。このようにヤルタ＝ポツダム体制――これが国際社会だ――から考えると、どうしても尖閣諸島の所有権（主権）は、台湾あるいは中国に帰属すると考えるしかない。このことを日本のテレビや新聞は、ひと言も言わない。日本国民に教えようとしない。だから、私のような世界基準（world《ワールド》 values《ヴァリューズ》）でものごとを考えることのできる知識人が書くしかないのだ。

「尖閣は日本の領土だ、固有の領土だ。昔からそうだ。古い地図もある」と、日本人は感情的になって主張する。だが、それは相手との交渉がなければ決められないことである。何らかの合意がなければだめである。相手の意思を十分に聞こうともせずに一方的に主張するのは、おかしいを通り越して、見苦しい。さらに、アメリカ（米軍）から返還されたのだから、だから日本に領有権（主権）がある、という理屈も成り立たないことは、これで分かっただろう。

　中国人たちが「日本人は国際社会のルールを知らない。歴史の勉強ができていない」と主張しているのは、おそらくこのことだと私は思う。私たちは相手の意見を聞くために、中国政府の高官や言論人を、テレビ、新聞社が招いて、自らの考えを十分に言わせるべきなのだ。それをまったくやらせようとしない。「相手の意見をよく聞いてから」と、日ごろ口ではものすごく言うくせに、国際問題、政治問題になると、とたんにこれである。戦後68年間の、アメリカによる日本人国民洗脳というのは恐ろしいものだ。日本の教育現場も偏《かたよ》っている。

日本政府は、尖閣の実効支配というコトバを使わなくなった。実効支配とは、「自分たちの側から見れば合法行為であっても、自分たち以外の側（日本にとっての外国）から見ると不法な占領状態であるかもしれない」ということだ。日本人の多くは、今もこの実効支配（実力支配）を大きな根拠にして、尖閣の領有を信じている。実効支配しているかどうかは、理論（理屈）ではない。

日本政府（外務省）も、これだけの争いになってようやくハッと気づいたようだ。だから実効支配というコトバを、もう積極的には使わない。国際社会（世界）に向かって、「尖閣は実効支配していますから」では説明にならない。居直っているとしか思われない。みっともないったらありゃしない、である。野田首相は、よくもまあ国連総会（9月26日）で「国際社会の法と正義に訴える」と言えたものだ。「国際社会」とは何か、が分かっていない。国際社会とは「戦後の世界体制」のことであり、「ヤルタ＝ポツダム体制」のことなのだ。

だから何としても話し合いをして、日本の主張と中国の主張を闘わせながら、折り合いをつけなければならない。何があっても話し合いで決着するべきだ。この海域の共同管理、共同開発で折り合うべきだ。アジア人どうしで、また騙されて、戦争をすることになったらどうするのだ。「アジア人どうし戦わず」は、長年の私の血の叫びだ。

日中両国は、これまで双方の血のにじむ努力で平和にやってきたのである。共産主義の中国で、たくさんの人が殺された、だから中国人は残虐だ、というのは中国国内の話である。だから中国人は信用できない、不気味な民族だ、などと言うのは、自分のことを省《かえり》みないで吐く暴言だ。それは右翼たちの歪《ゆが》んだ精神から出てくるコトバだ。他人《ひと》のことを蔑《さげす》むだけの言動は慎《つつし》まなければいけない。人間はつねに努力して、他者に対して上品でなければいけない。

●「棚上げ」はいつから始まったのか

尖閣諸島の「（主権の）棚上げ論」というものについて説明しておく。

１９７２年（昭和47年）９月29日に、北京で日中共同声明が調印された。この日、日本と中国の国交の回復が決まった。中国の周恩来《しゅうおんらい》（チョウ・エンライ）首相（国務院総理）

と、日本の田中角栄《たなかかくえい》首相と大平正芳《おおひらまさよし》外相が4日間にわたる首脳会談を経て合意した。

この時、会談の3日目に、田中角栄が、周恩来に「尖閣諸島についてどう思うか。私のところに、いろいろ言ってくる人がいる」と聞いた。周恩来は「尖閣諸島問題については、今、これを話すのはよくない。石油が出る（と分かった）から、これが問題になった。石油が出なければ台湾も米国も問題にしない」と答えた。この発言は外務省の公表した会談記録に残っている。日本と中国の首脳どうしが尖閣諸島問題に触れたが、それは将来の課題として残そう、ということにした。「棚上げ論」は、この時の田中・周会談から始まった。

そしてこの日中国交回復から6年後、1978年（昭和53年）8月12日に、日中平和条約（日本国と中華人民共和国との間の平和友好条約）が結ばれた。これを講和条約とも言う。すなわち平和条約《ピース・トリーティ》とは「戦争終結条約」のことなのである。日本国民はこのことも教えられていない。「平和条約を結んで、ようやく両国の戦争状態は終わるのだ」ということを、小学校でも習っていない。日本人は、世界から見たら子どものような国民だ。本当に大事なことは、何も教えられていない。本当だぞ。

この平和条約締結は、福田赳夫《ふくだたけお》政権の時である。この時に、初めて尖閣諸島の主権の

田中角栄系だけでなく
福田赳夫系も
中国と太いパイプを持つ

福田赳夫首相と鄧小平副首相。鄧小平は、日中平和条約の批准書交換のために、1978年10月に来日した。この時、鄧小平は記者会見で「(尖閣問題は)将来の世代が賢い知恵を出し合って解決するだろう」と、「棚上げ」することを明言した。

写真／時事

「棚上げ」案が中国側から先に持ち出されたことになる。

このあと1978年の10月22日に、〝不死身の復活〟をして最高実力者となった鄧小平《とうしようへい》（ダン・シャオピン）副首相が、日中平和条約の批准《ひじゆん》（議会承認）書の交換という名目で来日した。その時、鄧小平は記者会見で尖閣諸島問題について質問されて、こう答えている。

「（1972年の）中日国交正常化の際に、（日本と中国の）双方は、この問題に触れないということを約束した。今回、中日平和友好条約を交渉した際もやはり同じく、この問題に触れないということで一致した。こういう問題は、一時棚上げにしてもかまわないと思う。10年、棚上げにしてもかまわない。我々の世代の人間は知恵が足りない。（だが）次の世代は、きっと我々よりは賢くなるだろう。その時は必ず、お互いに皆が受け入れられる、よい方法を見つけることができるだろう」

ここで鄧小平の口から、はっきりと「棚上げ」というコトバが出ている。鄧小平が、日中両国は尖閣の領有問題に触れないことで一致した、と言った。おそらく、この合意事項は覚書き（メモランダム）の形で交わされて、外務省に保存されて（隠されて）いるはずである。

この「棚上げ」とは、尖閣諸島周辺では、日本と中国のそれぞれの国の海上警察が、自国の漁船などに対して規制や管理を行なうということである。だから、日本の巡視船（海上保安庁）は中国の漁船を捕まえてはいけない（逆もいけない）のだ。自分の国の漁船しか取り締まれない。

ところが、これを当時の外務大臣だった前原誠司《まえはらせいじ》が2010年9月7日に、勝手に破った。前原誠司は、アメリカのヒラリー・クリントンたちの意を受けて、海上保安庁に中国漁船を拿捕《だほ》させたのである。それを、まるで中国漁船のほうから、日本の海上保安庁の巡視船にぶつかってきたように見せかけた映像を（内部から）流出させた。日本の巡視船が2隻で中国漁船を両方から挟《はさ》み撃ちにして、逃げられないようにして、幅を次第に狭《せば》めていった。そして停止させて拿捕したのである。このことは、私は自分の何冊かの本ですでに書いた。前原は「（棚上げを合意した）覚え書きなどない」と言い切った。が、このことについて外務省は今も口ごもって、黙っている。

●「尖閣は日米安保の適用範囲」と言うアメリカの内部でも分裂がある

棚上げを前提として、日中両国で尖閣周辺を平和的に共同管理するという考え方でずっとやってきた。それなのに、またしても仕組まれて、日本のほうから手を出して火をつけてしまった。「国際社会」は、おそらくそういう判断を下す。

石原慎太郎東京都知事が２０１２年４月16日（米東部時間）に、突然、アメリカのヘリテイジ財団 Heritage《ヘリテイジ》 Foundation《ファウンデーション》 に呼ばれて行って、妙な感じで記者会見した。尖閣諸島を東京都が買い上げるという案をぶち上げた。それで買い上げ資金として、14億円以上の寄付金（本当は寄付控除を受けられない義捐金《ぎえんきん》。税法上は捨て金扱い）が集まった（２０１２年10月11日現在で14億７７５８万５６９０円）。

ヘリテイジ財団は、１９７３年に設立された、アメリカで強固な伝統保守思想を持つ人々の集まり（シンクタンク）である。私も訪ねたことがある。フーバー大統領やレーガン大統領の写真がホールの壁に飾ってあった。今は、凶暴なネオコン派に乗っ取られている。ここで「こういうふうにしろ」と石原都知事は指図を受けて、アメリカから発言したことが誰の目にも映った。

これで〝尖閣の火付け役をしたシンタロウ〟という素晴らしい称号を与えられて、石原慎太郎（80歳）という文学者崩れ（か、上がり）の政治家が退場してゆく。「慎太郎さんも、まったく余計なことをしたものだ」と経営者たちが怒っている。なぜなら今や２万３

000社の日本企業が中国に進出しているからだ。スタンドプレーばかりをやり続けた人生だった。保守系の財界人たちでさえ、「石原都知事はとんでもないことをしてくれた。私たちは中国でビジネスをやっているから大変だよ」と言っている。

アメリカのヒラリー・ロダム・クリントン国務長官は、この9月4日に中国の習近平《しゆうきんぺい》（シー・チンピン）副主席（次の国家主席）に、「尖閣諸島は日米安保条約第5条の適用範囲です。何かあったら米軍は日本軍を助けて出動します」と直接、言おうとした。ところが習近平は仮病を使ってヒラリーに会わなかった。それで、今度は自分の子分であるレオン・パネッタ国防長官を中国に派遣した。そして9月19日に、「尖閣は日米安保条約第5条（共同防衛）の適用範囲だ」と、あらためて宣言した。ところが、ヒラリーのこの態度に対して、アメリカ国務省はすぐに「尖閣諸島の領土問題で、日本と中国の主張に関してアメリカは中立の立場をとる」と言っている。それぞれの国内に分裂があるのだ。

日本の右翼たちは、このあと尖閣に灯台などの設備をつくって警察を駐留させろ、と今の時点で主張している。そして、「どうせ中国は攻めてこない。日本の海上自衛隊に敵《かな》うはずがない」と、希望的かつ楽観的な観測を一様に述べている。これは、夢と希望と願望で相手の出方を推測しているにすぎない。中国の激しい怒りと、それを形成している歴史認識と国際社会の見方を無視して、日本側が自分勝手な主張を押し通そうとしても、どうせうまくゆかない。

私たちは、現在と将来にわたって責任ある言動をしなければいけない。この緊迫した時期に、真剣に知識を集め、深く考えなければいけない。すぐにでも日中の政府間の話し合いを始めるべきだ。それが大人の態度というものだ。日中の戦争だけは絶対に避けなければいけない。

3章

偽《いつわ》りの景気回復

●「ヨーロッパ諸国の国債を買ってほしい」――独首相は中国へ

前述したECB（ヨーロッパ中央銀行）総裁のマリオ・ドラギが、いかにもヨーロッパ（旧）貴族らしく、示し合わせたように9月6日に「夏のヴァカンスも終わりましたので、仕事を始めます」という鷹揚《おうよう》な感じで出てきて、例の「ECBによるヨーロッパ各国国債の無制限買い取り」というジャブジャブ・マネーを開始した。

そんなことをやっていいのか、EU憲法（2004年制定。2007年にリスボン条約として修正）や法律に抵触している、という疑問や批判が出ているのに、もうこの際お構いなしである。

ヨーロッパ各国の大銀行を、すべてまとめて救済し続ける気である。とくにスペインのバンコ・サンタンデールやポプラール・エスパニョール銀行や、イタリア最大のウニ・クレディートが今も破綻の危機にある。フランスの3大銀行（ソシエテ・ジェネラル、BNPパリバ、クレディ・アグリコル）でさえ、真実の実態は債務超過である。本当なら今年の3月にすべて破綻（破産）していたはずなのだ。

それを2度の〝ドラギ大砲〟（2011年12月と2012年2月のECBによる緊急の救援資金の供給）で命をつないだ。ECBが現金輸送車も動かして、刷り散らしたユーロ通貨

“ヨーロッパ王”と“中国王”の話し合い

写真　dpa／PANA

ドイツのメルケルは「中国に救《たす》けてほしい」と動いた。しかしアメリカが「待った」をかけた。IMF・世界銀行を使って中国いじめを始めた。「中国がヨーロッパを救けるのは、直接ではなくIMFへの拠出の形にしろ」と圧力をかけている。

を山積みにして、預金を引き下ろしに来た人々に滞《とどこお》りなく支払った。この実情をどこも報道しない。

ヨーロッパの貴族たちというのはこういう人々だ。一般民衆が、倒産と失業の恐怖におびえて、スペインなどで見られるように激しい抗議集会をしても、ヨーロッパの親分たちである旧貴族様たちは、何の表情も変えずに（少なくとも表面上は）相変わらず会議を繰り返している。それを日本にまでやって来て、ダラダラとやっている。

一点、注目に値《あたい》するのは、今や〝ヨーロッパ諸国の王様〟であるドイツのアンゲラ・メルケル首相が、中国に出かけていって（これで6回目の訪中だ）、8月30日に胡錦濤《こきんとう》主席に「中国にヨーロッパ諸国の国債を買ってほしい」と懇《ねんご》ろに持ちかけたことだ。

中国はこれまでずっと「ヨーロッパの金融危機には、中国はあまり関わりたくない。救援のお金は出せない」という態度だった。ずっとこの態度だった。だが、メルケルが「このたび、私がヨーロッパを代表して中国にお願いに来た。これにはアメリカの口利きやら介入はない。ヨーロッパ人としての真摯《しんし》なお願いである」と持ちかけたようだ。それで中国はかなり乗り気になった。

メルケル独首相　今年2月に続き訪中

ドイツのメルケル首相は8月30日、北京の人民大会堂で中国の胡錦濤国家主席と会談し、両国の戦略パートナー関係をさらに進化させていくことを確認した。30日午前には、温家宝首相とも会談し、経済協力の強化でも合意した。同首相は今年2月に訪中したばかりだ。欧州債務危機が続く中、世界第2の経済大国の存在感が高まっていることをうかがわせる。

（産経新聞　2012年8月30日）

中国の胡錦濤は「ヨーロッパ各国の国債を中国が買い支えるについて、それなりの実質のある担保（プレッジ）をもらいたい。それぞれの国が、何を差し出すのか」と応じたようである。

ところが、このあと9月20日に温家宝《おんかほう》首相がヨーロッパを訪問して、EUの首脳たち（ファンロンパイEU大統領、バローゾ欧州委員長、デフフトEU通商担当委員など）と中国からの支援金（欧州国債買い）の交渉になった時に、異変が起きた。

中国、欧州国債市場への投資継続　危機対策に関与続ける＝温家宝首相

欧州を訪問している中国の温家宝首相は9月20日、欧州が債務危機を克服できると確信していると表明し、欧州国債市場への投資を続ける考えを示した。

第15回中国・欧州連合（EU）首脳会議に出席するためブリュッセルを訪れている温首相は、「欧州は債務危機への対処で正しい方向に向かっており、今重要なのはすべての政策措置を完全に実施することだ」と述べた。

（ロイター　2012年9月21日）

このあと異変が起きた。

温首相のEU会議での発言中断される

9月20日、中国の温家宝首相は欧州連合（EU）との首脳会議で、対中武器禁輸の解除と中国を〝市場経済国〟として承認するよう求めた。しかし、温首相の発言は中国側によって中断された。

温家宝首相は、中国とEUの首脳会議の冒頭の挨拶の中で、この二つの問題がずっと解決さ

ユーロ救済用に各国が拠出するIMFへの資金額

（2012年3月〜6月で決まった）

国名	金額（ドル）	円
ユーロ諸国	2,000億ドル	16兆円
日本	600億ドル	5兆円
アメリカ	0ドル	0円
中国	430億ドル	4兆円
イギリス	150億ドル	2兆円
韓国	150億ドル	2兆円
サウジアラビア	150億ドル	2兆円
インド	100億ドル	0.8兆円
ブラジル	100億ドル	0.8兆円
ロシア	100億ドル	0.8兆円
メキシコ	100億ドル	0.8兆円
オーストラリア	70億ドル	0.6兆円
シンガポール	40億ドル	0.3兆円
南ア、コロンビア、ニュージーランド、フィリピンの合計	55億ドル	0.4兆円

IMF専務理事クリスティーヌ・ラガルドが陣頭指揮で、ヨーロッパ救援用に各国からお金を集めて回った。日本が気前よく、いちばん先に600億ドル（5兆円）を出した。それに続いて世界各国が渋々と「冥加《みようが》金《きん》」を差し出した。ところがアメリカは0《ゼロ》である。みっともないったらありゃしない、である。

れないことに遺憾を示した。「正直に言うと、対中武器禁輸の解禁と中国の完全な『市場経済』地位、この二つの問題を私は10年間努力しましたが、解決されませんでした。大変遺憾に思います」（温家宝首相）

このあと、テレビ画面は突然外部の様子に切り替わり、温首相の声がなくなった。

（新唐人ニュース　2012年9月22日）

これが、温家宝がヨーロッパで受けた処遇である。この記事の異様さから分かることは、「中国のヨーロッパへの直接支援」に「待った」がかかったということである。ドイツのショイブレ財務相というのが曲者《くせもの》のようだ。ショイブレはアメリカの意向を受けて動く人間のようだ。クリスティーヌ・ラガルドIMF専務理事（前はフランスの財務相だった）と同じような感じで、アメリカの意思と指図に忠実に従って動くようである。それで、中国からのヨーロッパへの救援資金はIMFを通して行なえ、ということで規模が大幅に縮小された。

●「ドラギ・バズーカ」の炸裂《さくれつ》――銀行から国債を無制限に買い入れる

ドラギ大砲《バズーカ》が打ち出した、危機に陥っているスペインやイタリアなど、ヨーロッパ弱体国（重債務国《じゅうさいむこく》）の国債の「無制限の買い入れ」策とは次のようなものである。

欧州中銀、債務危機国の国債買い入れ　1〜3年債を無制限に

欧州中央銀行（ＥＣＢ）は、９月６日の理事会で、債務危機に陥ったユーロ圏諸国の国債を無制限に買い入れる計画を承認した。ドイツの反対を押し切って、債務危機に対処するためのいわゆる「ビッグ・バズーカ」の発射に踏み切る。

ＥＣＢのマリオ・ドラギ（Mario Draghi）総裁の基本計画は、国債利回りの引き下げを目的としている。ドラギ総裁は、「ＥＣＢは、購入規模の制限は設けずに償還期間が３年までの国債を買い入れる」と述べた。同時に、「ユーロ圏各国政府もユーロ支援のため財政健全化に努めることが必要だ」と強調した。

（ＡＦＰ　２０１２年９月７日　傍点は引用者）

この秋に入って、待ち構えていたかのように「国債の無制限の買い入れ」という常軌を逸した金融政策《マネタリー・ポリシー》の実施を始めた。ヨーロッパ各国が、もうどうしようもなくなっているということだ。ドイツを含めた北欧諸国は健全財政を誇っている。しかし弱体国の南欧諸国を、いやいやながらでも助けないわけにはゆかない。

ユーロ通貨を無制限に、無限に発行して、それで「破綻懸念《けねん》先国」の国債を買い取る。それは自分自身も危機に陥《おちい》っているヨーロッパ各国の大銀行が、投資先、運用対象として買って持っていたものである。

しかし、それ以外にも、アメリカの年金ファンド（基金）やヘッジファンドたちが、ギリシャ国債やスペイン国債などの年利（利回り）4～5％の高利の国債を買って運用していた。年金ファンドたちがそれらを投げ捨てるのを、受け止める係をＥＣＢ（ヨーロッパ中央銀行）がやるのである。

「いくらでもボロクズ債を持ってきなさい。いくらでも買ってあげます」という太っ腹の態度である。こうでもしないと、今のヨーロッパはどうにもならない。ユーロ通貨の暴落（信用崩壊）を喰い止めることができない。

実際にやっていることは、経営危機に陥っているヨーロッパの各国の大銀行が持っている〝腐った各国の破綻国債〟を、審査も何もしないで額面どおりでガブガブと買い上げる

“ジャブジャブ・マネー”の最高責任者

写真／AFP＝時事

バーナンキFRB議長（左）と、マリオ・ドラギECB総裁（右）。アメリカとヨーロッパの大銀行を救済するために、ジャブジャブ・マネー（量的緩和）を世界中に垂れ流すことを決めた。しかし2人とも、その効果を本心では信用していない。あと半年、よくて1年しかもたない、とよくよく分かっている。そのあと世界はどうなるか、だ。

ことだ。その分、ヨーロッパの大銀行たちは助かる。ホッと一息である。

そのまま持っていても、すでに実質破綻していて、紙切れであることがはっきりしているギリシャやポルトガルやアイルランドやスペインやイタリアの国債を、「元本《がんぽん》保証」で、額面どおりでECBに引き取ってもらえるのであるから、こんなにうれしいことはない。これで民間の大銀行たちは、ひとまず資金繰りで楽になれる。

●毒を含んだ血が、ヨーロッパの体内を駆け巡る

ヨーロッパ圏《リージョン》の内部で、お互いに売ったり買ったりして、それで年率3～4%もの高利回りを出してきた。「国家（ソブリン sovereign）の信用は文句なしに高い」と、自分たちだけで信じ合って、こんな濡れ手で粟《あわ》の儲け商売をやってきた。こんなことがいつまでも続くわけはなかったのだ。

どうしてヨーロッパ諸国の白人たちは、かつてのメキシコ（1982年）やアルゼンチン（1989年と2001年）やトルコ（1987年）、ロシア（1991年）などの国家破産（デフォルト。対外債務の支払い不能）が自分たちには起きるはずはない、と信じ込めたのだろうか。

各国の長期国債の格付け一覧
（2012年9月28日時点）

S&Pで		Moody'sで	
AAA	ドイツ、オランダ、フィンランド、イギリス、香港、カナダ、スウェーデン、ノルウェー、スイス、シンガポール他	Aaa	フィンランド、カナダ、スイス、シンガポール他
		ネガティブ	ドイツ、フランス、イギリス、アメリカ他
AA+	フランス、オーストリア、アメリカ	Aa1	香港
AA	ベルギー	Aa2	カタール
AA−	日本、中国、韓国	Aa2	ベルギー、日本、中国、韓国
A+		A1	
A	スロバキア他	A2	スロバキア他
A−	マルタ	A3	マルタ
BBB+	イタリア、アイルランド、南アフリカ	Baa1	ロシア、南アフリカ、メキシコ
BBB	ブラジル、ロシア、メキシコ	Baa2	イタリア、ブラジル、トルコ
BBB−	インド、スペイン	Baa3	スペイン、インド
BB+	ハンガリー	Ba1	アイルランド
BB	ポルトガル、トルコ他	Ba2	
		Ba3	ポルトガル

投資適格級（AAA〜BBB−／Aaa〜Baa3）

投機級（BB+以下／Ba1以下）

CCC	ギリシャ	C	ギリシャ

すでにヨーロッパは生産性《プロダクティヴィティ》も高くなくなっている。労働者たちは、長時間低賃金で働くことがない。ヨーロッパ諸国は、勝手に自分たちのお手盛りで嵩上《かさあ》げされた、市場の法則を無視した信用格付け（P95の表を参照）に基づく、空虚な利益行動をとっていた。その利益は帳簿の上だけのものだ。こんなことはもはや許されない。

ところが、「正しく破綻する」という道を選ばずに、ついに居直って〝お金の水増し〟路線に走って、大増刷されたユーロ紙幣で国債を必死に買い支えている。それをヨーロッパの中央銀行自身がやるのである。それでもヨーロッパの実質的な資産劣化はものすごい勢いで進んでゆく。

EU加盟国27カ国のそれぞれの大銀行は、裁判所で破産手続きをとって、不良債権（バッド・ローン）を吐き出して、経営陣と大株主に責任を取らせて、悪い血を体外に排出することをすべきなのだ。このままだと毒を含んだままの汚い血が、ヨーロッパ中の体の中をさらに駆け巡ることになる。

前述した、イタリア最大の銀行であるウニ・クレディートやスペイン最大のバンコ・サンタンデールなどを真っ先に破綻させるべきだったのだ。フランスの3大銀行（ソシエテ・ジェネラル、BNPパリバ、クレディ・アグリコル）も、本当は今年の3月にバッサリと破綻・倒産しているほかには手がなかったはずなのだ。それを無理やり、「銀行が抱える不良債権の政府による買い上げ」に等しい「国債の買い上げ」策のために、インチキの通貨の人工的な大洪水（これは贋金《にせがね》づくりに等しい）で押し隠してしまった。

このツケは、必ず3年後に回ってくる。それらの過剰供給（水増し、水ぶくれ）された「銀行お金」（銀行業界の中だけでやり取りされるお金。帳簿上の辻褄《つじつま》だけを合わせる）の行く末はみじめである。ドイツが第一次大戦後に味わったレンテンマルク（1兆マルク）の悲劇を繰り返すだろう。ジャブジャブ・マネーは、目先の危機の糊塗《こと》と隠蔽にはなっているが、どうせ長続きはしない。今に病状が現われる、ということである。

意図的に、一時的に過剰供給された資金は、不胎化《ふたいか》（sterilization　スターリライゼーション）して、中央銀行に回収されるべきなのである。しかし、この不胎化の方策も取ろうとせず、ただ垂れ流して、自然吸収に任せようとしている。市場で自然吸収される余剰な資金量には限度がある。100人しか乗れないフェリーに200人も乗せて航行しているような危なさである。

●米地区連銀の総裁たちは、なぜQE3に反対したのか

9月13日に発表された、FRBのバーナンキ議長によるジャブジャブ・マネーのQE3（Quantitative Easing クォンティティティブ・イージング。量的緩和の第3弾）は、「住宅ローン担保証券（MBS）を毎月400億ドル（3兆円）ずつアメリカ国内の銀行から買い集める」というものである。

資産劣化が激しく、今にも倒産しそうな銀行や日本の信用金庫のようなもの（H&Lハウジングズ・アンド・ローンズ。住宅ローン専門会社）が抱え込んでいる、住宅ローンを組んだ時に組まれた被担保証券（これがMBS《エムビーエス》。実質的にはローン破産ですでに紙くずになっているものが多い）を、今度はアメリカ政府（中央銀行）自身がどんどん自分で引き受けることを決めたのだ。

こんなやり方で大不況（実質的にはもう大恐慌である）から脱出できるとは、バーナンキたち自身が少しも信じていない。左の表にしたごとく、FRBを構成する12の地区連銀の総裁たちは、QE3に対して大半が「効果はない。疑わしい」と反対したのだ。

ところが、バーナンキたちワルは奇策を弄《ろう》して、「議決権を持つFOMC《エフオウエムシー》委員」を「FRB理事」という名目で6人も作った。空席だった席に、5月17日に2人を追加した。こ

F《エフ》O《オウ》M《エム》C《シー》（連邦公開市場委員会）の顔ぶれ

				QE3に
	委員長	ベン・バーナンキ（FRB議長）	投票権あり（FOMCの委員）	賛成
1	副委員長	ウィリアム・ダドリー（ニューヨーク連銀総裁）		賛成
	FRB理事 何なんだ、こいつらは。「賛成」のための数合わせ。	ジャネット・イエレン（FRB副議長、元サンフランシスコ連銀総裁）		賛成
		エリザベス・デューク（元タウンバンク副社長兼COO）		賛成
		サラ・ブルーム・ラスキン（元メリーランド州金融規制委員）		賛成
		ダニエル・タルーロ（元ジョージタウン大学ローセンター教授）		賛成
		ジェローム・パウエル（未公開株の投資家。元財務次官）		賛成
		ジェレミー・スタイン（ハーバード大学教授）		賛成
2	委員 まったく馬鹿扱いされている連銀総裁たち。彼らの大半はQE3に反対していることが判明した。	デニス・ロックハート（アトランタ連銀総裁）		賛成
3		サンドラ・ピアナルト（クリーブランド連銀総裁）		中間派
4		ジェフリー・ラッカー（リッチモンド連銀総裁）		反対
5		ジョン・C・ウィリアムズ（サンフランシスコ連銀総裁）		賛成
		クリスティン・カミング（ニューヨーク連銀第1副総裁）	投票権なし	賛成
6		ジェームズ・B・ブラード（セントルイス連銀総裁）		反対
7		チャールズ・L・エヴァンス（シカゴ連銀総裁）		賛成
8		エスター・ジョージ（カンザスシティ連銀総裁）		反対
9		エリック・S・ローゼングレン（ボストン連銀総裁）		賛成
10		ナラヤナ・コチャラコタ（ミネアポリス連銀総裁）		賛成
11		リチャード・フィッシャー（ダラス連銀総裁）		反対
12		チャールズ・プロッサー（フィラデルフィア連銀総裁）		反対

数字は全部で12地区の連邦準備銀行の総裁たち。
この表はFRBの公表資料から副島隆彦が作成した。

◀この「FRB理事」というゴミたちが、なぜここにいるのか。地区連銀総裁たちを舐《な》めているのか。

うやって12の地区連銀の総裁たちからＦＯＭＣの議決権を奪った。まったくヒドいことをするものだ。

そうしておいて、まるで「全会一致に近い、反対1名」というフリをした。大事な金融政策を決議するＦＲＢのＦＯＭＣ（連邦公開市場委員会）は、伝統的に全会一致でなければならないのだ。そうしておいてから、バーナンキの不意打ち、急襲で「ＱＥ3をやる」と突然、その「決定会合の日」に言いだしたのだ。これはクーデターの一種である。

当然、生来の保守的な企業精神からして、共和党員が多い地区連銀総裁たちは「そんな過剰な資金供給をすると、将来に禍根を残す。インフレが心配だ」と反対している。バーナンキは、今回は、従来非公開であるＦＯＭＣの内部事情を公開した（Ｐ99の表のとおり、賛成と反対を公開した）として、「ＦＲＢの透明性を高めた」と自画自賛している。

全米を12に分けた地区連銀の総裁たちの、ＦＯＭＣに反対する発言は以下のとおりである。ロイターの記事から「反対」の発言を抜粋して載せる（数字はＰ99の表と対応するように付けた）。

米FRB当局者の最近の発言

6　セントルイス地区連銀のブラード総裁（9月20日）

（深刻な金融危機後は回復が一層緩慢《かんまん》になる、とするエコノミストのカーメン・ラインハート氏とケネス・ロゴフによる研究に言及したうえで）「ラインハート＝ロゴフ効果に対する調整なしに、名目国内総生産（GDP）を目標とする試みは大惨事を招きかねない」

11　ダラス地区連銀のフィッシャー総裁（9月19日）

「FRBによる債券買い入れは企業の借り入れや投資、雇用を押し上げる効果がない。債券買い入れを通じた流動性供給拡大は必要ない」

6　セントルイス地区連銀のブラード総裁（9月18日）

「（QE3について）もう少し様子見の姿勢を取るべきだ」

「このタイミングでのQE3の実施には反対票を投じたはずだ。あのような主要な措置を現時点で導入する十分な理由はなかったと考えている」

4　リッチモンド地区連銀のラッカー総裁（9月18日）

「新たな資産買い入れプログラムに反対したのは、このような状況で追加的な刺激策を講じるのはインフレ期待の安定を脅かし、インフレを加速させるリスクを伴うという理由からだ」

「(QE3を期限や全体の規模を事前に定めない『オープンエンド型』としたことは、インフレ圧力が高まった場合に打ち切りやすくなる)ポジティブな要因だ」

「FOMCは物価安定維持を犠牲にして失業を減らすことに集中している、という見方は信頼を損ね、物価の不安定化をもたらす」

11　ダラス地区連銀のフィッシャー総裁(9月18日)

「(QE3について)設備投資や雇用に関する企業の決定を妨《さまた》げる他の要因があるため、現時点では効果は比較的低い」

「米国内の雇用創出や、他の即時的効果につながるような設備投資に企業がコミットする必要がある。このプログラムに高い効果があるとは思わない」

「FRBとして最善を尽くすが、単独では解決できない。単独で対応することを求められると、抜け出すことのできない極めて難しい状況に陥ることになる」

(ロイター　2012年9月24日　傍点は引用者)

●FRBが買い取る「MBS」とは何か

アメリカでも、倒産寸前の中小企業の再建計画であるリスケジュール、略称〝リスケ〟が行なわれている。〝リスケ〟は日本だけのことではないのだ。今にも破綻しそうな200万社の中小企業の経営立て直しを、過剰な追い貸しと公的融資でやっている。すべて補助金《サブシディ》だ。

個人の借金（各種のローン）の整理が大きく進んだ、とOECD《オウイーシーディー》（経済協力開発機構）のレポートなどでさかんに報告している。その実態は、いわゆる「ホーム・エクイティ・ローン」という住宅ローンの投げ捨て、そしてさらなる借り入れが横行しているからである。

アメリカのミドル・クラス（サラリーマン層）が、家を買って組み立てた住宅ローン（例えば50万ドル、4000万円）が、リストラ（解雇による失業）に遭《あ》って、払えなくなっている人が多い。アメリカではその時、その住宅ローン（銀行ローン）そのものを投げ捨てて逃げることができる。ここが日本と大きく異なるところだ。

日本では組み立ててしまった住宅ローンは、その家やアパートがどんなに値下がりしようとも、ローン金額が減額されたり、ローンの支払い放棄はできない。だが、アメリカではそれができる。「ホーム・エクイティ・ローン」あるいは「モーゲッジ・エクイティ・ローン」と言う。ローンで買ったその家（住宅）を手放して、賃借りアパートに引っ越せば、その家に付いていた住宅ローンごと投げ捨てることができる。これで実質的な損を銀行に押し付けることができる。それで、アメリカの銀行の資産の劣化（腐った融資金）がどんどん膨《ふく》らんでいったのだ。

しかも、そしてこの住宅ローン債権を、何千本もひとまとめにして組み立てて、それを「担保付き証券化商品」（モーゲッジ・バックド・セキュリティーズ）と称して、2000年ごろからさかんに銀行間でこのMBS《エムビーエス》を売り買いした。それの焦《こ》げ付いた分を今回、バーナンキFRBが、ガブガブといくらでも買い取ると言っているのだ。このMBS（mortgage backed securities 住宅ローン住宅資産付き債券）が、2007年7月のサブプライム・ローン崩れの、真の最大の元凶なのである。

これらのMBSを、さらに銀行間市場（債券市場）で組み立て直した「シンセティックCDO《シーディーオウ》」というのがある。これが今、アメリカ経済にとっての深刻な〝時限爆弾〟（タイム・ボム）になっている。

これに対し、ヨーロッパ債務危機（2011年から）で大騒ぎされているのは、CDS《シーディーエス》

のほうである。今度、アメリカの苦境となるのは、すでに積み上げてしまったCDO《シーディーオウ》（コラテライズド・デット・オブリゲーションズ　Collateralized Debt Obligations）である。こっちは個人（アメリカ国民）の住宅ローンから生まれた金融バクチ商品だ。今のアメリカでは、こっちが危ないということだ。

CDSとCDOは違う。ヨーロッパ各国の国債を目標として組まれた「国債CDS」（ソブリン・ボンド・クレジット・デフォルト・スワップ）という特殊な保険証券は、ある国や大企業が倒産（破綻）した時に、そのCDSというバクチ保険を発行（振り出し。売り出し）した大銀行や保険会社に巨額の支払い義務が生じて、首をくくらなければならない。それは半端《ハンパ》な額ではない。だから去年、ギリシャ国債を破綻（デフォルト）させることができなかったのだ。

ギリシャ国が発行した国債の総額は35兆円（3500億ユーロ）であった。これぐらいなら、世界中の政府で手分けすれば何とかなったのだ。ところが、このギリシャ国債には別に「国債CDS」がくっ付いていた。これがどうやら、ネット（正味、差し引き）で35兆円の4倍の150兆円分ぐらいあるようだ。

それで、「ギリシャは国家破産（対外債務のデフォルト）をさえさせてもらえなかった」

と、ギリシャ国民が怒っているのだ。この国債CDSを販売（引き受け）していたのは、ドイツ銀行（米ロックフェラー系）やアメリカの大銀行（ゴールドマン・サックスとJPモルガン・チェースが筆頭）たちなのだ。払えるわけがない。

アメリカの住宅ローン残高は、すべてで12兆ドル（1000兆円）ぐらいある。8000万人ぐらいが借りている（米人口は2・8億人）。アメリカのGDP（13兆ドル。2012年の実質GDP推計値）とほぼ同じだ。本当は、そのうちの半分の6兆ドル（500兆円）ぐらいが、すでに返済不能の腐った住宅ローンになっている。これを腐ったまま冷凍状態にして、アメリカの金融制度の崩壊と土地・住宅の今以上の下落を何とか喰い止めようとしている。住宅価格が暴落したら、担保価値が減るから大騒ぎになる。

だからオバマ政権は、さらに新たな住宅ローン（中古だけでなく新規の住宅の販売も促進）を上層サラリーマン層に組ませて、それを「住宅市場の回復」と呼んでいる。これと失業率（9月末現在、8・1％）の改善の二本柱で、これで「アメリカの景気回復。オバマ政権の業績」と言いくるめたいのだ。

私は前作などで何回も書いたが、アメリカのミドル・クラス（自営業や上層・中層サラリーマンのこと）は、1人で3軒から4軒の住宅を持っている。それらの家は自分の所有名義ではなくて、子どもや甥《おい》などの名義になっている。さらには叔父《おじ》、叔母《おば》の名義まで許される。サラリーマン層でも住宅ローンを、3つも4つも借りられるのである。だから、自分の持っている家でいちばん値下がりの激しい、かつローン残高の大きい物件を市場で投げ売りする、のではなくて、銀行の住宅ローンごと投げ捨てることで家ごと銀行に渡してしまうのだ。

そうやって借金地獄から、いったん逃げるという手口である。そして銀行とグルになって、さらに別個の1戸建ての住宅ローンを新規に組み立てる。こうやって別の投資用（賃貸し用）の住宅を1戸買い増すということをする。

「アメリカの景気は回復している」と囃《はや》す人々がいる。彼らが根拠にしているのは、この住宅市場における回転売買（不動産業者の用語では、土地ころがしと言う）である。この土地ころがしを、不動産投資での失敗（保有資産が買い値より下落）を、穴埋めしようとして、素人たちまでがやっているということだ。

アメリカの危機は、やはりバーナンキ自身がいやというほど分かっている。これからも起きるであろう土地・住宅市場の暴落の危機なのである。だからP35の「S&Pケース・

シラー住宅価格指数のグラフ」で分かるとおり、ヘンな感じで無理やり横ばいにしているのだ。

●2013年春、「偽りの景気回復策」の効果が切れる

オバマとバーナンキは「現在の失業率の8・1％を7％台にまで引き下げる」、なんと「5％台にまで下げる」と言っている。失業率が8％を超した大統領は再選されない、という古くからのアメリカ政治のジンクス（標語）がある。オバマは再選の鍵《カギ》として、この「失業率の改善」を異様なまでに唱えた（10月5日には、米雇用統計で、9月の失業率は0・3ポイント下がって7・8％になったと発表した。数字を操作している）。

今のアメリカの自然失業率は、おそらく6％である。この自然失業率というのは、政府がどうやってみても絶対に消すことのできない数値のことだ。昔は、アメリカの自然失業率は4％ぐらいだった。これが6％ぐらいになっている。「非自発的失業」と言って、簡単に言うと、何があろうが働く気がない人々の存在ということだ。だから失業率が6％で「完全雇用の達成」なのだ。だから、6％台にまでアメリカの失業率が下がる、ということはあり得ない。

FRB議長、QE3導入「万能でないが経済の支えに」経済弱ければ一段の緩和も

米連邦準備理事会（FRB）のバーナンキFRB議長は、9月13日の記者会見で量的緩和第3弾（QE3）の導入を決めた理由について「米経済は失業率が低下するほどの経済成長を実現していない」と語った。量的緩和の経済効果を疑問視する声に対しては、「たしかに万能薬ではないが、米経済をある程度は支えることが出来る」と答えた。

同議長は8月の失業率がやや下がったことについて「（持続的な雇用増ではないが）労働参加率の低下要因が100％以上あった」と指摘。そして「経済を支援する政策ツールを我々は持っている。雇用最大化という目標を果たせていないのなら、（量的緩和など）出来ることをやるのが我々の責務だ」と強調した。

（日本経済新聞　2012年9月14日）

だからこのバーナンキ金融緩和（ジャブジャブ・マネー）が、民主党の大統領が再選され、バーナンキ自身の首がつながる（2014年1月31日の任期満了以降も再任）ための、選挙対策用の大盤振る舞い、燃料投下であった。

このQE3は、偽《いつわ》りの、やらせの景気回復策なのである。この「じゃぶじゃぶマネーによる住宅ローンの買い取り政策」は、年が明けたら用がなくなる。つっかえ棒を外されるような感じで、2013年4月からの危機が迫ってくる。

実際のアメリカ庶民の生活実感から言えば、景気回復などまったくない。失業の恐怖に加えて、いろいろなカード・ローンの支払いの借金地獄が日々の悩み事である。とてもではないが、私たち日本人がテレビを通して見るような、見せかけの豊かな国・アメリカなどもうどこにもない。アメリカに行って暮らしてみればすぐに分かることだ。

アメリカの中産階級の税金が、給与から天引きされる金額の割合は、収入に対してちょうど半分ぐらいである。これには健康保険や年金などの、強制的な支払いや積立金、掛け金が含まれている。これを「国民負担率」と言う。

日本もアメリカに負けていない。日本のサラリーマン層（給与所得者層）の、税金と社会保障料の負担の合計は、収入の45%ぐらいまで来ている。その重税感は、テレビや新聞が取り上げない分だけ、いっそうひどいものである。だから、政府側（財務官僚と野田政権）の理屈としては、「もうこれ以上、給与所得からの税金は取れないのだから、だから消費税（実質は売上税）などの直接税で折り合いをつけました」ということなのである。

4章

ぶり返す世界恐慌

●なぜ世界の資金は米国債（と日本国債）に向かったのか

アメリカはヨーロッパの金融危機 European sovereign risk《ユーロピアン ソブリン リスク》（国家債務危機）が激しくなったことで、漁夫の利（第三者利得）で、あと2年、生き延びることができた。中東アラブ諸国の大金持ちたちが、ヨーロッパに置いてあったお金（オイル・マネーなど）をヨーロッパの銀行から逃がして移したからだ。

金融危機が起きると、投資家たちは一目散に逃げる。自分のお金の安全と保全を何よりも重視する。投資（金儲け）どころの騒ぎではなくなる。とにかく安全なところに避難させようとする。だからアメリカに世界中のお金が集まって、米ドルの塊《かたまり》そのものである米国債買いに走った。まさしくこれが、〝最後の逃げ場所、逃がし場所〟（これを「ザ・ラスト・リゾート」と言う）の米国債である。米国債が史上最強の安全資産になったのである。

おかしな話だが、米国債は少しも安全な金融資産ではない。いつ大暴落するか分からない代物《しろもの》だ。アメリカ政府の巨額の財政赤字と、隠れ負債の引き当てとして発行されている国家借金証書の山である。しかも、いったい本当はどれだけ発行しているのか、誰も分からなくなっている。２００８年の〝リーマン・ショック〟以来の大銀行（軒並み）救済のために、この政府資金を投入した（強制的な資本注入）。

おそらく、リーマン・ショックのあとの2008年末から2010年までで、600兆円（7兆ドル）ぐらいの政府資金を投入しただろう。それで今度は政府部門（国家財政）のほうが傷《いた》んできた。その多くはまだ返って来ていない。とくにシティバンク（シティグループ）に貸してある40兆円が返済されていない。AIG《エイアイジー》という世界最大の総合保険会社（フルライン）に対しては、200兆円ぐらいを投入している。巨大保険会社を潰すわけにはゆかなかったのだ。

この米国債を、世界中の余剰資金が、今も〝安全資産〟（セキュア・アセット　secure asset）だとして買っている。ゆえに指標である10年もの米国債の利回りが、この8月には1・5%にまで下がった。現在は1・7%ぐらいである。こんなにもアメリカの金利は下がっている。

バーナンキは、短期金利（政策誘導金利　FFレート）の「ゼロ金利政策」を「さらに2015年半ばまで続ける」と宣言した。これで、前述した個人で銀行ローンだけで家4軒分持っている人たちや、銀行融資残高の多さで首が回らなくなっている企業経営者たちがホッとした。少なくとも金利は上がらない、とはっきりしたからだ。倒産の時期が先に延びた。日本でも事情は同じで、「金融円滑化法《えんかつ》」（貸し剝《は》がし防止法。亀井静香《かめいしずか》がつくった）の打ち切り期限が来年3月に迫っている。4万社の中小企業が倒産すると言われている。何とか対策を考えるのだろう。

日本国債にも、世界中の各国政府自身から運用資金が流れ込んできた。一説では、中国だけですでに16兆円の日本国債を保有しているという。10年もので0・76％という、恐るべき低金利が出現している。短期金利が「ゼロ金利」（年率0・1％）であるのに引きずられて、長期金利までがどんどんゼロ金利に近づいている。こんなことは人類史上、前代未聞のことである。どんなに金利が低い（安い）時代であっても、長期金利までが1％割れなどということは、人類の歴史を通して初めてのことである。デフレ経済（大不況）が続いているということだ。

お金の使用料のことである金利が、ゼロに近いということは、いくらでもお金がタダ同然で手に入るということだ。それなのに、着実な運用先や投資先がまったく見当たらない。だから、みんな腰が引けて怖くなって、たったの年率2～3％の低い金利の資金でさえ、企業経営者や産業投資家たちが手を出そうとしない。新規の事業用の借り入れを増やそうとしない。皆、これまでに十分に痛い目に遭《あ》っているからだ。

金融円滑化法（貸し剥《は》がし防止法）から見た日本の中小企業の現状
（金融庁の資料から作成）

日本の中小企業すべてで
420万社
返済猶予を申請した
40万社（328万件）
中小企業全体の1割
このうち申請が認められた“リスケ（ジュール中）”
290万件
ということは、審査からハネられた
4万社が破産（倒産）する？

返済猶予を受けている金額
合計　82兆円
うち主要11行　**20兆円**
地方銀行　**26兆円**
↓
このうち、「破綻懸念先」から外されて不良債権となるもの
44兆円

中小企業金融円滑化法は、2009年12月4日に施行された。当時の金融担当大臣だった亀井静香氏の、「中小企業を助けろ」の掛け声で、この法律をスピード可決させたことから「亀井法」とも呼ばれる。この金融円滑化法は、資金繰りに苦しむ中小企業が借金の返済の猶予（モラトリアム）を銀行（金融機関）に申し込んだ場合には、金融機関はその支払猶予に応じなければならない、と定めた法律だ。

この法律は2011年と2012年の2回、期限が延長された。現在の有効期限は2013年3月いっぱいまでである。次の延長はない。来年の3月で「モラトリアム」の期限は切れる。政府は現在、別の「貸し剥がし防止法」を作ろうとしている。

上の表から分かるように、金融円滑化法の適用を申し込んだ中小企業は40万社である。この分で銀行が抱えている不良債権の総額は82兆円である。中塚一宏金融担当大臣は、「（金融円滑化法の）期限が切れても、金融庁による検査・監督を通じ、条件変更の取り組みが定着するよう、さらにしっかり取り組んでいく」と言っている。資金繰りの手当てがつかずに倒産する会社が2013年3月で、4万社は出るだろうと言われている。

●銀行どうしの間でしか、お金が回っていない

あるいはすでに、10億円、20億円の負債を抱え込んでしまって、返済の目途《めど》が立たない。いわゆる設備投資（新しい工場や売り場を作ること）が伸びなくなっている。新規の事業開拓ができない。どんなに努力しても、何をやっても需要が伸びない、売上げが上がらない、消費者の消費が上向かない。

私のこの本だって、売れなくなった。5年前の半分ぐらいだ。私は正直にこういうことを書くから信用があるのだ。〝ベストセラー作家（出せば売れる）〟の私でさえこうなのだ。他の金融評論家、エコノミストたちなど、ほとんど消えていなくなった、と言っていいぐらいだ。まさしくこれがデフレ経済だ。銀行のほうも融資金を踏み倒されはしないかと、ビクビクもので身構えている。

貸し手も借り手も、どちらも疑心暗鬼に陥って、相手の足元をチラチラ見ながら、けち臭い、後ろ向きのマネーの駆け引きをやっている。こんなことでは景気回復のかけらも感じられない。前述した「金融円滑化法」（正しくは「中小企業金融円滑化法」と言う）が、もう3年間も毎年延長されてきた。２００９年12月から始まったものだ。銀行の融資の現場では、銀行員たちが「政府の命令です。ちょっとでも融資金の返済の催促をしようもの

なら、こっちが呼びつけられて叱られてしまいます」と、ブツブツ言っている。だから「貸し剝《は》がし防止法」なのだ。

今はどんなに小さな信用金庫でも銀行でも、お金はザブザブと余っていて、〝銀行業界の中だけ〟を、お金がグルグル大量に回っている。これが、私が名づけた「銀行お金」である。それに対して国民生活に必要な、実需《じつじゅ》である「生活お金」のほうは、政府にガッチリと管理されているので少しも量が増えない。デフレ経済でサラリーマンたちの給与はますます減らされるばかりだ。

銀行にしてみれば、「健全な貸付先（すなわち借金が少ない。ヤル気のある社長の会社）さえあれば、いくらでも安く貸すのですが」と不満そうに言う。それでどうするかと言えば、銀行もまた国債を買っているのである。銀行の「預貸率《よたいりつ》」は70％ぐらいだろう。預金などで集めた資金を70％しか貸付《かしつけ》（融資）に回していないのだ。あとは、だから年率0・76％の国債で運用している。ケチ臭い国になってしまった。

中小企業は、どこもすべて目一杯借り込んで、これ以上は銀行からは貸してもらえないという企業が多い。元本《がんぽん》の返済は無理でも、せめて利子の分だけでも毎月きちんと払い続けていれば、銀行との信頼関係は続く。ところが、今ある借金（借入金）以上に、さらにいうのが顧客ごと（相手方企業、取引先ごと）に細かく決められていて、よっぽどのことがないと新規の借り入れには応じてくれない。

借り増そうとすれば銀行のほうが嫌がる（貸し渋り）。クレジット・ライン（与信枠）と

だから今は、地方銀行や信用金庫などは、大企業の管理職のような個人に貸付を増やしている。なぜなら優良大企業の幹部社員たちであれば、とりっぱぐれ（返済の不能）がないだろうと踏んでいるからである。私のような、元大学教授で、サラリーマンとしての定収入をなくした者にさえ、「先生の場合は信用がありますから、いくらでも（1億円か？）お貸しします」と、半ば本気で銀行員が私に言った。私の場合は、今さら不動産投資や危険な金融バクチに嵌《は》まるということはないから、使い道が見つからない。だから、ヘンな借金は積み上げないつもりだ。

私のような〝自由業〟の作家・評論家の場合でも、既存の住宅抵当権さえ付ければ、年率2％ぐらいで貸してくれる。「そんな金を借りてどうするんだ」という自問で、頭の中がグルグル回る。中国に持ち出すか？　中国などの新興国であれば、高度成長経済国家（懐かしいコトバだ。ただしインフレもある）だから、まだまだ投資先がたくさんある。借りた金をほぼ健全な形で返しながら、年率20％ぐらいの利回りが出る投資に回せる。

人民元・円の為替相場

（1989年から2012年までの23年間）

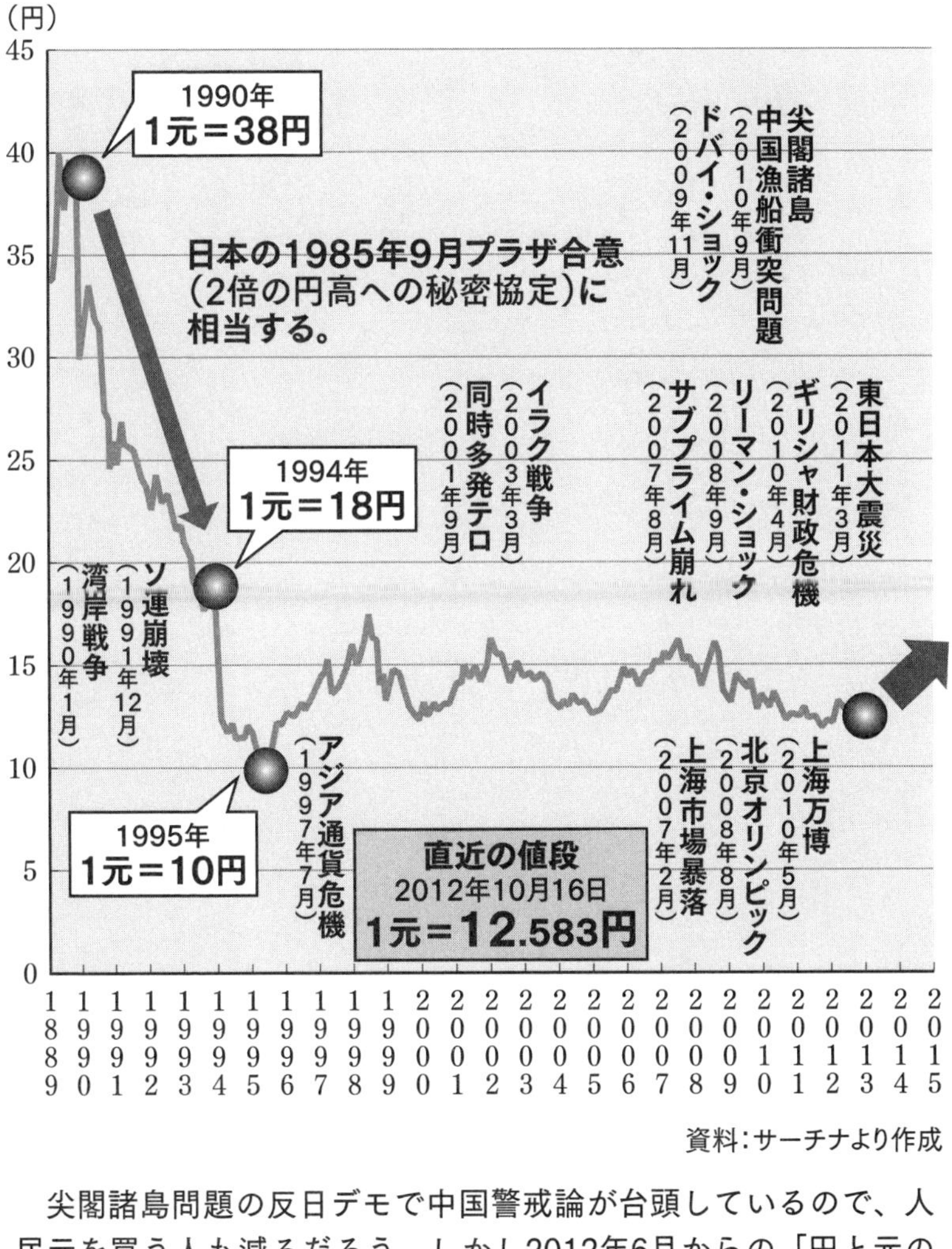

資料：サーチナより作成

　尖閣諸島問題の反日デモで中国警戒論が台頭しているので、人民元を買う人も減るだろう。しかし2012年6月からの「円と元の直接取引」（日中金融協力）の始まりで、否が応でも人民元の需要は増えてゆく。

しかし今のアメリカとヨーロッパと日本には、本当に投資先、買いたい物（需要、消費）がないのである。需要（デマンド）がなければ、供給（サプライ、購買力、消費する力）が生まれない。だから腐った「銀行お金」ではない、健全な「生活お金」が世の中を回らない。

日本の優良大企業であり、液晶テレビや太陽光パネルであれほどの画期的な事業を切り開いてきたシャープが、急激に経営危機に陥ったのは、あれこれ理由があるのだろうが、やはり国内の需要不足すなわち電器商品の買い手がいない、ということに尽きる。世界最新式の液晶テレビや、自分の家の屋根にソーラー・パネルを取り付けたいと思う人々がいなければ、結局そのビジネス全体がダメになってしまう。

●経済成長の条件は需要（消費）だ

今の日本には、中国のことをことさらに悪く言い、「中国は沿海部の不況がひどくて、今にも経済崩壊しそうだ」と真顔で説く人々がいる。自分の足元はどうなのだ、と問いたい。そういう人々は自分の体と目で実際の中国を見に行っていない。行けば分かることなのだ。中国経済は崩壊したりしない。尖閣諸島の領有権をめぐる日中の冷たい関係ぐらいでは応《こた》えない。

ただし軍事衝突までが起きる事態になると、さすがに円・元相場に影響する（P119のグラフ参照）。案外、円のほうが下がる（円安、元高）のではないか。たしかに世界金融危機で、中国からの北米やヨーロッパ向けの工業製品の輸出は減っている。北京、上海、広東省など沿海部の工場が打撃を受けているのは本当だろう。

しかし、中国には広大な内陸部の需要（消費）がある。私は、今年もまた中国調査の旅行に行く（重慶《じゆうけい》と成都《せいと》）。去年は、茫洋《ぼうよう》たる内モンゴル自治区の首都であるフフホト（呼和浩特　Hohhot　）に行って大いに勉強になった。

私は自分の中国研究本でこの数年、「中国の人口は13億人ではなくて15億人である。現地ではそのように言われている」と書いてきた。ところが、さらに1億人増えている。16億人いると共産党員の責任ある人までが私に言った。この何年かで、さらに1億人の消費と需要が中国には生まれているということだ。

貧しくて、いまだに劣悪な環境で暮らしている中国人たちである。と言っても、ところが彼らは何とスマートフォン（アップル社のアイフォンに酷似している）を持っているのである。私は持っていない。操作の仕方が分からない。携帯電話で十分だ。中国人たちが、そのスマートフォンをいったいどこで、いくらで買ったものなのか分からない。

需要（消費）さえあれば、その国の経済（国民経済。ナショナル・エコノミー）はいくらでも成長する。個々の商品の単価が、安いの高いのということは問題にならない。商品が売れさえすればいいのである。売れなかったらどうにもならない。

私は昨年（2011年）、フフホト郊外の蒙乳（モンニュー。蒙古牛乳）という巨大な工場を見学に行った。そこでは搾乳《さくにゅう》から牛乳パックの製造までを一貫して行なっていた。オーストラリアからの技術を導入したそうだから、清潔さとバイ菌予防の管理はそれなりに達成されたのだろう。この巨大工場でもバイ菌汚染の事件を一度起こしている。

ここで作っているパックの牛乳は、1個5円から10円で売られていた。日本なら小さな牛乳パックは1個100円ぐらいだろう。すなわち10分の1から20分の1で買える。その分、給料（収入）も日本の10分の1から20分の1だから、決して中国人には安いものではない。それでもこの牛乳パックは作れば必ず売れるのである。

中国国内一円で売れ残れば、他の内陸部の中央アジア諸国にまでトラックで運ばれて行って、1個1円とか2円ででも、売られてゆくだろう。需要（消費）というのはそのようなものである。日本で1枚1500円するユニクロのシャツ（中国製）が、中国では15

オバマ「iPhone《アイフォン》を（中国でなく）アメリカ国内で作れないのか」ジョブズ「いや。ダメなんです」

シリコン・バレー（ネット大企業）の親分たちと乾杯するオバマ大統領

2011年2月17日

写真：CNP/PANA　写真の肩書は撮影当時のもの

カリフォルニア州のウッドサイドで、シリコン・バレー（IT企業群）のリーダーたちと夕食会をするオバマ大統領。裏の真実は政治資金集めである。

スティーブ・ジョブズ（2011年10月5日死去）が開発したiPhoneは、大半が中国のフォックスコン（鴻海《ホンハイ》科技集團。本社は台湾）で製造されている。アメリカは自国で製造したいが、それはもはや不可能である。

この食事の席で、オバマ大統領がジョブズに「iPhoneをアメリカの国内で製造するためには何が必要なのか。なぜ、その仕事（iPhoneの製造）がアメリカに戻ってこないのか」と質問すると、ジョブズは「その仕事が戻ってくることはない」“Those jobs aren't coming back.” と断言した。この場にビル・ゲイツ（マイクロソフト）だけはいない。

0円だろう。ブランド品でなくても同品質の品として売れる。さらに売れ残った衣料品は、1枚10円、20円でアジア、アフリカの諸国にまで売られていく。

それに引き換え、わが北海道が誇る雪印乳業《ゆきじるし》（メグミルク）は、私がフフホトの蒙乳《モンニュー》で見た乳製品の工場よりも、きっともっと近代的で、素晴らしい最新式のコンピュータで動いているだろう。だから牛乳パックが1個100円になるのである。かつ、作ったとしてもかなりの量が売れ残ってしまう。需要（消費）がなければ、どんなに最新式の工場もやがて動かなくなる。稼働率が下がって操業停止になる。作った商品の在庫の山で、首が回らなくなるからだ。

過剰生産（サープラス）と、余剰生産物（サープラス）と、在庫の山（サープラス）は同じことで、英語ではすべて「サープラス」surplus と言う。過剰生産は、現代資本主義の宿痾《しゅくあ》（治らない病気）である。今や先進国は、このサープラスの病気に恒常的に冒《おか》されている。

●「最後に残された余剰生産物」とは？

だから、アメリカやヨーロッパの最先端企業が、中国などの後発企業に勝てるわけがない。新興国では作った分だけ、まだまだ全部売れる。それに引き換え、米欧日のメーカー、プロデューサーは、いくら作ってももう売れないのである。生産設備だけが最新鋭のまま、虚《むな》しく稼働停止になる。この違いが今の中国や新興国を支えている重要な性質である。中国をはじめとするBRICSを、いつまでも貧乏な後進大国だと思っていると、もうすぐ先進諸国は打ち倒されてるだろう。

あまつさえ、北海道では真実の話では、酪農家が生産した牛乳を、政府が補助金を出して秘かに買い上げている。そして酪農家の収入を補償している。この補助金（subsidy サブシディ）こそは現代の魔物である。政府の各種の補助金の多さと大きさの真実を知ったら、きっと多くの人が目を回すだろう。それは農業だけではない。あらゆる業種に奨励金、促進費の形で税金が使われている。社会福祉もすべてそうだ。この穢《きた》ならしさが政治の本当の姿だ。

酪農家が作る牛乳のうちのかなりが、土に捨てられて廃棄されている。日本人の美徳を説く「もったいない」のコトバだけはそこら中で持て囃《はや》されているが、この実体、実情のすごさは少しも表面に出ない。何かがおかしい。

余剰生産＝過剰在庫（サープラス）、そして補助金（サブシディ）行政こそは、人類と現代経済学が解けなくなってしまった最大の問題である。いくら安くしても、売れないものは売れない。売れ残ったものは大量に廃棄処分されている。このことを私たちは真剣に考えるべきなのだ。

さらに恐ろしい真実を書くと、最後に残された余剰生産物（サープラス）は、何か？それは人間なのである。人間こそは最後の余剰物（サープラス）なのである。働く気がある人間たちを企業が雇い続けることができなければ、失業者（アンエンプロイド）となって溢《あふ》れだす。作りすぎた工業製品や農産物ならば、経営者の最後の決断で一気にまとめて廃棄処分してしまえばいい。だが、人間を廃棄処分することはできない。なぜなら人間には人権（ヒューマン・ライツ）があるからだ。

さあ、この問題をどう考えるか、だ。昔だったら、このような余剰な労働力は駆り集められて、兵隊にして戦争という公共事業（パブリック・ワーク）ならぬ、公共破壊事業（パブリック・デストラクション・ワーク）で処理、処分されてきた。こういうことは、ふつうは書いてはいけないことなのだ。しかし誰かが本当の大きなことを書かなければ大きな真実が見えてこない。だから私が書く。

だから、今のアメリカ帝国は戦争をするのだ。見ていると、5年に一度は戦争をしないと保《も》たないのである。アメリカが背後から使嗾《しそう》（そそのかし）している日中の尖閣対立も、この戦争けしかけの一種である。騙されて乗るほうが馬鹿である。アメリカ国内の倉庫に山ほど積み上げてしまった過剰な兵器（軍需産業の生産物）の山を、アメリカ政府は何とか解決しなければならない。

だから、何度でも戦争刺激経済《ウォー・ブースト・エコノミー》、戦争経済（war economy）に戻るのである。この本の英文書名 Return to War Economy & Military Collisions なのである。2003年から2011年までアメリカはイラク戦争をやった。ということは、2015年には次の戦争を、今度はアジア・太平洋でやろう、と自然に決めてしまうのである。

●歴史の法則——大災害、金融恐慌、そして戦争は80年周期で襲う

人類（人間）は、70年～80年に一度、どんな国でも必ず戦争をしている。これは歴史の、法則であって、この運命から私たちも逃れられない。このように諦観《ていかん》（達観《たつかん》）すべきである。「戦争だけはするな」と、ずっと書いてきている私の考えと違うではないか、と言われても構わない。そのように努力することと、現実は違うのだ。このことを分かることもまた人生だ。

だからこのあとは、自分の財産、資産を守るために早めに準備をすることだ。前のほうのP20の「歴史は繰り返す」の表を、もう一度しっかりと見てほしい。**①大災害が来て、②大恐慌が来て、そして③戦争が来る。**この歴史のパターンを、しっかりと自分の頭に叩《たた》き込んでほしい。

今のヨーロッパが、金融危機、財政危機に追い詰められたのも、この歴史の法則だと言える。人類の近代《モダン》を、ちょうど今から500年前（16世紀。1500年代から）に達成したのが偉大なるヨーロッパだった。大繁栄は、1914年の第一次世界大戦の勃発まで実に400年間続いた。そして2度の世界大戦があって、ヨーロッパはすっかり落ちぶれた。落ちぶれたヨーロッパは、消費力（需要の力）を失って、歴史的衰退の流れの中に入っていった。だからもう、ちょっとやそっとではヨーロッパは立ち直ることはできない。

ヨーロッパ文明は古代ギリシャ・ローマ文明の正しい後継者である、と自惚《うぬぼ》れて自認してきた。そして、そのデリバティブ（派生品）が北アメリカ白人文明である。いくらニューヨークの金融・石油財閥が、自分たちの威力をまだまだ世界に示そうとしても、もはや命運が尽きつつある。私にはこれらの光景が、このあとの5年、10年、30年、50年後の姿

ユーロ・円の為替相場の推移
（2009年7月からの直近の3年間）

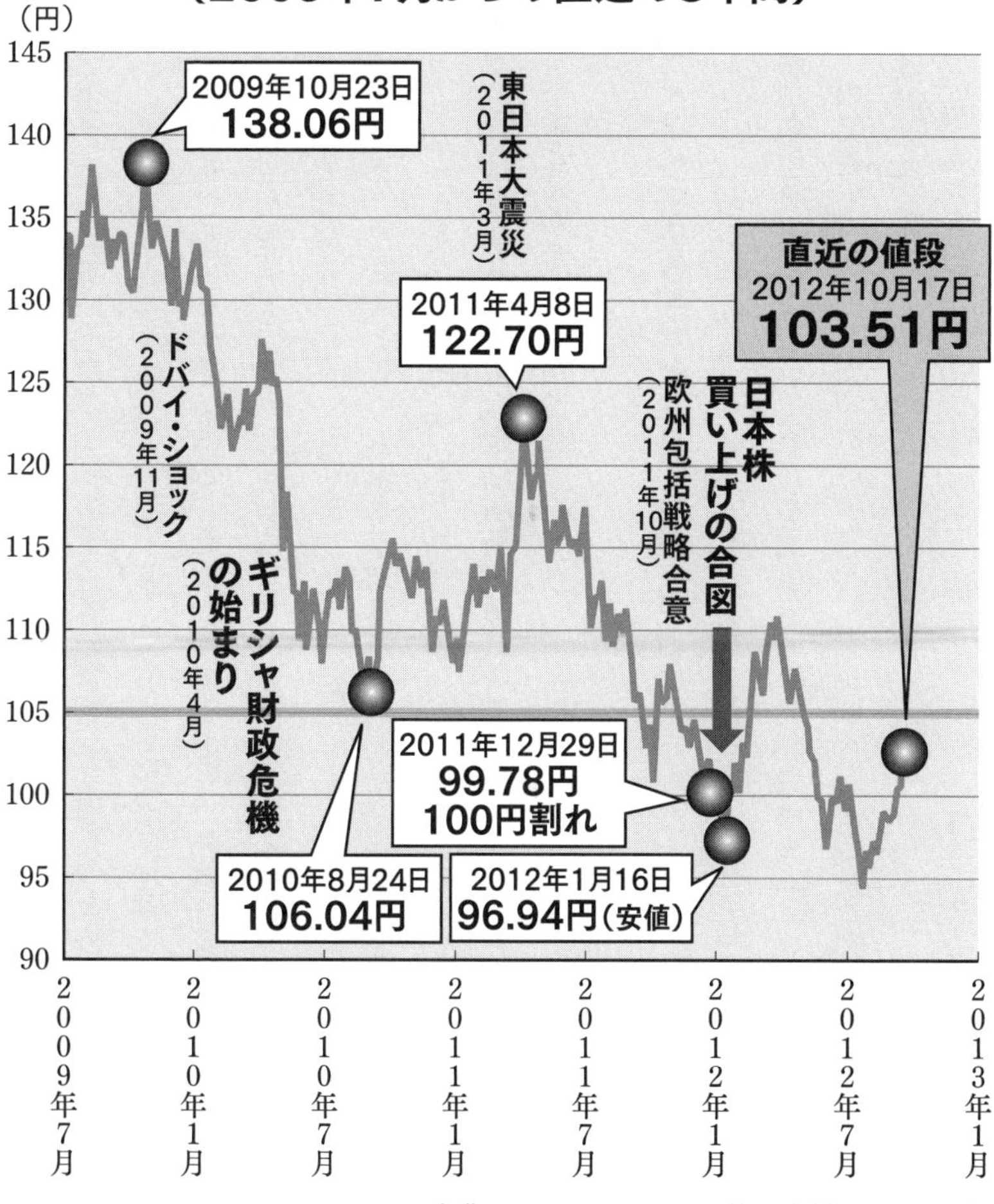

出典：Yahoo!ファイナンス等の資料をもとに作成

1ユーロ＝100円まで、ふたたび戻った。しかしヨーロッパの危機は去らないから、大きな流れではユーロは下落してゆく。1ユーロ＝1ドルになるだろうから、1ユーロ＝80円に向かっていると見るべきだ。

としてまざまざと頭に浮かぶ。私の予言者の資質（才能）のためだ。

だから、アメリカが仕掛ける日本と中国の軍事衝突を回避する「アジア人どうし戦わず」の旗を掲げ続けるべきである。しかしそのことと、仕掛けられる軍事衝突の現実への対処は同時並行で考えなければいけない。何があろうとも目の前の困難を乗り越えてゆかなければならない。

私は物書き、言論人としても未来予知能力を鍛えた。10年、20年後の近未来の世界がヴィジョン（vision 目の前に無《な》いものが有《あ》るかのように見えること）となってありありと見える。それは単なる近未来の金融相場の話だけではない。もっと大きなこれから先の世界の、「未来を見通す力」（ヴィジョン）だ。

●「スペイン国債暴落」の流れが9月に変わった

ヨーロッパの金融危機は、このあともずっと続く。9月6日の「ドラギ大砲」（ヨーロッパ各国の国債の無制限買い入れ）の発表と、9月13日の米バーナンキによるQE3（量的緩和）の発表で、銀行業界にだけは潤沢に資金が流れ込む。だからヨーロッパの大銀行が連鎖破綻する危機は来年まで先送りされた。

スペイン国債の暴落
（利回り7％台）が止まった
（10年ものスペイン国債の利回りの動き）

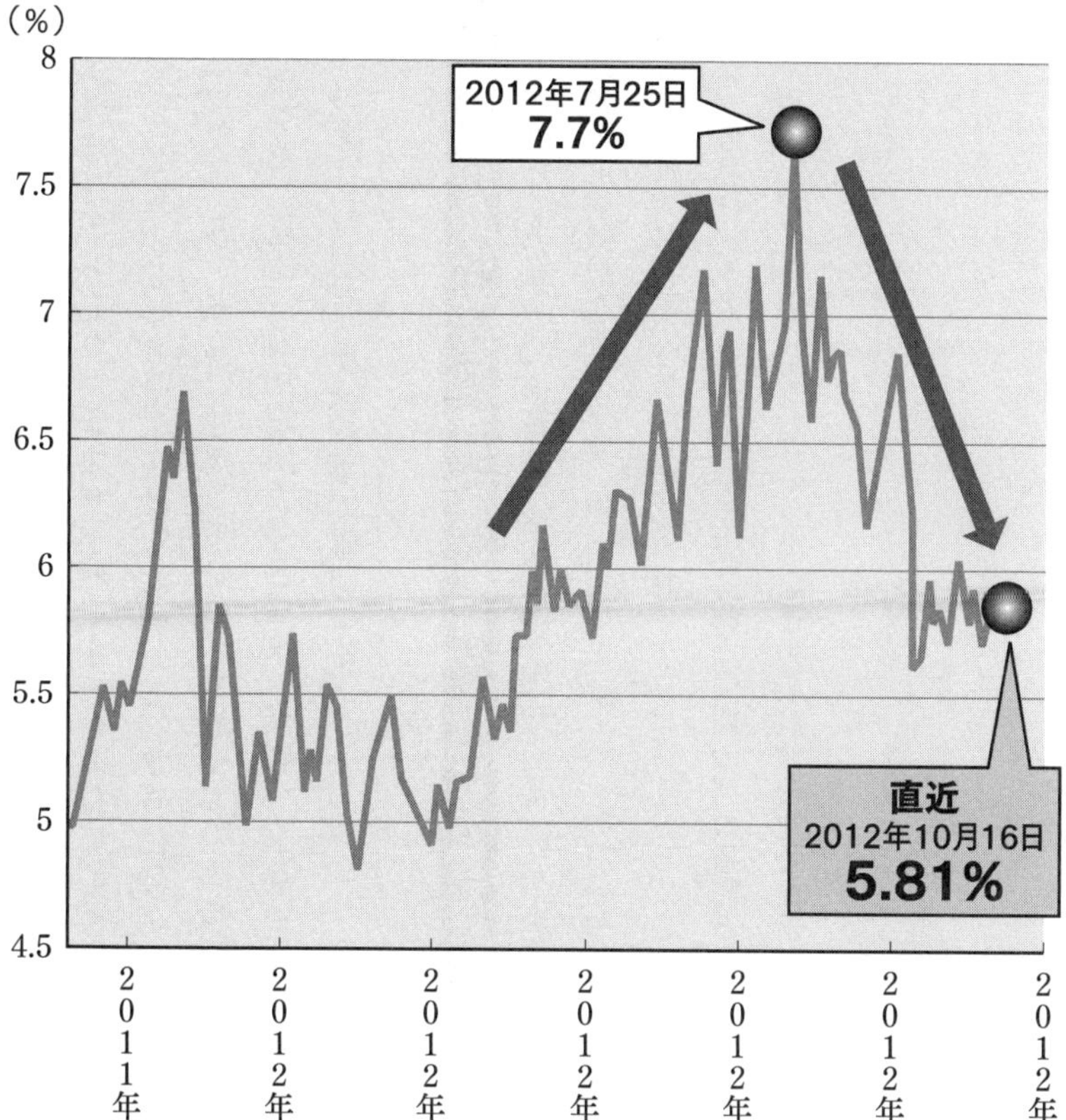

出所：ブルームバーグ他の資料から作成

スペイン危機が、これで止まったわけではない。金融緩和＝抗生剤が効いて小康状態になっただけだ。国債利回りが7％にもなるということは、財政学（ファイナンス）では、「100万円が80万円に減る」ぐらいスゴイ大損らしいのである。

前ページのグラフのとおり、ヨーロッパの中でいちばん心配されているスペイン国債（10年もの）が、２０１２年６月に７％を突破して、７月には７・７％を記録していた。これが９月に入って５・６％に急落している。８月までの高利回り（つまり国債暴落だ）の流れが変わった。夏には高熱が出て「スペイン風邪」（１９１９年、世界中で５０００万人が死んだ）のようだった。新聞記事で確認する。

スペイン国債利回り7・7％、連日の最高更新　金融市場の混乱続く

スペインの財政不安などによる欧州債務危機の拡大懸念がやまず、円高・株安が続いている。７月25日の東京外国為替市場で、円相場は１ユーロ＝94円台の円高水準で推移。円高で輸出関連株が売られ、日経平均株価も約１カ月半ぶりに８４００円を割り込んだ。同日の欧州債券市場では、前日に続きスペイン国債が売られ、長期金利の指標となる10年債の利回りが一時７・７％を突破し、１９９９年のユーロ導入後の最高値を連日更新。市場の動揺は当面続きそうだ。

（産経新聞　２０１２年７月25日）

そして9月6日の「ドラギ大砲」で、9月12日に5・62％にまで下がった。さらにドラギが「EU加盟国の短期国債も無制限で引き受ける」と発表したことで、スペイン国債は2年ものとかの短期国債の金利も急激に下がった。

それでも、ヨーロッパの失業率はひどいものだ（P135の表を参照）。まったく下がる気配がない。スペインの若者（25歳未満）の失業率が50％（2人に1人ということ）を超えている、という話は今では世界共通の話題だ。ポルトガル人はブラジルへ、スペイン人は南米各国へ、すでに100万人単位で職を求めて移住している。旧宗主国《コロニアル・マスター》であるから、言葉と文化の壁がないので、南米諸国への移住、移民は受け入れられやすい。

7月のユーロ圏失業率11・3％　最悪水準改善せず

欧州連合（EU）の統計機関ユーロスタットは、8月31日、ユーロ圏17カ国の7月の失業率（季節調整済み）が11・3％だったと発表した。1995年の統計開始以来の最悪水準だ。欧州債務危機の深刻化で、雇用情勢は改善の兆しが見えない。EU全体（27カ国）でも前月と同じ10・4％。

7月の失業率は、危機が波及したスペインが25・1％で前月より0・2ポイント悪化した。

EUなどの支援下にあるポルトガルは15・7％、アイルランドは14・9％。イタリアは10・7％、フランスは10・3％、ドイツは5・5％。ギリシャは最新データの5月時点で23・1％だった。

（共同通信　2012年8月31日）

このように、ヨーロッパ中に失業者が溢《あふ》れてきた。私が7月にイタリアに行った時も、イタリア人たちは元気がなかった。昔、20年前に訪れた時は、イタリアのレストランでは夜の9時ぐらいから夕食が始まり、皆でワイワイと飲んで騒いでいた。夜中の12時まで毎日これをやっていた。飲んで食べて歌って恋をして人生を大いに楽しむ、騒ぐ。この旺盛なイタリア人の姿が、今年は消えていた。やはり金融（財政）危機が相当に応《こた》えているのだ。

フランスでも、いったんガタンと来たら、スペインと同じだろう。しかしヨーロッパ人であるから、まだ暴動にまではなっていない。人々は静かに現実を受け入れているように見えた。すなわち「静かに恐慌化する世界」である。増税と福祉削減とともに政府による金融統制がじわじわと進行している。

ヨーロッパの失業率の表
失業者がこんなに多い

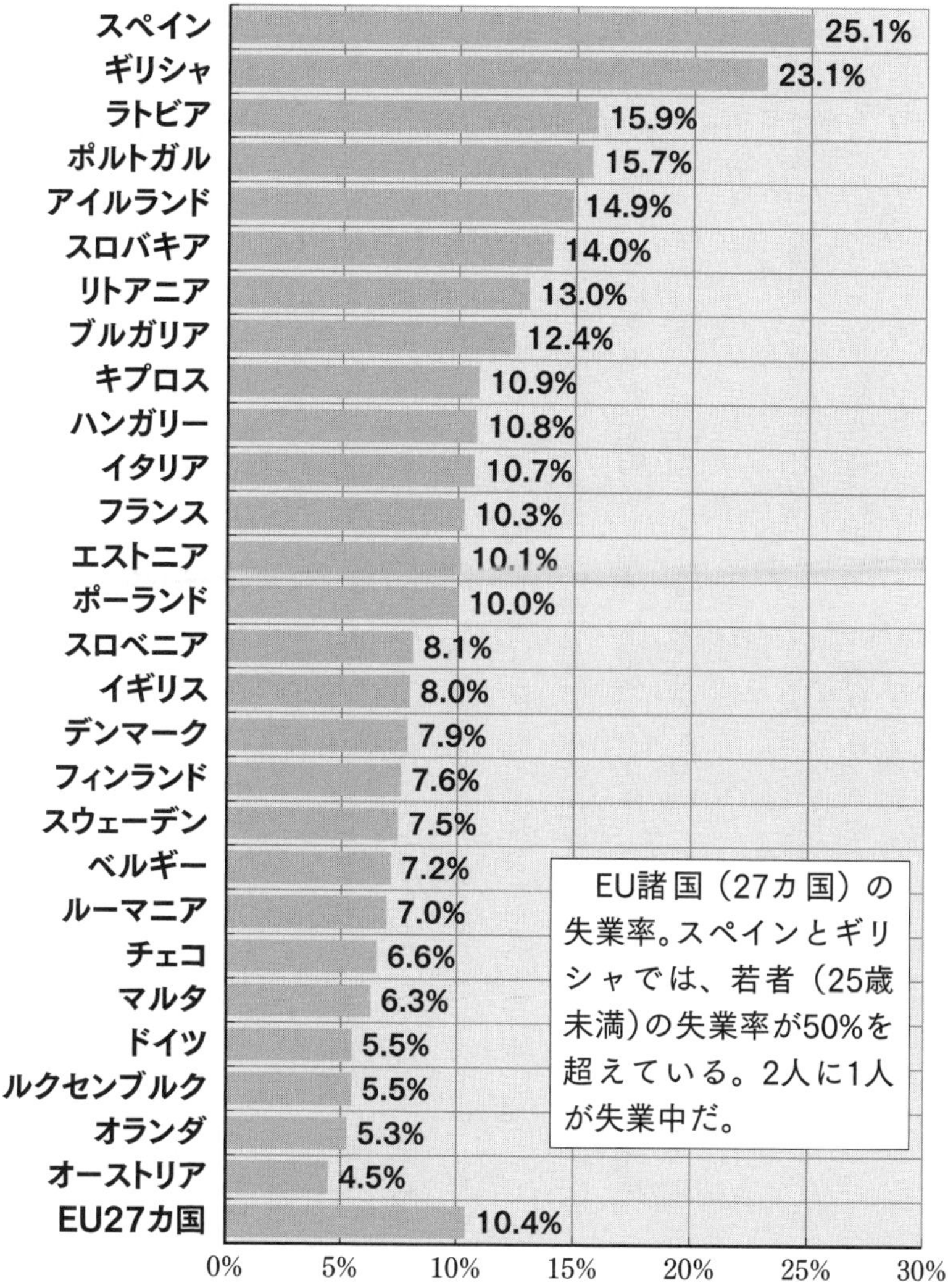

出典：EU統計局（Eurostat）

日本でも若者に職がないから、私たちも実感で分かる。私はEU統計局（Eurostat《ユーロスタット》）という役所の資料を使って、ヨーロッパ各国の25歳未満の失業率を調べてみた。するとユーロ通貨圏（17カ国。EA《イーエイ》17と言う）が22・6％である。EU27カ国全体では22・5％だった。そして、スペインの若者（25歳未満）の失業率は、正確には52・9％だった。ギリシャもスペインと同じく53・8％と、並んできわめて高い。

前述した、余ってしまっている人間たち（サープラス）をどうするか。深刻な問題だ。経済規模が拡大しない、すなわち企業が新卒者の雇用を増やそうとしない。日本の優良電機メーカーであるシャープや、エルピーダメモリ、ルネサスエレクトロニクスといった最先端企業が次々と立ち行かなくなって、大幅の大リストラを行なっている。

日本政府は、大銀行を助けることで手一杯だ。だから実体経済（リアル・ウェルス・エコノミー）を支えている製造業の面倒まで見る余裕がなくなっている。ヨーロッパ諸国でもアメリカでも同じ事態が続いていることは想像に難くない。

●ギリシャはユーロ圏《ゾーン》から離脱するのか、しないのか

ユーロ圏では、ギリシャが去年3月のギリシャ危機（2011年）で、いち早くデフォ

ルト騒ぎになった。今でもギリシャをやっぱりデフォルトさせるしかない、これ以上助けられないという話が出ている。ギリシャのユーロ通貨圏からの「離脱」、「追い出し」、「出ていけ」などの案は、もう記事にもならなくなった。

私が前著で書いたとおり、ギリシャは出ていくも、追い出すもない。ギリシャをユーロ通貨圏《ゾーン》から追い出して、旧ドラクマ通貨に政府部門と銀行の資金決済だけを移してみても、誰もこれに追随しないだろう。旧ドラクマに戻したとたんに、ドラクマ通貨はユーロに対して即座に10分の1に下落するだろう。見え見えの策は話し合いの対象にすらならなくなっている。誰も信用しないドラクマ通貨になど何の意味もないからだ。

私の考えでは、ユーロ通貨圏はこのままずるずると居座り、居直って残っていくのである。ギリシャの金持ちたちは、逃げることのできる者たちは、すでに自国を捨てて外国に自己資産とともに逃げただろう。外国に逃げようもないギリシャの庶民たちは、まさしく大恐慌状態で給料や収入がガタ減りしているだろう。

それでも少ない収入で今も生きている。年収が以前の3分の1になれば、物価は食べ物その他の必需品が極限的に安くなるものである。だから何とか生きてゆくことはできる。日本の若者たちが今や1食200円のコンビニ弁当（おにぎり2個とか）を食べて、最小限度のカロリーを摂取しながら、ひょろひょろと痩せて暮らしているのと同じことだろう。

だから今となっては誰もまともに議論しようとしない。が、もともとユーロ通貨を導入した時のヨーロッパ知識人たちの合意事項が、まさしくこの理論だったのである。

それは、統一通貨ユーロ（元はエキュ écu と言った）が導入されると、貧しいヨーロッパの小国はもともと賃金も安いので、少ないユーロしかもらえない。貧しい国は消費者物価（生活の必需品）も安いし、高価な輸入品の類などもない。だからヨーロッパの貧しい国に、ドイツや北欧などの豊かなヨーロッパ人たちが観光客として押し寄せてきて、〝貧しいヨーロッパ〟で大量に買い物をする。貧しい国の物価は当然、安いからである。これが通貨の「スタビライザー」（自動安定機能）となって、貧しいヨーロッパに豊かなヨーロッパから自然平衡《へいこう》的に資金が流れ込む。このように制度設計されていたのだ。

そして、それが今、現実のものとなった。私は、ギリシャへの観光客は、今年も少しも減っていないと思う。安くていろいろなものが投げ売りのようになっているだろうから、それを買えるということで観光客は増えているのではないか。

●スペインの不動産バブルは日本の「3倍」規模

ところが、今も「統一ヨーロッパは壊れる。EUは崩壊する」と、大した知恵も学識もなく書く経済評論家たちがいる。私はヨーロッパの団結は、そんなにヤワなものだとは思っていない。歴史的にドイツの同盟国だったスペインは、ローマ・カトリック教会系の宗教団体がものすごく強い国である。そのカトリック教団が直接に経営する不動産銀行（信託銀行）がたくさんある。一般には「貯蓄銀行」と呼ばれている。

代表的なカトリック系貯蓄銀行が、カハ・マドリード **Caja Madrid**、ラ・カイシャ **La Caixa**、カハスール **Cajasur** である。これらの銀行は、非営利の財団法人であるから、慈善事業（フィランソロピー活動）と宗教活動が混ざったような形で運営されてきた。福祉や教育、環境保護などの分野で資金を動かしてきたのだ。そして同時に、庶民向けの住宅ローン融資にも積極的だった。宗教の力まで利用して、巨大な住宅バブルを作りだしてしまった。庶民相手の住宅ローン貸し出しで、2000年代の土地・住宅バブルの中心部隊となってしまった。スペインの庶民はみんな持ち家を欲しがった。スペインの持ち家率は90％にまで達した。

こうして2000年ごろから、スペインでは不動産バブルが急激に膨《ふく》れ上がっていった。大づかみに言うと、日本の狂乱地価（土地バブル。1988年〜1989年）の「3倍」ぐらいの大きな規模での不動産バブルがあったようだ。スペインの住宅バブルのピークのころの住宅着工件数は、イギリスとフランスとドイツの3国の合計よりもスペイン1国のほうが多かった、という記録さえある。

そして、それが2007年に激しく弾《はじ》け飛んだ。アメリカのサブプライム・ローンが破裂したことの余波を直接に受けた形になった。当然、アメリカの大銀行の、スペインの銀行に対する融資も、ものすごい額で膨らんでいた。そしてそれが破裂した。だからスペインの土地バブル崩壊が、今のヨーロッパ金融危機の中心部なのだ。アメリカにも打撃がゆく。

スペインでは激しい不動産投機が行なわれた。日本のディズニーランドのような巨大なテーマパークが作られたりした。そして大失敗している。大きな郊外集合住宅がたくさん作られて、売れないでそのまま放棄されている。そして前述したローマ・カトリック教会の神の慈悲の思想で、住宅ローンを貧しい層にまで無理やりたくさん貸し出した。アメリカのサブプライム・ローンと同じで、返済能力の非常に低い低所得者層にまで住宅供給が行なわれた。それで今、激しい逆回転 rewind《リワインド》 が起きている。だから不動産バブルの崩

スペインの
不動産バブル崩壊グラフ
（マドリード住宅価格指数）

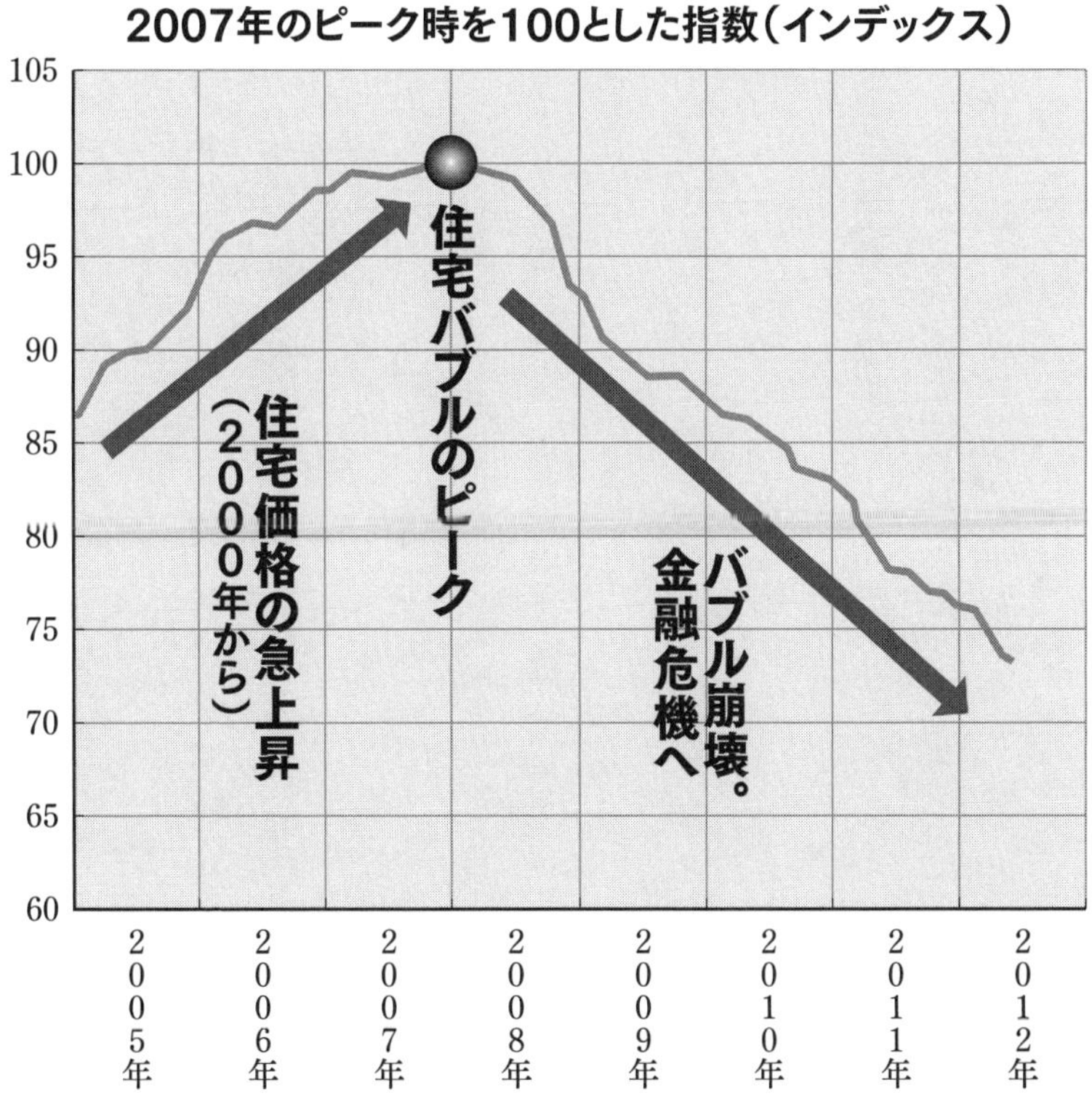

出所：Standard & Poor's　CEIC database

スペインの土地・住宅はこのあともずっと下落し続けるだろう。底はまだ見えない。ヨーロッパの危機の深刻さがこのグラフから見てとれる。

壊から始まったスペイン危機は２０１３年からあともずっと続く。ヨーロッパ全体が「日本の失われた20年」のような感じになるだろう。

だからヨーロッパ中央銀行（ＥＣＢ）のマリオ・ドラギ総裁が、ＥＵ諸国（とくに南欧中心のＧＩＩＰＳ《ジープス》）の金融危機を抑え込むために、ＥＵ憲法違反と知りながら無期限のジャブジャブの資金投入に踏み切ったのだ。

ヨーロッパ全体の大銀行（ＥＵ加盟27の各国にそれぞれ2〜5ぐらいずつある。合計８２０行）は倒産させない。１行も倒産させないという戦略で資金を投入している。これらの民間銀行が抱え持っている各種の債券（実はボロクズ債券）を担保に差し出させて、破綻しないために必要な資金（ユーロとドル）を供給している。まさしく無限供給（オープン・エンド）である。この捨て身の資金投入で、表面上はヨーロッパは生き延びた。それがいつまで続くか。

●欧から米へ、破綻と暴落が連鎖する

このようにしてヨーロッパの金融危機は、ひとまずアメリカに利益をもたらした。それは今から20年前の日本の１９９２年からのバブル崩壊、土地と株の大下落、そして１９９

7年からの銀行不良債権（バッド・ローン）問題、すなわち日本版の金融危機（１９９８年がピークだった。長銀《ちょうぎん》と日債銀《にっさいぎん》が破綻。その前年には山一《やまいち》證券が自主廃業）がアメリカに大きな利益をもたらしたのと同じだ。日本の苦境を尻目に、アメリカは１９９２年から、８年間の「ビル・クリントン景気」の絶好の波に乗っていった。

アメリカは２０００年2月に「ＩＴ《アイティー》バブル」の崩壊を迎えた。この時までは、好景気を楽しんだ。このあと、できたばかりのジョージ・ブッシュ政権は、２００１年９月の「９・11」事件を仕組んで、ウォー・エコノミー（戦争経済）すなわちアフガニスタン戦争、イラク戦争で、無理やり景気を押し上げた。それが２００３年（3月がバグダッド攻撃。米軍のイラク侵攻）からのアメリカ・バブル景気を作った。

これは、アラン・グリーンスパンＦＲＢ議長が、「土地・住宅価格の高騰（住宅は2倍から3倍になった）」を放置して、金融を引き締めなかったから起きたことだった。インフレを喰い止めるために短期金利を急いで上げるふりはした。が、それでも年率６・25%が上限だった。それで、アメリカは土地バブルと株バブルで２００６年中までは、熱病（ユーフォリア）的な好景気に沸《わ》いた。そして迎えたのが２００７年、２００８年の土地バブル崩壊（サブプライム・ローン崩れ）と金融恐慌（リーマン・ショック）だった。

今のヨーロッパの金融危機は、緊密に連繫《れんけい》しているからアメリカに波及するはずなのである。なぜならヨーロッパの金融機関は、アメリカの巨大金融法人（ゴールドマンやメリルリンチや、バンク・オブ・アメリカやシティグループ）から大きな融資を受けているからだ。アメリカの銀行の、例えばドイツ銀行はじめ主要なヨーロッパの銀行に対する融資残高は、私の前著『「金《きん》・ドル体制」の終わり』（2011年、祥伝社）などに載せた。あれらの融資残高はそんなに減っていない。だからヨーロッパの危機は、必ずアメリカに波及するのである。

P139で説明したスペインの貯蓄銀行（カトリック系銀行）も、資金調達のために「住宅資産担保証券」（まさしくMBS《エムビーエス》だ）というクレジット・デリバティブ（金融派生商品）をどんどん発行した。これをアメリカの金融法人大手が軒並み引き受けている。同じように、イタリアのウニ・クレディートや、スペインのサンタンデール他の大手のヨーロッパ銀行に、アメリカのシティグループやゴールドマン・サックス、メリルリンチ、バンカメなどからの大きな融資残高がある。

だからヨーロッパの大銀行が連鎖破綻すると、貸付金の貸し倒れ（取りっぱぐれ）になって、直接アメリカに打撃が行くわけである。だから欧・米は、経営陣の人脈の連携も作って、ヨーロッパとアメリカは共通の政策として9月からジャブジャブ・マネーを供給することに決めたのだ。アメリカのＱＥ３（3回目の量的緩和）は、必ずヨーロッパの救済にも向かう。

だが、ＦＲＢのＦＯＭＣ（Federal《フェデラル》 Open《オープン》 Market《マーケット》 Committee《コミティー》　連邦公開市場委員会。ここが金利や資金量の決定をする。日銀の「政策決定会合」と同じ）に参加していなければいけない全米12地区の連邦銀行《フェデラル・バンク》の総裁たちは、ダラス地区連銀のフィッシャー総裁のように、「ＱＥ３などするな」と、はっきりと反対意見を出している。「景気回復につながる効果のないドル資金の供給はやめるべきだ」と公然と言っている（Ｐ99の表を参照）。アメリカの連邦準備制度自体の内部に、バーナンキ議長に反対する意見が多い。12地区連銀の総裁たちは、資金回収の目途がないジャブジャブ・マネーに反対なのである。それでもバーナンキはＱＥ３に踏み切った。

●日本の金融統制が静かに進んでいる

だから再度書くが、２０１３年の春までは、このＱＥ３の効き目があるから、何とか米・欧・日の先進諸国は見せかけの景気を維持できる。

今度のＱＥ３で、通貨発券銀行（中央銀行）であるＦＲＢが、例えば６０００億ドル（50兆円）の新しい資金を金融市場に投入するとしよう。そうすると、「信用創造の理論《クレジット・クリエイション・セオリー》」に従えば、乗数《じょうすう》効果（マルチプライヤー・イフェクト multiplier effect）が生まれるから、超簡単に言うと、この50兆円は10倍の５００兆円分の波及効果を生む。「乗数効果は10倍」と、一応ケインズ経済学で決まっている。ということは、世界中に５００兆円のバブル（仮需の投機のお金）が生まれるのである。これで景気が回復したように見えるのだ。

日本の株価（日経平均）は８８００円前後（10月17日現在）で、人工的につくられた価格で推移している。アメリカのＮＹ株価は、ＱＥ３の効果で今から何と1万６０００ドル台前を目指す（という画策の）動きを示している。そううまくゆかないだろう。１万４０００ドル台まで行ければ、人工相場として上出来だ。無理やりＮＹ株価を吊り上げてサラリーマン層の持ち株資産を増やしてやろう、という計画だ。そうすれば、少なくとも年末に向かって「景気回復」と言える。オバマの業績と力説できる。だが、そこまでで終わりだ。

日本の株価の実態は、輸出大企業、ＩＴ・家電企業（ＮＥＣ、ソニー、シャープなど）の低迷である。1000円割れ（ソニー）、200円割れ（シャープ）、100円割れ（NEC）と激しい事態になっている。今の日本政府には、これらの製造業（メーカー）を側面支援する余裕はまったくない。

日本政府がやろうとしているのは、大銀行と証券会社（7大証券）などの業界統合ばかりだ。無理やり三菱東京UFJ銀行に野村證券を強制合併させるぐらいのことである。日本は金融庁による国家統制の金融体制への道を歩んでいる。すでに金融市場のすべては統制価格であるから、市場の原理で今の為替や株価や債券市場が作られていると考えてはならない。

日本のメガバンクは今や3つである。①三菱東京UFJ銀行、②三井住友銀行、③みずほ銀行である。りそな銀行を入れれば4つである。しかし、りそなは2兆円の国家からの借入金（公的資金投入＝救援金）で生き延びている。事実上は国家管理銀行である。だからこの、りそなを三菱東京UFJ銀行に合併させようとして、金融庁や財務省が動いている。そして何と、③のみずほ銀行を破綻させて、②の三井住友銀行と合体させる計画が今も秘かに進行中である。だからメガバンクは2つになる。私が6年ぐらい前から言って（書いて）きたことだ。それが現実になるだろう。

今や②の三井住友銀行が、非常に財務体質が強い。しっかり引き締まっている。三井住友＝ロスチャイルドの意地で、①の三菱との順位をひっくり返そうとしている。幕末、明治初年以来の三菱＝ロックフェラーとの150年に及ぶ執念の闘いに、今、三井住友が勝利しようとしている。①の三菱東京は、アメリカの金融崩れの煽《あお》りで、ソロモン・ブラザーズなどの大借金を押し付けられて青息吐息である。社長（兼会長）の永易克典《ながやすかつのり》と、もう会長も辞めてしまって相談役になっている畔柳信雄《くろやなぎのぶお》たちが今も、のたうちまわっている。

●野村證券の危機は終わらない

証券業界の筆頭の、野村證券の経営危機が今も続いている。野村はどうせ解体処分される。国内営業店舗網だけは、うまみのある資産を持っているから、三菱ＵＦＪに投げ渡される。やはり野村はリーマン・ショックのあと、無理やり頼まれて買収したリーマン・ブラザーズのヨーロッパ部門（正確には「欧州フィクスト・インカム部門」での、リーマンの債券部門）が作ってしまった国債ＣＤＳ《シーディーエス》の20兆円ぐらいの「支払い義務」がある。いったいどうするつもりか。

日本の財務省・金融庁としては、日本政府に打撃が来ないように、つまり「監督者である日本政府が払え、払え」という外国からの動きが起きない今のうちに、さっさと〝野村リーマン〟を跡形なく消してしまって、責任主体を無《な》くてしまおうという作戦である。野村HD《ホールディングス》の株価は落ちている（2012年10月17日現在、284円）。いくら日銀ETF《イーティーエフ》を使って野村株を買い支えても、そのうち限界が来る。

野村HD：欧州部門中心　10億ドルの追加リストラ策

野村ホールディングス（HD）は8月31日、欧州部門の人員削減などで2014年3月末までに総額10億ドル（800億円）のコストを削減する追加リストラ策を行う方針を明らかにした。永井浩二グループ最高経営責任者（CEO）が同日、東京都内で開いた部店長会議で表明した。

欧州危機や増資インサイダー問題を背景にした業績低迷を受け、野村HDは2008年の旧リーマン・ブラザーズのアジア・欧州部門の買収などで膨らんだ海外部門を一段とスリム化した。事業の「選択と集中」を進め、創業90周年に当たる2016年3月期に、証券関連部門の税引き前利益2500億円達成を目指す。

（毎日新聞　2012年8月31日）

金融庁は野村證券を目の敵《かたき》にしている。オリンパス事件の損失〝飛ばし〟や、増資インサイダー問題で追及を続けている。前の会長の氏家純一《うじいえじゅんいち》（宇宙人と呼ばれた人）は、とっくに行方不明で、どこかへ逃げてしまった。野村證券の内部は、名のあるファンドマネージャーのほとんどすべてが、すでにいなくなって、今は入社何年目かの新人のような者たちが、預かり資金の運用を行なっている。野村の内情はボロボロだと、丸の内の金融街の金融マンたちは、もう隠そうともしない。

野村の責任は重いのだ。この5年間で、日本国内の200万人から300万人の資産家（金持ち）に、一人あたり5000万円、1億円、2億円の大損を、あれこれの投資信託（ファンド）を買わせて大失敗させた責任がある。これは新聞、テレビ等には今も1行も書かれない。そこら中に損失を出した金持ちたちがいる。「野村戦略ファンド」から始まり、「グロソブ」から「ノックイン債」と広がった金融バクチ商品が、〝リーマン・ショック〟の煽りで運用に大失敗して、投資家たちに大損害を与えたからである。

「毎月分配型」と呼ばれるファンドを、いっぱい買わされている金持ち主婦たちのほとんどが損害を被《こうむ》った。例えば、1億円で買った人が、今は時価評価で2000万円しかなくなっている。この2012年中には、思い切りよくそれらを損切り・投げ捨てする動きが広がった。実損《じつそん》の確定だ。ファンドを解約する動きが今も続いている。実損を出して初めて投資家は痛みを感じる。含み損を抱えながらも、まだ「いつか必ず元に戻る。まだ希望はある」と、淡い願望で生きてきたのだが、もうそれも限界に達した。

私は資産家たちから、たくさんの相談を受ける。私でも、「1億円が5000万円に減るだけなら、まだ半分残るから解約したほうがいい」と勧める。しかし3000万円とか2000万円、すなわち7割、8割減になっている場合には助言に窮《きゅう》する。「解約したほうがいいですか、副島先生」と質問されると、私でも答えようがない。「ご自分の判断でどうぞ」としか言わない。こんなヒドい金融バクチ商品を信じて、買わされた自分自身の不運である。

このあとP181から、章をあらためて現役のファンドマネージャーである柏田《かしわだ》慎一《しんいち》氏と私が「東京市場での金融バクチの最前線」について行なった緊急対談を載せる。たいへん勉強になると思う。

●私たちは、ますます「統制経済」下に置かれる

統制経済（コントロールド・エコノミー）は、非常に恐ろしいものである。私の他の本で

書いたが、社会にルール（規制）はなくてはならない。ルールは秩序《オーダー》を作るからだ。しかし、コントロール（法を超えた支配）は、あってはならないのである。ルール・オブ・ラー（rule of law　法の支配）以上のものがあってはならない。日本人はこの区別が分かっていない。現状は、すでにこの「法の支配」を超えて、金融秩序に対する、じわじわと傷《いた》めつけてくるコントロール（統制）である。

今の銀行のＡＴＭによる送金（たった10万円）や、引き下ろし（1日たったの50万円）の制限、規制は、恐るべき金融統制である。国民が抗議の声を挙げて撤廃させるべきだ。本当は**２０１２年に世界大恐慌に突入しているはずだった**のである。それを、アメリカを中心にして米欧日が示し合わせて統制経済と、法律違反の過剰な資金供給（じゃぶじゃぶマネー）で、何とか合法的な市場経済（マーケット・エコノミー）のふりをして乗り切っている。あと2年はこの環境が続く。**大恐慌であるのに、大恐慌でないというふりをしている**。そのために統制経済が世界中で行なわれているのだ。この理解が大事である。この事態に一人ひとりが備えるべきである。

だから２０１３年も重苦しい統制経済の継続である。その端的な中身が、銀行での預金、送金の窓口規制なのだ。「１０００万円、５０００万円、１００００万円のお金を下ろしたり、送金したかったら、窓口に行ってやれ」という統制だ。この措置は5年前の2007年1月から実施されて、今に至っている。こうして、じわじわと国民生活への管理、支配が始まっている。

以下の記事にあるように、国民総背番号制や納税者背番号制などの導入が目の前に迫ってきている。「マイナンバー制」などと、国民を「何かのオーナー」気分にさせて、一人ひとりの背中と胸にべったりと、犯罪者まがいの各々《おのおの》の識別番号（通し番号）を付けようとするのである。

マイナンバー法案、修正合意へ＝臨時国会で成立目指す―民自公3党

社会保障と税の共通番号を新設するマイナンバー関連法案の修正で、民主、自民、公明の3党が近く合意する見通しとなったことが9月4日、明らかになった。3党は週内に実務者協議をスタートし、8日の今国会会期末までに成案を得る方針。早ければ今秋にも開かれる予定の臨時国会での法案成立を目指す。（略）マイナンバー法案は、個人や法人に番号を割り当て、所得や社会保障給付、納税実績などの情報を一元的に管理する制度。消費増税時の低所得者対策として、政府が検討中の現金給付と減税を組み合わせた「給付付き税額控除」の実施にも欠

かせず、政府は2015年の利用開始を目指している。（時事通信　2012年9月5日　傍点は引用者）

この記事にあるように、貧困層に対しては、消費税増税分の打撃を緩和するために「現金手渡しや減税もしてあげます」という巧妙な理屈を振りかざして、そのために国から与えられる自分の番号（マイナンバー）を承諾せよ、という考えである。「社会保障と税の一体改革」とは、今後はこの両方である従来の①社会保険番号と②納税者番号を、共通の背番号で統合して国民管理をする（①厚生労働省と②財務省の一体化）ということだ。金持ち層の国内資産は、すでに「名寄せ」で一人ひとり、ほぼ正確にコンピュータで把握されている。

●資産の一部は海外で保全するべきだ

前著でも明示したが、以下の記事はやはりものすごく重要である。日本の金持ちたちが海外に持ち出した国外資金に対して、何としても金融庁と国税庁は追跡してくる気である。この法律の実施が2014年に迫ってきた。

国外資産の調書提出義務　個人で5000万円超　2014年から政府方針

政府は12月5日、５０００万円を超える預金や不動産を海外に保有する個人を対象に、国外財産に関する調書の提出を義務づける制度を創設する方針を固めた。海外資産をつかみ、徴税を円滑にする。２０１２年度税制改正大綱に盛り込み、２０１４年提出分から適用する。

新制度では、毎年12月31日時点で保有する財産について、翌年３月までの調書提出を義務化する。提出者には、後で国外財産に関する申告漏れがあった場合でも、過少申告加算税を５％軽減する優遇措置をとる。

逆に、故意に提出しなかったことがわかった場合には１年以下の懲役または50万円以下の罰金を科すほか、国外財産に関する申告漏れがあれば、過少申告加算税を５％重くする。

近年は、海外に金融口座を持ったり、株式や不動産を購入したりする人が増え、所得や相続財産の申告漏れも増えている。財務省によると、国外の相続財産の申告漏れ平均額は、２００９年度は１億６６１万円と、２００６年度（４２４４万円）の約２・５倍に急増した。財務省によると、同様の報告制度は米国や欧州でも整備が進んでいるという。

（読売新聞　２０１１年12月６日）

この記事からはっきりと分かることは、海外に移した資金は国税庁が把握できないのだ、という事実である。資産家（金持ち）たちの資金、資産が狙われている。前述したように、すでにコンピュータを使った「名寄《なよ》せ」管理によって、資産家（金持ち）層は一人ひとりの資産額が、持ち家、投資用建物、現金、預金、株式、債券などに分類されて、把握され続けている。もう国内でのお金の動きは政府によってほとんどが解明されている。

残りは総額4兆円とも言われる、山口組をはじめとする組織暴力団が動かしている現金（キャッシュ）である。だからアメリカ財務省の指図、命令で、日本の警察庁は「山口組壊滅作戦」（と、それにつながる汚《よご》れた政治家たちの一掃）を推進しているのだ。金融統制のためには、裏金の形で流通する暴力団たちの現金を、すべて消してしまわないといけない、と考えるのである。国税庁の行政指導で、法人に対しては「すべての支払いを銀行送金でするように」という動きになっている。このことも恐ろしいことだ。

だから資産家たちは何としても、資金の一部は海外に置かなければいけない。たとえ日本政府に把握されたとしても、預金や株式の形で海外資産を持っているのが賢い生き方である。今からでもまだ遅くない（やや、もう遅い気もする）から、香港やシンガポール、マレーシア、タイなどの国々に預金を置くべきである。中国の人民元も、これからはもっと買うべきである。通貨を分散した形で、自分の資産を保全、防衛すべきだ。世の中、何が起きるかわからない。

タイ、シンガポール、マレーシアなどは相続税がゼロの国である。そういう国が世界中に増えてきている。先進諸国《ディベロップト・カントリーズ》は、相続税で国が資金、お金を富裕層からガッポリと取り上げようとしている。それに対して新興諸国《ディベロッピング・カントリーズ》は、相続税をゼロあるいは少額にして対抗しようとしている。先進国の富裕層（リッチ・クラス）が資金を新興諸国に持ってきて投資してくれるように政策誘導している。

相続税は、税金の二重取りの資産課税である。利子課税もそうだ。すでに所得税で1回取っているのに、さらに取ろうとする二重課税である。だから相続税をゼロにする国が世界中で本当に増えているのだ。このことも日本国民は知らされていない。日本とアメリカとヨーロッパ諸国からは、やはり資産家（金持ち層）は海外脱出しようとする。これは当然のことである。

●今度は「相続税の増税」が実行される

この本ではテーマの関係で、海外に資産を移すべきことについてはもう書けない。しかし資産家層にとっては、このことはものすごく重要なことだ。だから私の前著『欧米日やらせの景気回復』の第5章「これから富裕層が〝一網打尽〟にされる」を再度、読んでください。そしてマレーシア、シンガポールへの資産の移動を真剣に考えてください。私は前著でマレーシアとシンガポールに現地調査に行って、その調査の結果を以下のように書いた。

本気で相続税対策で外国に資産を逃がすという人が増えている。「ノンレジデント non resident（非居住者）」と言うが、日本国籍があっても、外国で1年の半分以上暮らす人は、「日本の非居住者」となって、住んでいる国のレジデント（居住者）となる。その国で税金の申告をすればいい。つまり住民票を完全に外国に移して5年間、外国で暮らせば、日本の相続税はかからない。ここが大事な点だ。

……マレーシアの場合はMM2（エムエム・ツー・ビザ）と言うのだが、「（マレーシア）マイ・セカンド・ホーム・ビザ」というものをくれる。これは何とたった500万円の資金を持っていって向こうで銀行に積むと、10年間のビザをくれる。ご夫婦で10年間ずっと暮らせるわけだ。そして更新もできる。500万円ぐらいで10年間も暮らせるビザがもらえる。これが大変重要なことだ。

（『欧米日やらせの景気回復』Ｐ２２０〜２２１）

このように書いた。本気で、自分の資産を海外に移すべきだ、と気づいた皆さんは、私のこの本を読んでください。これからはマレーシアが本当に豊かになる。シンガポールに面した、シンガポールの北側の対岸（川幅わずか３００メートルぐらいの海峡《ストレイト》を隔《へだ》てただけ）は、マレーシアのジョホール州である。このジョホール州で、まだ開発されていない地区が、これから5年、10年もしないうちに大発展するだろう。金融特区をはじめとした素晴らしい住宅街、そして商業地区に変わっていくだろう。これを「イスカンダル計画」と言う。

香港の隣の深圳《シンセン》地区が大成功した。マカオの向こうにある珠海《ジュハイ》地区には、ドイツ人、フランス人たちの高層住宅街と高級住宅街が国境の運河対岸にずっと立ち並んでいる。これと同じことが、今からマレーシアで起きるのである。

タイも相続税ゼロの国家だ。だからヨーロッパの富裕層やアラブ諸国、インドからも富裕層が、安い税金や相続税ゼロを目標にして、たくさん移住してきている。インドネシアのアチェやバリにも移住している。今も金融危機が続くヨーロッパの富裕層は、まず南米《ラテン・》諸国《アメリカ》に逃げようとする。そして、その次にアジア諸国を目指して逃げてきている。「アジアの時代」と呼ばれるとおり、今や世界GDPの半分以上を東アジア地域《リージョン》で作ってしまっている。私たちはそういう時代に生きているのである。

今のところ日本では、家1軒5000万円、そして金融資産が株や預金などの形で5000万円、合計1億円までの相続財産（遺産相続）なら、500万円～600万円の相続税で済んでいる。これを相続税の改正法で2倍にしようとしている。ということは、相続財産が合計で5000万円の人からも相続税を取るということだ。

2012年8月までは消費税増税の法律を通せなかった。財務省は消費税増税法を通すことで、政治家（国会）対策で手一杯だったし、資産家層をあからさまに敵に回したくない。だから、この相続税改正法案は国会審議に入らなかった。しかし、今後はこの法律を作ってくる。それにも備えなければいけない。やはり海外に資産の一部を移すべきだろう。

2億円とか3億円、5億円の資産家たちは、これからは家1軒を売り払わなければ済まない相続税の増税がもうすぐ実行される。1億円、2億円も相続税で取られるぐらいなら、さっさと外国に逃がそうという動きが起きるのは当たり前のことである。このイタチごっこを今、日本の富裕層と国税庁、金融庁が繰り広げている最中である。

●三島由紀夫が書いていた、戦後の不動産価格の急上昇ぶり

不動産価格は今後どうなるだろうか。歴史時間の中で、住宅価格は大きく変化する。土地・住宅の値段は長い歴史の流れの中で考えるべきだ。

日本国内の不動産は、さらに1割、2割下がるだろう。中国人が買いに来なくなったからである。2010年がピークだった。中国の不動産バブルで余剰になったお金が、日本にも流れ込んできていた。日本の大地震と原発事故の放射能（ほんの微量だった。だから誰も発病しない）を怖がって、購買欲求がすべて引っ込んでしまった。東京の高層鉄筋アパート（タワー・レジデンス）を2戸、3戸と買っていた中国人たちが、1割や2割の損を出してでも売り払って、資金を他の東南アジア諸国に回したと思われる。やはりマレーシアやタイ、オーストラリアなどの不動産投資に回っている。それらは日本に比べれば、まだ安いからだ。それでも新興諸国の地価はかなり値上がりしている。

ここで三島由紀夫《みしまゆきお》の絶筆『天人五衰《てんにんごすい》』（『豊饒《ほうじょう》の海』第四巻。1971年2月初版、新潮社）から引用する。三島はこの原稿（連載原稿の最終回分）を書き上げたその日に、楯《たて》の会の若い会員たちと車で東京・市ヶ谷の陸上自衛隊東部方面総監部（今の防衛省）に向かった。そして割腹《かっぷく》自殺を遂げた。享年45歳。今から42年前の1970年11月25日のことだった。

昭和二十八年、相模原《さがみはら》の米軍基地周邊《しゅうへん》では、米人向きの借家を建てるのが、まことにいい利益を上げた。當時《とうじ》は土地よりも家を建てるのに金がかかつた。本多《ほんだ》は財務顧問のすすめで、家には目もくれずに、一萬坪の更地《さらち》を一坪三百圓《えん》で買つた。それが今では坪七、八萬になり、三百萬圓の土地が、七億五千萬圓になつたのである。

（同書113ページ）

面白味のない資産株づくめでも、この二十三年間に三倍にはなり、十五パーセントの配當《はいとう》所得控除のおかげで、配當收入にかけられる税金は言ふに足りなかつた。

（同書112ページ）

それでももちろん過去二十三年間に、財産は少くとも五倍、十七、八億にはなつてゐた。昭和二十三年に得た三億六千萬圓は、一億二千萬圓づつきちんと三分され、土地と證券と銀行預金とに配分された。土地は十倍になり、證券は三倍になり、預金は減った。

（同書１１２ページ　傍点はいずれも引用者）

このように、今から42年前の１９７０年（昭和45年）までに書かれた三島由紀夫の絶筆の中でも、日本の戦後の不動産（土地）の値上がりの激しさが分かる。戦後の１９５３年（昭和28年）に、「三百萬圓（３００万円）の土地（1万坪の畑）が七億五千萬圓（7億５０００万円）に」、実に２５０倍になっていたのだ。このあとの１９８０年代末の不動産バブルは、推《お》して知るべしである。

今までの20年間の中国の不動産の値上がりが、まさしく、この三島の書いた「２５０倍」なのである。このことを今の日本人は誰も分かろうとしない。中国は、この10年で10倍、その前の10年で10倍、ゆえに20年間で１００倍の都市部での土地の値上がりがあったのだ。本当だ。

今の香港、シンガポールの不動産は非常に高い。大都市での価格は、東京都心の価格より高いぐらいになっている。シンガポールや香港のタワーレジデンスは、100平米（30坪）で1億円以上ぐらいが当たり前になっている。それではあまりに高すぎるということで、マレーシアやタイなどの物件（3000万円から4000万円クラス）が注目され、そちらがたくさん買われている。中国本土の金持ちや共産党幹部たち（昨今、「裸官《らかん》」と蔑《さげす》まれている）が、秘かに現金で持ち出して買っている。日本人の富裕層も賢い人々は、いち早く資金を海外に逃がして、それらの割安物件を買っているのだ。

●本当はアメリカの住宅価格も下がり続けている

アメリカの住宅価格が持ち直したようなことを言っている。アメリカの地価暴落は終息した、住宅購入者が増えた、新規住宅の着工件数も上向いている、と嘘の景気回復をさかんに官民一体で宣伝している。アメリカに実際に行ってみれば、そんなことはない、と私たちは実感で分かる。

前述したケース・シラー住宅価格指数（P35）が、かなり人為的に歪《ゆが》められている。本当はまだまだ全米で住宅価格は値下がりしている。それがまるで横ばいであるかのような、奇妙なグラフになってしまっている。現状は、銀行の住宅ローンの支払い不能で強制執行（差し押さえ foreclosure《フォークロージャー》）を受けなければ済まない住宅保有者が、1000万人単位で存在する。

アメリカの〝住宅バブル崩壊〟の象徴であるのが、ファニーメイ Fannie Mae とフレディマック Freddie Mac だ。このアメリカの2大住宅公社（巨大な住宅金融公庫）は、実質崩壊して久しい。私は『恐慌前夜』（2008年9月、祥伝社）から、このことをずっと書いてきた。

2社（2件）の合計で、正味《しょうみ》で400兆円（5兆ドル）ぐらいの隠れ負債を抱えているだろう。とてもではないが、アメリカ財務省はこれらの尻拭《しりぬぐ》いはできない。2つとも政府系の住宅公社なのだから、その債務には政府保証が付いているように見える。しかし、アメリカ政府（財務省）は、債務保証をする気はない。このことを、いち早く書いて日本国内に知らせたのが、前掲した私の本『恐慌前夜』である。この本が発売されて10日後に、〝リーマン・ショック〟が勃発した。

フレディとファニーは、エージェンシー債（機関債《きかんさい》）と呼ばれる債券を自分自身で発行している。これ以外に、他のアメリカの民間銀行群から、住宅ローン債権を証券化したものであるＲＭＢＳ《アールエムビーエス》（住宅ローン担保証券）を大量に買い取って、長期運用している。さらに、それらを組み立ててつくり直したＣＤＯ《シーディーオウ》（債務担保証券。コラテライズド・デット・オブリゲーションズ）という、ウルトラ・デリバティブ商品を世界中の銀行に売った。これらはすべて債券《ボンド》の形で、債券市場で売り買いされた。それらが今、すべて激しく傷んでいる。

もちろんエージェンシー債（自分自身で発行のフレディ債、ファニーメイ債）も全額償還できない。サブプライム・ローン（貧乏人用住宅ローン）の打撃が、すべてここに集まってきているからだ。その他のＲＭＢＳ（最近は単にＭＢＳと言う）や、ＣＤＯに至っては、複雑に作ってあるので本当の負債の金額がいくらなのか分からない。

そのいちばん大きいところを買ってしまっているのが、日本の農林中金（農林中央金庫）である。農林中金の危機は今も続いている。農林中金は農協（ＪＡ《ジェイエイ》）系の大銀行（ＪＡバンクグループの中核銀行）だ。農協全部で１２５兆円の資金があり、そのうちの50兆円ぐらいを農林中金が運用してきた。この運用部門が激しく傷んでいる。フレディマックとファニーメイから買っている債券は、合計で20兆円ぐらいあるはずだ。すべて返済されず、パーになるだろう。あと数年の命だ。

だから各県の県庁の前にあった立派な農林中金のビルが、全国で一つずつ、ぽつぽつと

農林中金の店舗の統廃合。2007年からどんどん進められている

	日時	消え去った支店（営業終了）	統合された先
1	2007.7.13	静岡支店	名古屋支店
2	2007.7.13	長野支店	大手町営業部
3	2008.7.18	山口支店	岡山支店
4	2008.7.18	広島支店	
5	2008.7.18	和歌山事務所	大阪支店
6	2008.7.18	水戸支店	大手町営業部
7	2009.5.1	大手町営業部	本店
8	2009.7.17	高知支店	高松支店
9	2009.7.17	松山支店	
10	2009.7.17	徳島事務所	
11	2009.7.17	新潟支店	富山支店
12	2011.2.10	鹿児島支店	福岡支店
13	2011.2.10	宮崎支店	
14	2011.2.10	鳥取事務所	岡山支店
15	2011.2.10	松江支店	
16	2011.2.10	甲府事務所	本店
17	2011.2.10	盛岡支店	仙台支店

農林中央金庫のHPから

この表から分かるように、2007年にサブプライム・ショックが起きてから、農林中期の店舗の統廃合が進んでいる。各県の県庁のそばにあった、古色蒼然とした多くの農林中金のビルが、跡形もなくどんどん消えている。すでに売り払われただろう。

ビルごと消えてなくなってしまっている。すべて売り払われて、更地になって跡形もない。

丸の内の農林中金の本店は「DNタワー」という名前で、第一生命とくっついた形の高層ビルになった。しかし中はガランとしていて、人っ子一人見えない。他の農協会館のようなところで仕事をしている。20兆円から30兆円の大きな穴を開《あ》けているのに、帳簿上はしっかりと健全資産扱いされて、アメリカ政府の保証がきちんと付いていて、確実に返済されることになっている。が、実際は1円も返済されないだろう。農林中金は3年後の倒産に向かってひたひたと走っているのである。

●新興諸国が金（ゴールド）を買い支える

再度、金《きん》について書く。ゴールドの世界価格をめぐる激しい戦いが来年も続く。

私は〝金買え評論家〟の異名を持つ。私は9年前の2003年から『「実物経済」の復活』（光文社刊。現在は祥伝社黄金文庫）で「金を買いなさい」と書き始めた。『預金封鎖』（2003年9月、祥伝社）でも「金を買いなさい」と書いた。この時は日本国内の価格で、金《きん》1グラムは1200円だった。それが今は1グラム4500円である。この10年間

農林中金が保有する証券化商品の内訳

（2012年3月末の数字）

	金融商品の種類	金額（ただし評価額）	対前期比
1	資産担保証券（ABS）	1兆7,439億円	−2,324億円
2	住宅ローン担保証券（RMBS）	1兆3,944億円	＋9,241億円
3	商業用モーゲージ担保証券（CMBS）	2,908億円	−616億円
4	債務担保証券（CDO）	9,395億円	−3,634億円
5	ローン債務担保（CLO）	7,935億円	−3,396億円
6	証券化商品担保（ABS-CDOとかCDO of CDOなどの二次、三次証券化商品のこと）	1,247億円	−207億円
7	債券担保（CBO）他	213億円	−30億円
8	その他	987億円	−155億円
	合計	4兆4,676億円	＋2,510億円

農林中央金庫「2011年度決算概要説明資料」から

通貨別での保有の割合

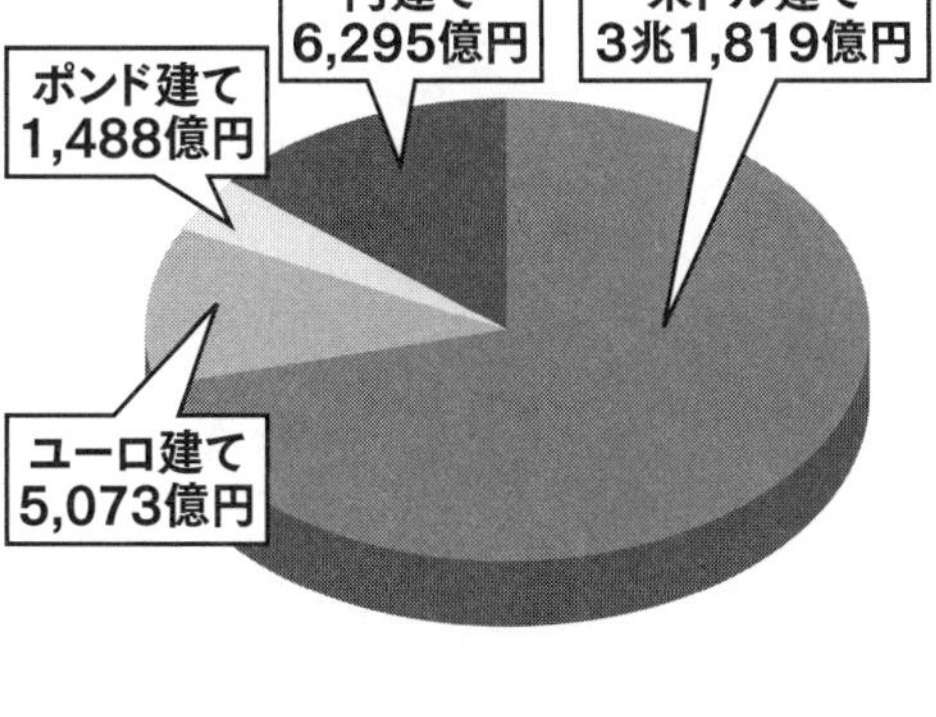

この公表した項目に、RMBSやらCDO、CLOというアメリカ語が並んでいること自体が、農中の苦しさを表わしている。

で3・6倍になった。

2012年6月4日に、最安値で3885円というのがあった。これはTOCOM《トコム》（東京工業品取引所。商品先物業者の集まり）という卸売市場での値段である。小売では、これに250円ぐらいを足す（田中貴金属などが自分で決める値段だ）。だから小売値段では4100円が今年の最安値である。

卸売価格での4000円割れは、金を買うべき時だったのだ。今はもう小売価格は4671円（2012年10月11日の田中貴金属）である。

今、金《きん》はニューヨークの世界値段で、1オンス1800ドルを目指して上昇中である。5月30日に、瞬間的に1532ドルまで落ちた。この時の国内価格が、前述した6月4日の3885円だった（P15とP17のグラフ参照）。ゴールドマン・サックスのジム・オニールが、今も金《きん》暴落の仕掛けの最高司令官である。このあとも最悪の場合、1500ドル割れがあり得る。

しかし、中国やインドの新興小金持ち層になった人々の「金地金《きんじがね》を買いたい」という意欲も依然として強い。以下の記事にあるように、中国政府は香港市場を経由して、巧妙に金地金を大量に買い続けている。年間1000トンぐらいを実情としては買っているようである。すぐに金1万トンの保有国になるだろう。この他に民間が、やはり1万トンぐらいを保有するだろう。

中国の金輸入、急増の怪　真の買い手は人民銀？　ドル基軸揺らげば影響力

中国の（金《きん》の）輸入量が急増している――。（略）

異変が起きたのは昨夏（註・2011年夏）。香港から中国への金輸出量が**8月に40トン台に増え、11月には初めて100トンを超えた**。その後、いったん落ちた輸出量は今月（註・2012年6月）発表の4月統計で再び100トンを突破した。

国際市場との裁定取引が活発になり、中国から香港への輸出も増えた。ただ、それを差し引いても、4月は67トン強が香港から中国へ輸出された。この水準が続けば、**年間800トンの金《きん》が中国国内に積み上がる**。（略）

中国は今や世界最大の金産出国。昨年の推定産出量は371トンに増えた。これに急増した輸入が加わる総供給量は「いくら個人投資が盛り上がっても多すぎる」との声が多い。（略）

ロシアやメキシコ、タイなどが着々と金準備を増やす。米ドル離れと連動した動きだ。

人民銀の公表金《きん》資産（1054トン）は、3兆3千億ドル（260兆円）ある外貨準備の2

%弱にすぎない。だが人民銀は2009年、「国内産出金やスクラップを集め、2003～2008年に計454トンを積み増した」と突然発表した。今回も水面下で間接的に金を買い集めている可能性はある。

2009年には中国政府高官が「国として金の保有量を8～10年内に1万トンまで増やすべきだ」と述べた。（略）**中国は自国の金生産を10年間ため込むだけで3千トン増やせる。**中国がいずれ米国（8134トン）を上回る世界最大の金保有国となる可能性は否定できない。

（編集委員　志田富雄）

（日本経済新聞　2012年6月28日　太字は引用者）

●「貴金属の個人売買禁止」は、いつ実施されるのか

それに引き換え、日本の金のリザーブ（準備）は、たったの765トンである。絶対にそれ以上は買わせてもらえない。時価でたったの3・3兆円（1グラム4400円で計算）である。前の本でも書いたが、ベネズエラのチャベス大統領は、イギリスのイングランド銀行に預けてあった金塊《きんかい》全部を引き下ろして、駆逐艦で自分の国に持ち帰った。

各国別の金《きん》の保有高

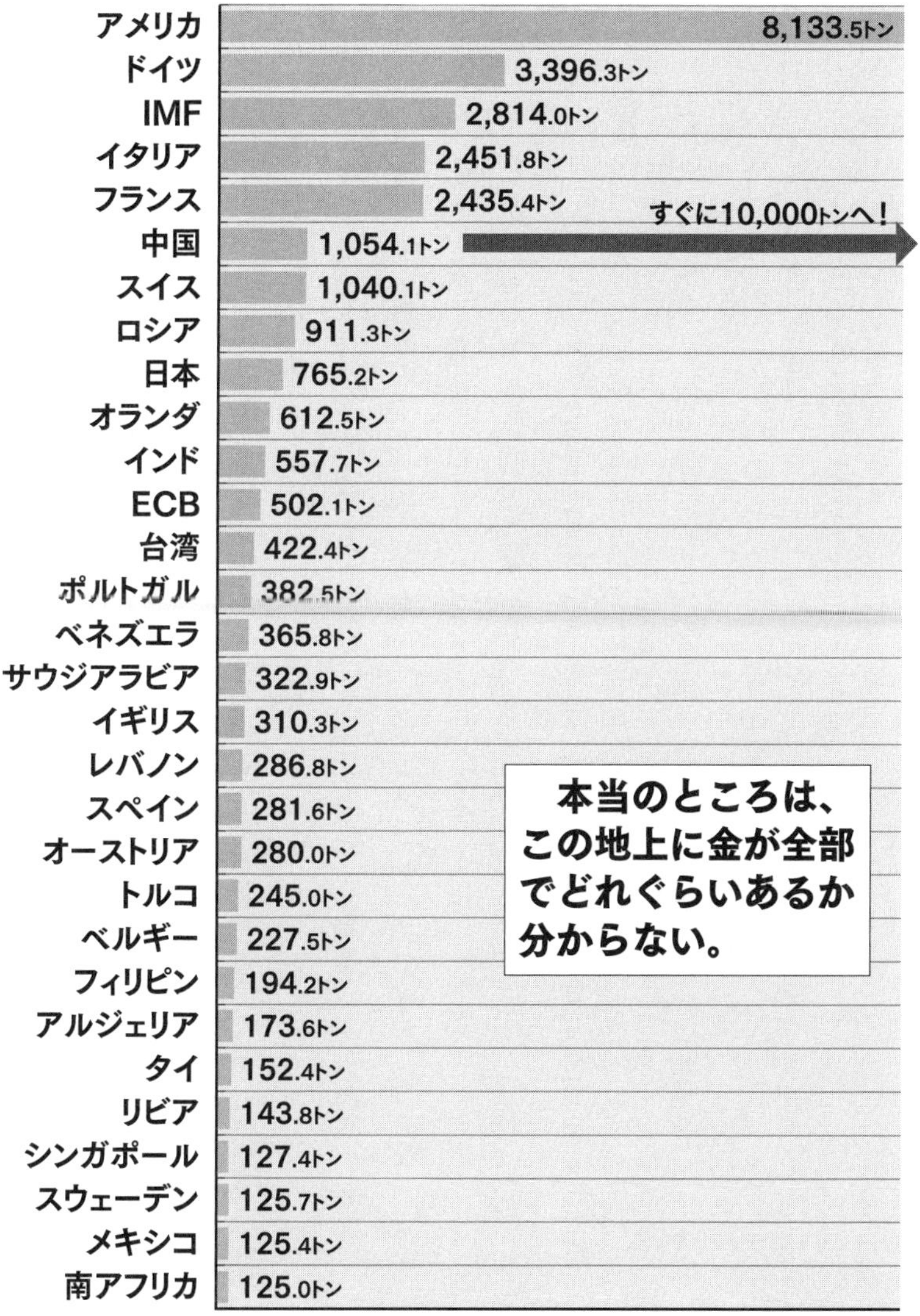
アメリカ 8,133.5トン
ドイツ 3,396.3トン
IMF 2,814.0トン
イタリア 2,451.8トン
フランス 2,435.4トン
中国 1,054.1トン
すぐに10,000トンへ！
スイス 1,040.1トン
ロシア 911.3トン
日本 765.2トン
オランダ 612.5トン
インド 557.7トン
ECB 502.1トン
台湾 422.4トン
ポルトガル 382.5トン
ベネズエラ 365.8トン
サウジアラビア 322.9トン
イギリス 310.3トン
レバノン 286.8トン
スペイン 281.6トン
オーストリア 280.0トン
トルコ 245.0トン
ベルギー 227.5トン
フィリピン 194.2トン
アルジェリア 173.6トン
タイ 152.4トン
リビア 143.8トン
シンガポール 127.4トン
スウェーデン 125.7トン
メキシコ 125.4トン
南アフリカ 125.0トン
本当のところは、
この地上に金が全部
でどれぐらいあるか
分からない。

出典：World Gold Council/2012年7月現在

金の値段が暴落したら、ここぞとばかりさらに中国人、インド人、ブラジル人が買い増すだろう。私はこの実需での下支えというか、金の地金を買おうとする新興大国の小金持ち層の動きに期待している。ゴールドマン・サックスたちが金ETF《きんイーティーエフ》を使った投機の資金で、レバレッジ100倍の先物での激しい売り浴びせを仕掛けてきても、新興5大国（BRICS）が頑強に抵抗するだろう。

だから大きな意味では、今からでも金を買うべきである。先物業者から現物引き受け（現受け）で買って、自分の手元に置いておくべきである。銀行の貸金庫になど預ける必要はない。やがて2、3年後には、1グラム1万円になる。

ただし、私が『「金・ドル体制」の終わり』（2011年11月、祥伝社）で書いたとおり、「ドッド・フランク法」Dodd-Frank Wall Street Reform and Consumer Protection Actという法律が、すでにアメリカ議会で2011年7月に成立している。この「ドッド・フランク法」で、金、銀、プラチナ、パラジウム4つの貴金属《プレシャス・メタル》を個人が売買することが禁止される。法律は成立したが、まだアメリカでは実施されていないようだ。しかし、どうせ日本でも、来年（2013年）には金の取引の停止、禁止という動きが出てくる。私たちはその時の事態に真剣に備えなければいけない。

「ボルカー・ルール」最終案、年内公表へ＝米財務省高官

米財務省の高官は、金融規制改革法（ドッド・フランク法）の下で銀行の自己勘定取引《アプロプリエタリー・ディーリング》を制限する「ボルカー・ルール」について、年内に最終案が公表されるとの見方を示した。「一部規則については公表後すぐに対応に着手する必要がある」としている。

ボルカー・ルールをめぐっては、その実施方法に関して、策定に当たっている規制当局の意見が対立しているほか、業界団体や国民から大量の意見が寄せられている。そのため最終的な取りまとめが遅れている。同ルールをめぐる不透明感を払拭するため、当局は規制内容を明確にしたい考えで、財務省高官は「何らかの形で年末までに公表されるだろう」と明らかにした。

ボルカー・ルールの策定は、米連邦準備理事会（ＦＲＢ）、米証券取引委員会（ＳＥＣ）、米連邦預金保険公社（ＦＤＩＣ）、米商品先物取引委員会（ＣＦＴＣ）、米通貨監督庁（ＯＣＣ）の５つの規制当局が連携して担当している。米財務省が取りまとめを行なっている。この高官は、当局間で具体的に何が争点になっているかについては明らかにしなかった。

（ロイター　２０１２年８月22日　傍点は引用者）

私が『「金・ドル体制」の終わり』で書いたように、個人の金《きん》の売買を政府が統制《コントロール》で禁止する、などということは、やってはいけないことだ。金は鉱物資源（メタル）の一種であるから、親、兄弟、友人、親戚間で自由に売買できる。それまで統制することはできない。そんなことをしたら大きな意味での、経済の自然法則から激しい反撃が政府に襲いかかるだろう。

「先生、金《きん》が売れなくなったらどうするんですか」という質問を私は今も受ける。それに対して、私は「このまま買い続けて、保有し続けなさい。そして5年待ちなさい。5年待てば、売買停止などという嵐は過ぎ去るでしょう」と答えている。

今の急速な金融統制体制への動きも、5年したら事情が変わる。アメリカのドルの紙切れ化が進んで、ドルによるアメリカの世界支配が終わる。その時には、金とドルの交換からできているIMF＝世界銀行体制が終わる。

やがて暴落していくであろう米ドルを外《はず》して、円を他の主要国通貨や新興国の通貨などとリンクさせる動きが出てくる。貿易決済資金としても、人民元やインド・ルピーが使える時代になった。これからは、それら主要通貨建ての価格で世界の金《きん》の値段が決められていく。すなわちニューヨークのCOMEX（コメックス。ニューヨーク商品取引所）、NY

２０１３年には、金融庁は金の個人取引の停止・禁止・規制……の攻撃を必ずかけてくるだろう。禁止されたら、私は無料で「金の個人売買立会所」を開設する。

MEX（ナイメックス。ニューヨーク・マーカンタイル取引所）などの先物市場ではないところで、金《きん》の値段が出現するようになる。その時には、金1グラムは1万円になっているだろう。「ドルと金の切断」という事態が起きるだろう。だから、金をずっと保有すべきなのである。何があろうが、じっと持っているのがいい。

いくら金の売買禁止とか言っても、そんな取引規制は4、5年が限度である。統制《コントロール》にも限度があるのだ。私の言うことを信用したくない人は、今のうちに金を投げ売りしてください。銀やプラチナの値段も堅実に推移している。今のうちに安値で拾っておくべきである。

●これからは「個人備蓄の時代」だ

〝お札の刷りすぎ問題〟（金融緩和）は、やがて激しいハイパーインフレーションという形になって、私たちに襲いかかる。お札（紙幣）が紙切れになれば、それとの対比で金《きん》に代表される実物資産《タンジブル・アセット》を持っている人が俄然《がぜん》、強くなる。私が『個人備蓄の時代』（2012年10月、光文社）で書いたとおり、余裕のある人々は今のうちから、大災害と金融恐慌と戦争に備えて備蓄をやるべきだ。

特殊な冷凍庫を買って、そこに生《なま》ものの肉や魚などを保存しておくべきだ。零下60度ぐらいまで冷やせる冷凍庫なら、生ものの長期保存が可能だ。コメは玄米のかたちで、20度ぐらいの低温で200キロ、300キロと貯蔵すればよい。

それから、太陽光発電（ソーラー・パネル）だ。家庭用の電力（5キロワット時）は十分に賄《まかな》える。ソーラーは完成している技術だ。「1キロワットあたり42円で電力を買い取る」という制度は、すぐに値下げされるであろう。しかし売電、買電などしなくても、自分でつくった電力で、自分の分の食糧を備蓄した家を維持できればいいのである。

ただし500万円から1000万のお金は、現金で常に手元に持っておくべきである。銀行などに預けておくべきではない。「泥棒されたらどうするのですか」などというバカな質問をする人がいる。「その時は諦《あきら》めなさい」と私は言う。盗られたらもう仕方がない。銀行の貸金庫に頼っている人は、かえって税務署に、貸金庫に預けてある金塊なども監視カメラで全部把握されている。だから、自分で手元に保管してください。

緊急特別対談

今、金融バクチの最前線はどうなっているのか

――副島隆彦が現役ファンドマネージャーに聞く

この章では、現在、外資系金融法人で日本株投資を専門とする現役のファンドマネージャーである柏田慎一《かしわだしんいち》氏（仮名）に、金融取引の最前線の現場の視点から話していただく。東京の金融市場での〝金融バクチ〟の現状、そしてこれから日本と世界が向かう諸様相を、私が彼から聞き出し、読者にお伝えする。

なお、登場していただくファンドマネージャーを仮名とするのは、彼の話には社内機密が含まれており、また、彼の発言で今後の相場に影響が出かねないことによる。

あらかじめご承知ください。（副島隆彦）

■外資系金融法人のリストラは世界恐慌の前ぶれだ

副島 柏田さんに現在の金融取引（金融バクチ）のあれこれをうかがう前に、確認しておきたいことがあります。最近、外資系の証券会社の日本法人で、急激にリストラが進んでいるとか。ブルームバーグの記事を引用します。

ゴールドマンなど外資系証券9社、日本で人員削減を急加速

米ゴールドマン・サックスをはじめ日本で業務を営む外資系証券9社が、2012年3月までの1年間に、全体で前年の2倍強の人員を削減していたことが明らかになった。欧州債務危機の長期化でグローバルにコスト削減が迫られる中、日本からアジアの他の地域に人員を移す動きがある。

ゴールドマン、クレディ・スイス、ドイツ証券、BNP《ビーエヌピー》パリバなど外国証券の日本の従業員総数は、2012年3月末現在で6796人と、1年間で537人（7・3%）減った。2011年3月末は7333人で、239人（3・2%）の減少だった。削減のペースが急拡大している。（以下略）

（ブルームバーグ　2012年8月2日）

副島　今年の3月までの1年間で人員削減が急ピッチで進んでいます。これがさらに加速しているようですね。日本人だけでなく外国人のファンドマネージャーたちが、東京市場からどんどんいなくなっているそうですね。外資系の証券会社を辞めた（辞めさせられた）

人数については、左ページに表にまとめてみました。取引（ポジション）を解消して、どんどん東京から撤退しているという感じです。

柏田　そうです。事態はさらに深刻です。このネット記事は２０１１年４月１日から２０１２年３月31日までの、１年間の集計を、おそらく金融庁筋の情報で書いたものでしょう。ですからもう半年以上前の数字にすぎない。今は、そんな悠長《ゆうちょう》な状況ではありません。この８月から９月にかけて、外資系金融機関のリストラは猛スピードで進んでいます。証券会社であれ投資銀行であれ、外資系の日本法人では「セールス部門」をはじめとして、私のようなファンドマネージャーたちまでが〝クビ切り〟の対象になっている。

副島　やはり、そうですか。

柏田　35歳以上の人が片《かた》っ端《ぱし》から切られています。この切られ方のスピードは、私の経験で言うと、２００８年９月のリーマン・ショック並みです。世界金融恐慌の前ぶれと言っていいかもしれません。もう何が起きても不思議ではない状況です。これは現場にいる私の実感です。

とくにドイツ証券の人減《ひとべ》らしのスピードが速い。ご存じのとおりドイツ証券はドイツ銀行のグループ会社ですが、ドイツ銀行はグループ全体で１９００人のリストラを決定しま

東京市場での外資系証券会社のリストラが続く。やっぱり大恐慌の前ぶれだ

	2011年3月末の人数		2012年3月末には……	1年間で辞めた社員数	減少率
ゴールドマン・サックス	987人	➡	847人	140人	14.0%
クレディ・スイス	590人	➡	540人	50人	8.6%
ドイツ証券	905人	➡	834人	71人	7.9%
BNPパリバ	499人	➡	462人	37人	7.4%
JPモルガン	……	➡	……	……	……
バンク・オブ・アメリカ	……	➡	……	……	……
シティグループ（シティバンク）	……	➡	……	……	……
バークレイズ	……	➡	……	……	……
全体	7333人	➡	6796人	537人	

ブルームバーグの記事から副島隆彦が作成

した。その大半がドイツ国外の社員を対象にしています。当然、日本にあるドイツ証券も含まれる。このほかUBS《ユービーエス》（スイス銀行）証券、モルガン・スタンレーMUFG《エムユーエフジー》証券でも人員削減は始まっています。ゴールドマン・サックスは、まだそれほど、といったところですが、いずれ始まるでしょう。きっと1年後には、前ページの表の数字が大幅に書き換えられることになると思います。

副島　リストラが進んでいるのは総じて欧州系の会社ですね。やはりヨーロッパの国家債《ソブリン》・務危機《リスク》が大きく影響している。

柏田　はい。さらに、そこに日本株市場の凋落《ちょうらく》が重なっています。日本株が、まったく元気がありません。ヨーロッパの経済がもっとダメになると、いちばん打撃を受けるのは、ヨーロッパに輸出をしている中国です。すると、生産・製造拠点として中国に工場を置く日本企業も必然的に弱くなる。

副島　連鎖するわけですね。

柏田　そうです。中国国内の内需が盛り上がれば、こうした欧州債務危機の影響も、さほど受けずに済むのでしょう。しかし、まだまだ中国は輸出依存型ですから、副島さんがよくおっしゃる「連鎖する大暴落」のインパクトは強いのです。欧州、中国、日本と金融危機の余波が連鎖して、その結果、どうしても日本株市場の足元は弱くなってしまう。したがって外資系金融機関がコストカットのために、日本法人でのクビ切りに走っているのです。

■客の「買い」注文に対して「売り」を仕掛ける〝違法行為〟が行なわれている

副島　一口に「金融取引」と言ってもさまざまな種類があります。柏田さんは日本株投資を専門になさっていますが、株以外にも債券、為替（通貨）、コモディティ（商品）などがある。それらの取引の全般について、取引手法を中心にお話しください。

柏田　では、コモディティから説明します。コモディティとは、まず金《きん》、銀、プラチナ（白金）、パラジウムなどの金属類です。それから原油、ガソリンなどのエネルギー関連物資、大豆やトウモロコシなどの穀物まで、いわゆる「商品」を指します。金融取引では「商品先物《さきもの》取引」と言ったほうが分かりやすい。

副島　商品先物市場（コモディティ・マーケット）の仕組みについては、私は『副島隆彦の今こそ金《きん》そして銀を買う』（2010年9月、祥伝社）で、とくに金《きん》の売り買いについて分かりやすく書きましたので、ここでは割愛《かつあい》します。たしか、あなたは以前、商品先物取引もやっておられたとか。

柏田　はい、前の会社で、コモディティ市場を手がける「市場部門」に在籍していました。当時の市場部門は「ブローキング」と「ディーリング」が一緒になった、不思議なものでした。「ブローキング」とは、お客（委託者、一般投資家）の注文を取引所に取り次ぐことで手数料を稼ぐ。一方の「ディーリング」は、金融会社が自己資金を運用することです。

本来は運用資金の主体が違うはずなのに、このブローキングとディーリングの二つをひとつの部門で行なっている。ということは、お客の利益と、会社（投資運用会社）の利益が互いに相反する取引が行なわれることを意味します。むろん違法行為なのです。が、日本にはアメリカのＣＦＴＣ《シーエフティーシー》（米国商品先物取引委員会）のような統括的な監督機関がなく、また取引所も金融商品によってバラバラのため、なかなか違法行為が改善されないという歴史がありました。

今はブローキングとディーリングを、別々の部門として、分けている会社が多いようです。しかし、長年の因習を簡単に変えられるわけがありません。端的な例では、ディーリング部門がブローキング部門から情報を得て、ただちにお客の反対売買《はんたいばいばい》をする。これを業界用語で**「バイカイを振る」**と言います。

副島　「バイカイ」とは、どういう表記をするのですか。

柏田　わざとカタカナで書きます。おそらく、お客と取引所の「媒介」をするという意味と、「売り買い」の両方を掛けているのだと思います。

例えば、あるお客が、限月《げんげつ》を決めて「金《きん》の先物を１グラム５０００円で１００枚（１枚は１０００グラム）買いたい」とブローキング部門に注文を出したとします。この時、先物会社のブローカーは、すぐにマーケット（この場合は東京工業品取引所。略称ＴＯＣＯＭ《トコム》）に注文を取り次がないで、自社のディーリング部門に「５０００円で１００枚の買いが入った」とアナウンスする。そして自己売買を扱うディーリング部門が、お客とは正反対の「５０００円で１００枚の売り」を、お客の注文の前に、もしくは同じタイミングでマーケットに出すのです。

副島　「買い」に対して同時の「売り」ですから、アービトラージ（裁定取引）のように自動的に差益が生じるものなのですか。

柏田　絶対ではないでしょう。が、少なくとも他の市場参加者よりも先にお客の大口注文を知ることができる、というアドバンテージ（有利性）があります。そしてマーケットでは、つねに大衆、すなわち取引で多数を占める一般投資家が必ず負ける運命にあります。これは私たち金融業者の経験則なのですが、お客の反対売買をすれば、だいたい勝てるということになっている。本当です。

ただし、ここには相場観も何もありません。お客の「買い」に向かって売る、「売り」に向かって買う。それだけです。マーケットに注文を出す体裁は一応整えて、実際は自己売買部門がお客の玉《ぎょく》（注文）を飲み込むのです。「バイカイをふる」ことを、「向《む》かい玉《ぎょく》」とも言います。

副島　市場でのプライシング（値付け）が存在しないのです。

副島　値付け（プライシング）ができない、というのは恐ろしいことですね。私は金融の取引実務を知らないので、よく分からないのですが、金融市場の現場では相当に危険な取引をやっている気がします。目先の利益さえ出れば何でもする、という感じですね。

■デリバティブの「市場外取引」とは何か

副島　次に債券先物についてお聞きします。日本で「債券先物」と言うと、東証《とうしょう》（東京証券取引所）で行なわれている債券先物取引を連想する人が多い。「中期国債先物取引」とか「長期国債先物取引」とかですね。これは実際に発行された国債を取引するわけではなくて、東証が利率（クーポン）や償還期限を設定した「標準もの」と呼ばれる、いわば架空の国債を対象として売り買いをしている。指標《しひょう》（インデックス）取引の一種で、「日経平均」（『日経225』とか）の売り買いと同じような。ここで私が知りたいのは、「債券先物のデリバティブ」のほうです。この取引の実態がつかみにくい。

柏田　債券のデリバティブには「国債先物」や「国債先物オプション」などがあります。簡単に言いますと、「オプション」とは「原資産（投資の元金《がんきん》）を、決められた時期に決められた値段で売り買いする権利」のことで、この「権利（オプション）」そのものを買う権利を「コール」、売る権利を「プット」と呼びます。ですからオプション取引とは「権利の売り買い」のことですね。「スワップ」は、キャッシュフローや金利を「交換する取引」です。素人さんには、ちょっと難しいですが……。

債券取引は金利の取引です。また、為替取引も金利に基づいてプライシングしますので、これらは**「金利デリバティブ」**と総称されます。為替の金利デリバティブを扱うのは公設のマーケット（東証などの誰でも参加できる公開市場）ではなく、銀行同士の相対取引《あいたいとりひき》が主です。相対取引というのは、公開市場がないところでやる取引です。市場を通さない、銀行どうしの直接の売買です。取引の実態がつかめないのも無理はありません。しかも、お金の出入りと金利のつき方がまったく違う商品を同じポートフォリオに入れて運用します。それをヘッジしなければならない。金利デリバティブでは、キャッシュフロー（資金量）と金利変動の両方を時価評価して、瞬時にリスク値を求めます。

副島　そういう危険な取引を、何とかヘッジ（危険回避）しようとして開発され、使われてきたのが、いわゆる例の**金融工学 financial《ファイナンシャル》 engineering《エンジニアリング》**ですね。柏田さんは金融工学についてもご専門であり、実務で経験を積んでこられました。あとで詳しくお話しください。

柏田　分かりました。銀行間の相対取引では、すべての金融商品の売買がキレイに完璧に成立することはありません。業界での言い方ですが、〝ピタッと嵌《は》まらない〟。どうしても〝端《はじ》っこ〟が余ってしまう。この余剰部分をどう処理するかと言えば、東短《とうたん》（東京短資）などが開設している私設の市場で、その〝端っこ〟を取引するのです。

副島　ここで短資会社が、銀行間《インターバンク》取引に介在するわけですね。短資というのは、だいたい1年未満とかの短期のお金の貸し借りのことです。いわゆる「コール市場」のことだ。

「呼べばすぐに答えてくれる互いの信頼関係」から、コール市場というコトバが生まれた、と昔、聞いたことがあります。

日銀の周《まわ》りに、その日、その日の資金の余りや不足を解消してくれる短資会社が生まれた。その日の帳尻は、すべて日銀が把握できる。東短が外国為替（ＦＸ《エフエックス》）だけでなく「金利デリバティブ」でも私設市場を開いているということは、短期金融市場で東短自身が銀行と銀行との間の、その〝端っこ〟（余剰資金）のブローカーになっている。

柏田　そのとおりです。短期金融市場で中心となるのは「無担保コール翌日物」で、その金利が、そのまま日銀の政策金利の指標にもなりますね。ただし、金利デリバティブに限って言えば、現在はこうした私設市場での取引は、ほとんど枯渇状態です。売買が成立しません。短資会社自体、東京短資と山根《やまね》タレットプレボン（セントラル短資グループ）、上《うえ》田八木《だやぎ》短資の３社しかありません。

副島　金利デリバティブの取引のボリュームが、ものすごく減ったのですね。

柏田　そうです。なぜかと言うと、デリバティブ取引では担保（保証となるもの）を入れなければなりません。金《きん》の先物取引でも証拠金《しょうこきん》が必要ですよね。では、こんな取引の担保として、例えばヨーロッパのある国の債券を差し出せるでしょうか。とても無理です。そんなものはアセット（資産、asset）と見なされません。アセットではなく、ただのデット（負債、debt）になるだけではないのか、と評価されてしまいます。

ないも同然の担保価値で、現在価値《プレゼント・バリュー》を出す。その行為そのものが信頼性をなくしている。資産価値が分からないのに、分からないものを前提にリスク管理はできません。だから取引ができない。そのため私設市場での金利デリバティブ、主にオプションとスワップ取引は、ほとんど干上《ひあ》がっているわけです。

副島　市場外取引であるところの相対取引は、英語では「オーバー・ザ・カウンター」over the counter（ＯＴＣ《オウティーシー》）と言います。おそらく、少なくとも「アンダー・ザ・テーブル」under the table すなわち「袖《そで》の下」というか、「闇の取引」ではありません。金融法人どうしが堂々と「カウンターの上《オーバー》で」やっていますよ、という意味なのでしょう。

それでも私的な取引でしかない。公開市場ではない。「業界の私設市場だ」と言い張りたい、が、それも言えない。だからアメリカでは、このＯＴＣを許さないという動きができつつある。それが、２０１０年7月15日に成立した金融規制改革法 Financial《フィナンシャル》 Regulation《レギュレーション》 Act《アクト》 です。この法律を議会に出した二人の議員の名前を取って、**「ドッド＝フランク法」**と呼ばれます。いよいよ本格的な金融規制、金融統制がアメリカで始まった。

柏田　なるほど、そうですか。

副島　市場に睨《にら》みをきかせてきた、もともとの大親分であるポール・ボルカー（元FRB議長）の名前から「ボルカー・ルール」と呼ばれる。この「ボルカー・ルール」の、やっとのことでの実現です。この「ボルカー・ルール」で、市場外取引を締め上げて、あらゆる規制をかけようとしている。が、今はまだマーケットは無視している状況です。そのうち本当の金融統制《フィナンシャル・コントロール》が始まるでしょう。すべての取引が政府によって統制《コントロール》されるでしょう。それは法律による規制《レギュレーション》などという甘いものではない。

■証券会社が自分たちで〝バクチ場〟を開いている

副島　デリバティブの話題から少し離れて、債券《ボンド》市場全体を概観しましょう。株式市場と比べて、債券市場は金額から言ってはるかに巨大なのです。しかも株式市場は暴落している。東京証券取引所（一部上場）の時価総額は、1989年に590兆9000億円を記録しました。600兆円近くあった。が、今は300兆円割れで、半分になってしまった。ニューヨーク市場もNASDAQ《ナスダック》をつくったりして嵩上《かさあ》げを図りました。が、それでも時価総額で17兆ドル（1300兆円）ぐらいのものでしょう。それに対して、**債券市場の時価総額は株式市場の100倍くらい**ではないか。

柏田　ズバリ、100倍だと私も思います。先ほどお話しした債券先物の私設市場でも、取引のボリュームが減ったとはいえ、1日の出来高は、想定元本《そうていがんぽん》（取引総額）で2兆円から3兆円はあります。これが銀行間の相対取引となると、さらにゼロがひとつ違ってくる。1日に数十兆円の規模です。ただし株式の取引と異なるのは、「想定元本」という言葉からも分かるように、債券市場は実はフィクションだという点です。フィクションとしての金額が膨張している。だから実際の取引では金利でまとめるのです。金利では「ベーシスポイント」という単位を使います。

副島　ベーシスポイントとは、1万分の1ですね。例えば0・35％（パーセント）のことを35ベーシスポイントと言いますね。

柏田　そうです。1兆の単位が1億になる。

副島　そこが株式の取引と違うところですね。少なくとも株式（の取引）はフィクションではない。実需《じつじゅ》です。債券取引は、例えば1兆円分の「10年もの日本国債（これがすべての指標）」を売り買いすると、今は金利（利回り）が0・75％（年率）ぐらいです。これを

0・75％で買って0・76％で売れば1ベーシスポイント儲かりますから、100万円儲かるわけですね。

柏田　まあ、そんなものですかね。株式の話題が出たところで、私の専門である株式投資に関してお話しさせてください。今、国内外ともに証券会社が自分たちのマーケットを自分たちで作って取引しています。これが一般的になってきています。私設の市場ができているのです。

副島　先ほど債券先物のところで、短資会社が私設市場を開いているという話をうかがいました。株式でもそうなのですか。ああ、分かった。最近、新聞にも出ていた**「ダークプール」**のことでしょう。

柏田　ご明察《めいさつ》です。「ダークプール」Dark Pool とか「ＰＴＳ《ピーティーエス》（Proprietary《プロプリエタリー》 Trading《トレーディング》 System《システム》）取引」と呼ばれるものです。私たちのような金融法人が参加するのが「ダークプール」で、「ＰＴＳ取引」は個人でもやろうと思えばできます。証券取引所とは別個に、参加者で株価を付け合わせる仕組みになっています。要は証券会社が自分で賭場《とば》を〝ご開帳〟しているようなものです。

すでに欧米では近年、株式市場全体の30％を、この私設市場が占めるようになりました。日本ではまだ5〜7%程度です。2007年ごろから始まって、シェアは徐々に拡大傾向にあります。日本でいちばん積極的なのはSBI《エスビーアイ》証券でしょう。PTS取引に特化したSBIジャパンネクスト証券というグループ企業もあります。

副島 あ、そうか。やっぱり北尾《きたお》さんか。SBIホールディングスという会社は、北尾吉孝《きたおよしたか》氏がCEO《シーイーオウ》です。北尾氏は昔、野村證券で事業法人三部長まで務めた人で、そのあと、野村を去ってソフトバンクの孫正義《そんまさよし》社長と組んでSBI（ソフトバンク・インベストメント）を立ち上げた。でも北尾氏は孫氏と仲が悪いらしく、一緒に行動したという話を私は聞いたことがない。きっとSB（ソフトバンク）自身が、本当の出資者はもっとずっと雲の上の人なのでしょう（笑）。

北尾氏のSBIが、株式の私設取引にこれほど力を入れるのは、元の古巣の野村證券への並々ならぬ思い（恨《うら》み？）があるからでしょう。SBI証券は、NY《ニューヨーク》ダウに連動するETF《イーティーエフ》の取引にも積極的です。これは「Simple-X《シンプルエックス》 NYダウ・ジョーンズ・インデックス上場投信」と言って、2009年12月に東証に上場しました……あ、しまった！

柏田 えっ、どうしました？

副島 今、ハッと気づきました。私の予測（予想）の間違いだ。私は、そのPTSで北尾吉孝のＳＢＩが、野村證券の株で徹底的に「売り」（ショート）を仕掛けている、と聞いています。もう2年以上、やっているようです。

ということは、野村證券の株式は、いくら下がっても日銀ＥＴＦ《イーティーエフ》が買い支えて、買い上げているということになる。すでに日銀は（金額で80兆円に膨らんだ金融市場支援金のうち半分の）40兆円ぐらいを株式の買い支え（株価の暴落の防止）に使っている。その大きな中心銘柄が野村證券だ。ということは野村證券（野村ホールディングス。現在の株価284円）は、まだ潰れない、政府が潰さないということだ。しまった。私の予測の失敗です。

柏田　そうなんですか？

副島　私は去年の年末（2011年12月23日）に、「野村證券はもうすぐ潰れるだろう」とネットに書いて大騒ぎになったのです。ところが、やがて1年になりますが、「野村」はなかなか潰れない（破綻しない）。その理由が、今、分かりました。ＳＢＩの北尾吉孝が証券私設市場のＰＴＳで「野村」に巨額の空売りを仕掛けているということは、「野村」はまだ潰れません。ＳＢＩホールディングスを先に潰すことが日本政府（金融庁）の仕事ということになります。北尾氏のほうこそ狙われている。

おそらく、ＳＢＩに「踏み上げ」（空売り《ショート》の大失敗）を喰《く》わせることで、先に破綻をさせて、それから野村證券を消すということでしょう。これで分かりました。と言っても、今ごろハッと気づくようでは、私、副島隆彦も金融予言者としては、ヤキが回ったというか、だらしないですね。

柏田　まあ、そうおっしゃらずに……話を戻しますと、このダークプールなどの証券業界の私設取引で登場したのが、コンピュータを使った**「超高速トレーディング」**（ＨＦＴ《エイチエフティー》　High《ハイ》-frequency《フリークエンシー》 trading《トレーディング》）です。ＨＦＴは全取引量の８割を占めるほどになりました。

副島　分かります。私はその超高速トレーディングを、自分の以前の本で**「ロボット・トレーディング」**として書きました。当然にコンピュータを使ったトレーディングなのですが、コンピュータは昔から使われている。だから、やはり「ロボット・トレーディング」と言わなければいけない。ロボットが勝手に株の超高速での取引を、自動的にやってしまう。いよいよ恐ろしいＳＦ《エスエフ》並みの世界になってきました。

柏田　ＨＦＴ《エイチエフティー》の特徴は、プライシング（値付け）が「１銭きざみ」であることです。１円ではありませんよ。１銭です。例えば、ある株の銘柄を１００円で買い、わずか１００・01円で売る。０・01円（１銭）の差益です。これがＨＦＴなら可能なのです。ほんのわずかな値動きでサヤを取る。この超薄利の取引を、超高速でコンピュータが何十万回も

“フラッシュ・クラッシュ” 2010年5月6日に起きた NYダウの大暴落（1日の値動き）

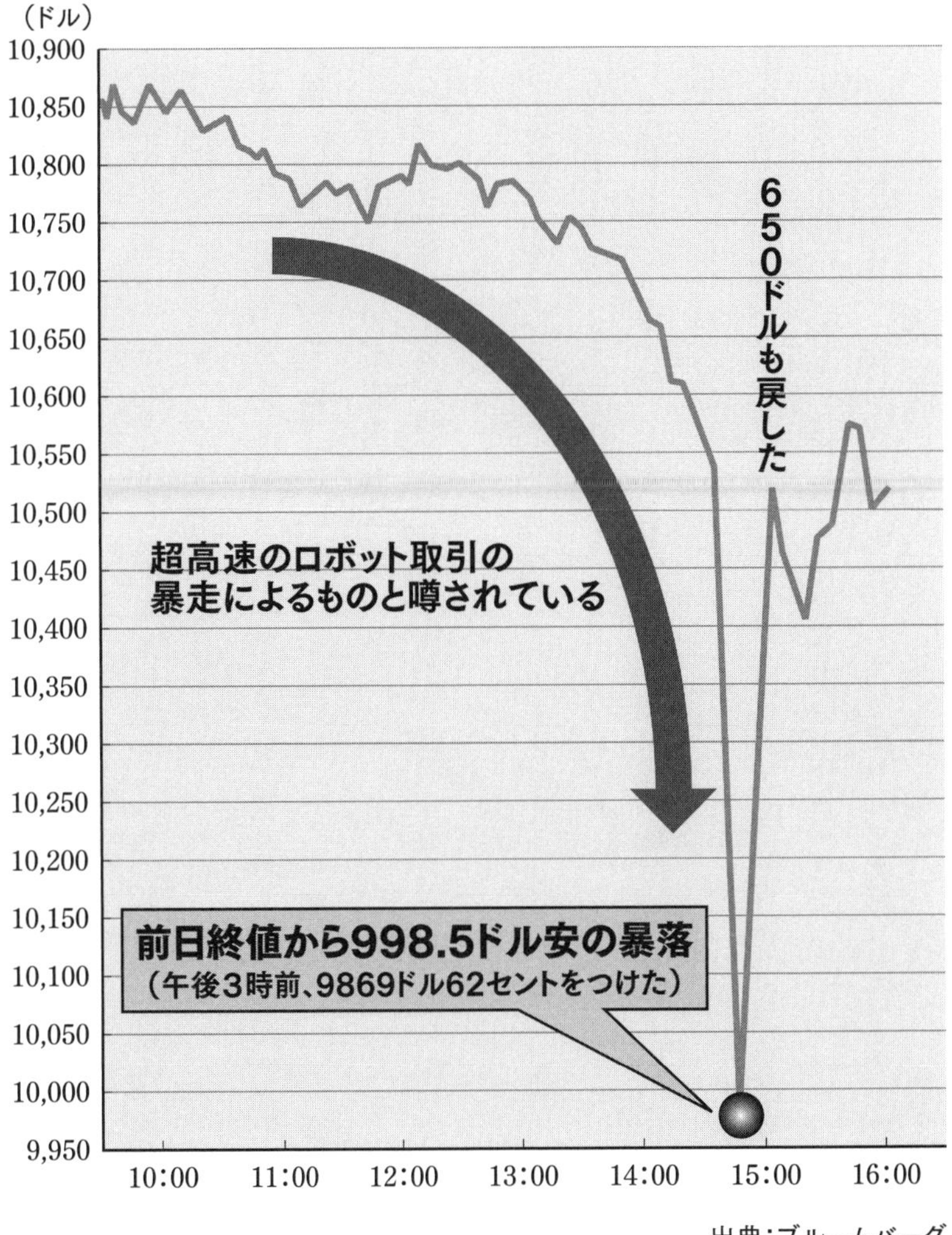

出典：ブルームバーグ

一気にやってしまう。東証で株価が1円動けば、ダークプールでは100銭動くことになりますから、たったの10銭のサヤ取りでもよしとする。金融法人のトレーダーたちは、そんな取引を1日中続けているのです。

副島　ロボットを使った「超高速取引」と言うくらいですから、売り持ち、買い持ちのポジションも超高速というか、時間的にごく短いのでしょう。

柏田　ポジションは1銘柄あたり最長で9秒です。

副島　ということは、9秒以内に売ったものを買い戻すか、買ったものを売るかを決めなければならない。

柏田　そうです。**9秒でキャッシュにする**、ということです。さらにHFT《エイチエフティー》は、売買速度をミリ秒（1000分の1秒）からマイクロ秒（100万分の1秒）へと高速化させています。怖いのは、そのシステムが突然、止まるときです。出来高が瞬時に3分の1などになってしまう。その瞬間に市場は大暴落です。

副島　2010年5月6日に、ニューヨーク株式市場で998ドル（前日比）もの大暴落が起きました（P201のグラフ参照）。そのあと一気に650ドル戻した。この「フラッシュ・クラッシュ」（flash crush　瞬時の暴落）と呼ばれる、きわめて異様な値動きの原因は、コンピュータの誤作動だとか、シティバンクのトレーダーの誤発注だとか言われました。が、そんな言い訳など誰も信じていません。柏田さんはどう見ていますか。やはりコンピュータの不具合だと思いますか。

柏田　SEC《エスイーシー》（米証券取引委員会）も「原因不明」としていますから、真相は迷宮入りです。しかし私は、コンピュータのオペレーターに原因があるのではないかと考えています。オペレーターが「この取引を実行していいのか？」と、びびるのです。

ニューヨークのフラッシュ・クラッシュで、取引所が「約定取消《やくじょうとりけし》」として処理した売買の約70％はETF（上場投資信託）であることが、のちに判明しました。おそらくETF市場の何らかの異変を察知した一人のオペレーターが、それが個別株市場に拡散することを恐れて、コンピュータを停止してしまった。その瞬間、株式市場全体の流動性（資金の量）が蒸発したのです。

HFT《エイチエフティー》はコモディティ市場にも入っています。ここで使われるのは、ブルームバーグやロイターなど金融専門媒体のニュース情報です。例えばコンピュータに「JAPAN」と入力して検索をかけます。ここで「JAPAN」のヒット件数が多い時は、日本市場に「何かある」ことが分かるわけです。こうやってコンピュータは、その「日本で起きている（起きるであろう）何か」をいち早く自分で見つける。次にそれが自分にとってプラス材料なのかマイナス材料なのかを判断する。そしてプラスであれば関連する銘柄を買い、マイナスならば売る。

副島　そのようなハイテクを駆使した、コンピュータ・ロボットによる大量の取引は、どこかで必ず爆発を起こすでしょう。

柏田　私もそう思います。いくらSECがサーキット・ブレーカー（1日の価格変動の上限と下限をあらかじめ決めておいて、その限度に達したら銘柄の取引を停止すること）を設定しても、HFT《エイチエフティー》を完全に規制することはできません。HFTはスーパー・コンピュータが行なうものです。それに対抗するには、同じようなスーパー・コンピュータを何台も並べなければならない。いつか自爆することは明白です。

■なぜ「金融工学は役に立たない」のか

副島　先ほど話題にした金融工学《ファイナンシャル・エンジニアリング》の現状をお聞きしましょう。柏田さんはビジネススクールで金融工学の理論を学んだ人です。この理論についてですが、現在も取引の現場で使われているのですか。

柏田　そうですね。債券や為替のデリバティブでは、まだ使われています。例えば、例の有名な「ブラック・ショールズ・モデル」（BS《ビーエス》モデル）を、債券に当てはめたりします。ごく分かりやすく言うと、BSモデルは「オプションの価格を計算する方程式」です。今はBSモデルの発展型のような、**「ブラック・ダーマン・トイ・モデル」** Black-Derman-Toy interest rate model というのを使います。

副島　そのダーマンとは、物理学者のエマニュエル・ダーマン Emanuel Derman のことですか。ブラック・ショールズ方程式をつくったフィッシャー・ブラックと、ゴールドマン・サックスで一緒だったこともある人だという。

柏田　そう、エマニュエル・ダーマンがブラックと共同で開発したのが、ブラック・ダーマン・トイ・モデルです。彼には『物理学者、ウォール街を往《ゆ》く——クオンツへの転進』（森谷博之訳／2005年、東洋経済新報社）という著作もあります。ちなみに「クオンツ」（Quants）というのは、大学で数学や物理学を勉強したあと金融業界に入ってきた、数理分析に長《た》けた人たちのことです。以前は「ロケット・エンジニア」（笑）と呼んでいました。昔は本当にロケットの弾道計算とか姿勢制御の計算をしていた人たちだそうです。

しかし前にもお話ししたように、いくら高等数学で金融工学を駆使しても、リスク管理の基本である安全資産そのものが安全でなくなっている。ですから、こんなものはもう意味をなさないのです。私がこれを言うと身《み》も蓋《ふた》もありませんが、**金融工学は実にあてにならない。**

金融工学に基づいたリスク管理には決定的な問題点がある。例えば現在、金融機関のリスク管理手法として、なくてはならないものに「ＶａＲ」（Value at Risk バリュー・アット・リスク。『バー』とも読む）という技術があります。これは「将来のポートフォリオの変動は、ある特定の分布に従う」と仮定します。そして、一定の確率で起きる損失額を推定する手法です。逆から言うと、近い将来に変動が起きる確率を正確に求めることでリスクを管理する。この「確率」とその「分布」が問題なのです。

副島　金融工学で使われる確率分布というのは、多くは「正規分布《せいきぶんぷ》」なのでしょう。グラフにすると、左右対称の山のようになっている（左の図）。

柏田　はい。「ガウス分布」とも言います。平均値が中心で、平均から外れるほど山が両側に、なだらかに低くなる。きれいな曲線で知られています。

副島　私はそれを、横向きの大きな草食恐竜に見立てました。

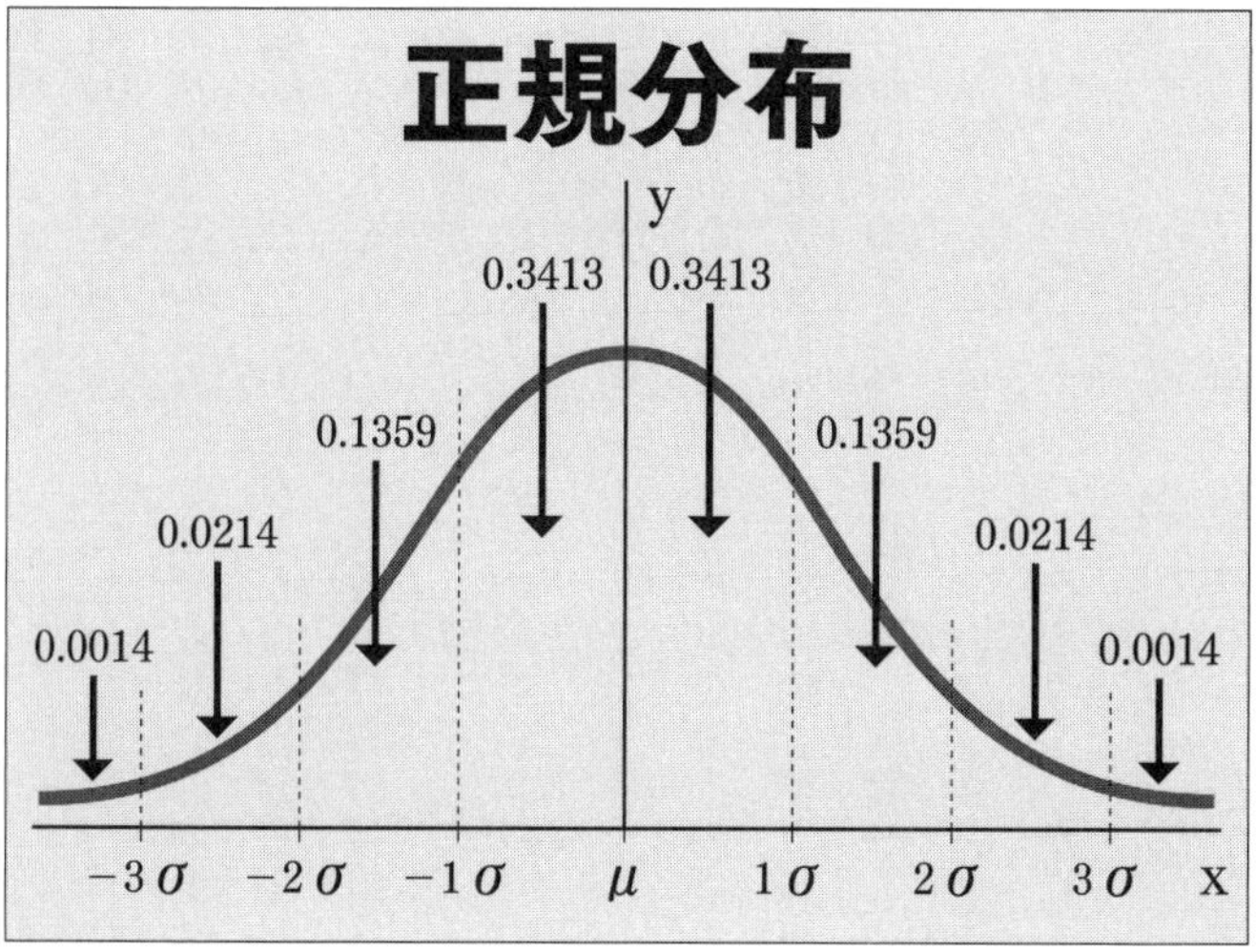

柏田　先ほど「将来のポートフォリオの変動は、ある特定の分布に従うと仮定する」と言いましたが、その「特定の分布」こそ、副島さんがおっしゃるようにまさしく「正規分布」なのです。では正規分布の何が問題なのか。きれいな正規分布を仮定したモデルだと、大暴落のような相場の激変は、ほとんどゼロに近い確率でしか存在しないことになります。ところが実際には、頻繁《ひんぱん》に市場の激変は起きる。例えば、1929年の「ブラック・サーズデー」や、1987年の「ブラック・マンデー」は、正規分布上の確率で換算すると、数千年に一度しか生じないことになっています。**数千年に一度のはずなのに、100年の間に2回も起きてしまいました。**

副島　〝恐竜の尻尾《しっぽ》〟が暴れ出した。テール・リスク tail risk の発生ですね。

柏田　確率論ではゼロにきわめて近い。が、決してゼロではない。市場の価格変動を、正規分布で捉え切ることはできないのです。

副島　きれいな山脈《やまなみ》のような正規分布など、現実世界にはそんなにあるものではないですよ。それを、ものごとは放っておけば自然に美しく正規分布するものなのだ、と自分たちだけで勝手に信じ込んでいる。そして、それを本当の現実と一致しているのだ、と信じ込んでしまった。そうしたら、本当の現実のほうが突然、暴れだしてしまったのです。自分たち（金融工学者）の頭の中の現実と、本当の現実は一致していない。どうしてそんなに正規分布を仮定とするモデルを使うのですか。

柏田　正規分布なら、過去の統計量に基づいて平均値と標準偏差さえ求まれば、その確率分布点が即座に見つかります。極論かもしれませんが、単に計算しやすいからです。

私はつくづく思います。金融工学のモデルを使った取引というのは、「バックミラーを7つぐらい付けて、バックミラーしか見えないのに、真っ暗の前方に向かって走る車の運転」みたいなものだと、いつも考えています。フロントグラスは真っ暗で、何も見えない。でも、自分がこれまで走ってきた直前までの光景は、バックミラー越しにものすごくよく見える。だから、ドライバーは「ああ、今、走っているのは砂地が多いな」とか「ここは水たまりだな」と認識できます。しかし、このままずっと砂地や水たまりが続く保証はどこにもありません。もしかしたら1メートル先は、崖かもしれないのです。これが私が習って、そして実践してみた金融工学です。

たしかに金融工学では、過去のデータが膨大に蓄積されています。ものすごいデータ量です。しかし、過去のデータから分かることは、「あのとき、こうしていればよかった」「リーマン・ショックはこうすれば防げた」という後付けの解釈です。これから1秒先の価格変動を、100％予測することはできません。

副島　お話を聞いてよく分かりました。金融工学というのは、リスク管理（危険を避ける）のためのトゥール tool にすぎない。そもそも「リスクを測定して近未来をできる限り安全に運転するための安全工学」だった。それをいつの間にか、金融バクチで必ず利益を出す神秘的な〝神の技〟だと、思い込んでしまったのですね。

私は『恐慌前夜』（2008年9月、祥伝社）の中で「金融工学の罠」と書いて、すでにそのことを指摘しました。あの本は〝リーマン・ショック〟が起きる10日前に発売されました。私が見抜いたとおりだった。けれどもですね。柏田さんに申し上げますが、それでもあなたは今も、金融工学のプロとしてファンドマネージャーをやっている。

柏田　いえ、さすがに「私は金融工学のプロです」とは、恥ずかしくて言えなくなりました（笑）。取引の現場で「私はマスマティカル（数学的）にやっています」と言うと、今はもう笑われます。

副島　ということは、金融工学はもう死んだのですね。

■株式投資の王道、バリュー投資

柏田　そうだと思います。金融工学がインチキだということがバレだしたのは、リーマン・ショックのあとのここ数年のことです。おかげで市場が死にかけた。その中で、ウォーレン・バフェットやジム・ロジャーズといった、高等数学を使ったバクチ理論とは無縁の投資家が生き残っている。そこが、まだアメリカの偉いところです。

副島　バフェットやジム・ロジャーズがやっているのは、株式市場における「バリュー投資」Value《バリュー》 Investing《インベスティング》という手法ですね。これを分かりやすく説明してください。

柏田　「バリュー投資」をひとことで言うと、投資対象が本当に割安なのか割高なのかをしっかり見きわめて、割安なら買うということです。これがバリュー投資の根本的な考え方です。コロンビア大学ビジネススクールの故ベンジャミン・グレアム教授が有名です。

副島　グレアムとは「証券分析の父」と呼ばれた人ですか？

柏田　そうです。彼はそのものズバリ、『証券分析』*Security Analysis* という本を書いています。バフェットはグレアムの教え子です。『証券分析』は古典的名著ですね。グレアムは、1937年に「ニューヨーク証券アナリスト協会」という組織を創設しました。証券アナリストという職業は、グレアムがつくったのです。グレアム流のバリュー投資の手法を引き継いで、コロンビアのビジネススクールで今、有名なのは、ブルース・グリーンウォルド（Bruce Greenwald）という学者です。

で、バリュー投資ですが、手法としてはきわめてシンプルです。まず投資対象とする、ある企業の流動資産を徹底的に調べます。この流動資産（お金に準ずるものの総額）から流動負債と固定負債を差っ引くと、それが**「正味《しょうみ》の流動資産」**となる。

副島　それを「企業の解散価値」とも言います。

柏田　そうですね。企業が解散した時の本当の値段のことです。その企業の本当の値段は「解散価値」なのです。本当は今、いくらで売れるのか、です。

その企業の「正味流動資産（現金同等物）」の額が求められたら、今度はそれを株式の時価総額と比べます。「株式時価総額」が、「正味流動資産（現金同等物）」よりも小さければ、その株は割安、ということになります。例えば、「100億円の現金同等物を持つ企業の株式時価総額が50億円」ということは、「50億円で株を買い占めて企業を解散すれば、100億円がもらえる」ということです。そんな株があれば市場が放っておくわけがない。いずれは正味流動資産に等しい水準まで株価が上がります。その企業が実際に持っている現金同等物（キャッシュや有価証券類）の総額と、その時点の株式時価総額を比較すればいい。

バリュー投資の「バリュー」とは、その企業に積み上がっているキャッシュのことなのです。それしかないと言っていいかもしれません。売上げやブランドはバリューではない。今後の企業の成長や将来性なども冷酷に無視します。なぜなら企業の成長には、それに応じたそれなりの設備投資が必要だからです。

副島　そうか。そこまで非情になりきって、そして投資を判断する。徹底した「安物買い」ですね。〝投資の神様、オマハの賢人〟バフェットやジム・ロジャーズも、このバリュー投資で勝ち続けてきたわけですね。バリュー投資を、もっと身も蓋もない言い方をすれば「処分価格」でしょう。人間でも物でも企業でも、本当の値段は投げ捨てる時の価格ですね。

　ということは柏田さん、あなたもバリュー投資で資金を運用しているわけですか。

柏田　ハハハハハ。日本ではバブル崩壊後、自分が持っている土地などの固定資産を減損、減損でバサバサ切って売却して、しっかりお金（現金）を貯め込んで生き残っている企業はあります……とだけ言っておきましょう。

副島　それはどんな企業ですか。読者のために、ちょっとだけ（笑）教えてください。

柏田　そうですねぇ……例えばケミカル（化学）業界は今、振るいませんね。でも、赤字にならず少しずつでも利益を積み上げていければ、可能性があるのではないでしょうか。

　それから、内需をコンスタントに取り込める企業もいいですね。あえて名前を出しますと、JR東日本のように、東京駅、品川駅などのターミナル（人が集まる所）を持っている企業。こういう企業は、人口減の時代にもかかわらず、人が集まる場を持っているわけですから、駅で派生的なビジネスを展開できる。典型的な内需型の企業です。ただし、ターミナルの価値を維持するためには、耐震工事などの「安全投資」を継続しなければなりません。

すると、そこの工事を請け負う企業は継続的に仕事が生まれる。それが「真の内需の取り込み」です。ターミナルという強みを持つＪＲよりも、ＪＲが強みを維持するために不可欠な「継続的な投資」を取り込める企業こそ、真に成功した企業、ということです。景気変動でＪＲの業績が変動しても、安全投資をストップするわけにはいきませんから。内需を「コンスタント」に取り込む、というところがポイントです。

■すべてはチャート（波形）に現われる

副島　なるほどー。この本の読者の皆さん。今の柏田さんの話を、よーく頭に入れてください。勉強になったでしょう。くれぐれも間違った考えで投資をしないように。やっぱり、バリュー投資ですよ。バリュー投資。いいですね。

さて、お話をうかがっていますと、やはり金融バクチの限界が目の前にまで迫っています。先物future《フューチャー》のデリバティブ取引を、スーパー・コンピュータを何台も使って続けていれば、そのうち自爆するに決まっています。私はその日を10年前から楽しみにしています。最後の最後は、レオ・メラメッドが率いる、シカゴにある「シカゴ・マーカンタイル取引所」（ＣＭＥ《シーエムイー》　Chicago Mercantile Exchange）が、大爆発を起こすでしょう。

柏田　日本の株式市場は、債券市場、通貨市場とともに、すでに外国人が主導権を握っています。日経平均株価は、先物取引がシカゴのＣＭＥにも上場されていることから、シカゴで決められた値段が、そのまま翌営業日の日本市場の寄り付き価格になります。「日経平均株価」を先物でシカゴで売り買いされてしまったら、いったい東京の株式市場での値動きというのは何なのか、ということです。ここに大きな騙《だま》しがあります。日本の金融市場は、よく分かりもしないのにデリバティブ取引を導入してしまった。そしていつの間にか価格決定力を外国人に奪われてしまいました。

それでも、金融工学では、確実なお金儲けはできないことだけは、はっきりしました。デリバティブ取引で、リスクがどれだけあるか分かることになってはいます。が、だからと言ってそれでリターン（利益）を得られるわけではありません。むしろ「一目均衡表《いちもくきんこうひょう》」のような昔ながらのチャート分析のほうが、プロの職人技が生かせるのではないか。私は使いませんが。

「アルゴリズミック・トレーディング」などと、さも金融工学である、と言いながら、実際はこれもチャート分析のようなものです。

副島　「メリマン・サイクル」（レイモンド・メリマンが発明した）とか、日本の「酒田五法《さかたごほう》」（江戸時代中期、米の先物相場で「相場の神様」と呼ばれた本間宗久《ほんまそうきゅう》が発明）とか、株価の過去からのグラフを徹底的に分析する手法が、どうも投資の手堅い手法のようですね。この「テクニカル・アナリシス」とか「チャート分析」と言われる波形分析が、いちばんの勝ち組だったでしょう。この10年の金融市場の動乱を、一介の評論家として横目でじっと睨《にら》んできた者として、私もそう思います。

チャートが描き出すのは、過去の価格の波形のメチャクチャな動きです。それでも、そこには得《え》も言われぬ美しさがあります。人間でも国家でもそうです。過去の恥多き事実の蓄積、それが波形となって現われている。私たちは過去の歴史にこそ学ぶべきだ。歴史（学）だけが本当の学問です。

今回は金融市場の現場で、生《なま》の投資を毎日やっているファンドマネージャーの柏田慎一さんをお招きして、投資の現場の貴重なお話を聞くことができました。柏田さん、どうもありがとうございます。

柏田　こちらこそありがとうございます。金融業界でも「この人だけは騙せない」と言われる副島さんと対談ができて光栄です。

5章

ヨーロッパから始まる恐怖のシナリオ

●こうして日銀も〝ジャブジャブ・マネー〟に追随した

毎年、ＦＲＢ《エフアールビー》の全米12の地区連銀総裁とＥＣＢ《イーシービー》（欧州中央銀行）総裁は、米ワイオミング州（北部の山の中の州）のジャクソンホールという町に集まり、金融政策について意見を交換する。

今年は、8月31日から行なわれた。ベン・バーナンキ議長が講演を行ない、米失業率が低下しない現状について説明した。マリオ・ドラギ総裁は開催の数日前になって急遽《きゆうきよ》欠席すると発表し、ＥＣＢ専務理事は全員欠席した。一方で、ＥＣＢと最近、意見の違いを表面化させているドイツ連銀のイェンス・ヴァイトマン総裁は出席すると言い出した。

まえがき他で書いたように、この1週間後の9月6日、ドラギＥＣＢ総裁は新たな金融緩和策を発表した。これは、「アウトライト・マネタリー・トランザクション」（Outright Monetary Transactions ＯＭＴ《オウエムティー》）という仰々《ぎようぎよう》しい名前で呼ばれる。具体的には、追いつめられている南欧諸国の1年から3年ものの国債を直接買い入れるという政策である。

ドラギ総裁は、7月26日に「ユーロを防衛するためにはいかなる手段でも取る」と宣言していた。それを具体化したのがこのＯＭＴだった。何とかスペインやイタリアの南欧諸国の国債利回りを熱冷ましで低下させ、国債の価格を下支えすることが狙いである。

次いで、９月12日には、ドイツの憲法裁判所が、ヨーロッパの資金難の国を支援するための箱である「欧州安定メカニズム」（ＥＳＭ《イーエスエム》）に、ドイツ政府が加わることに合憲の判断を下した。と同時に、この春に浮上した「ユーロ圏の銀行監督を一元化する」目的の「バンキング・ユニオン」（日本の金融庁のようなものの設立）の案が、欧州委員会（ヨーロッパの閣議だ）によって正式に発表された。このバンキング・ユニオンの実現は、ＥＳＭという「お救《たす》け箱」が各国政府を経由せずに、直接、民間銀行に資本注入できるために必要だった。

そして、その翌日（９月13日）に、バーナンキが突如ＱＥ３を発表した。ＦＯＭＣ《エフオウエムシー》（連邦公開市場委員会）の声明の中で、金融界が待望していた「ＱＥ３（量的緩和策第３弾）」の実施を発表したのである。バーナンキは去年９月には、別の緩和策である「オペレーション・ツイスト」の実施を行ない、「２０１３年半ばまでは低金利政策を維持し続ける」と発表していた。

今度のＱＥ３では、「この低金利政策を２０１５年半ばまで続ける」他、インフレが喰い止まっていることを条件に、「失業率が改善し続けるまで、無制限に住宅ローン担保証券（ＭＢＳ）を月額４００億ドルずつ買い入れる」とした。これは、事実上の無制限の金融介入である。メディアからは「ＱＥインフィニティ（無限）」と皮肉られ、叩かれている。

そして、さらにこの１週間後の９月19日には、日本の日銀が金融政策決定会合を開いて、５カ月ぶりの金融緩和を決定して、欧米に追随した。それまで70兆円だった「国債などを買い入れる基金」の上限を10兆円増額し、総額80兆円とした。その内訳は左の表にしたので参照してください。

日銀、追加緩和決定＝買い入れ基金10兆円増額

日銀は９月19日の金融政策決定会合で、追加金融緩和を全員一致で決めた。長期国債などを買い入れる基金の規模を現在の70兆円程度から10兆円増やし80兆円とした。日銀による追加緩和は４月27日以来約５カ月ぶり。海外経済減速や円高の長期化など景気の下振れリスクに備える。

日銀は声明で「海外経済は減速した状態がやや強まっている」と指摘し、これまで「緩《ゆる》やかに持ち直しつつある」とした景気判断について「持ち直しの動きは一服している。当面、景気

日銀の「資産の買い取り基金」の内訳。10兆円増やして80兆円の規模にした

長期国債 10年もの以上の長期の国債	34兆円
国庫短期証券 政府が発行する、償還期限3カ月の短期の国債。昔は「政府短期証券」と言った	14兆5000億円
CP《シーピー》等 大企業が資金調達のために発行する約束手形	2兆1000億円
社債等 これも大企業が自分で発行する債券。借金証書	2兆9000億円
ETF《イーティーエフ》 Exchange-Traded Fundの略。上場投資信託。株価指数や金価格などに連動する投資信託	1兆6000億円
J《ジェイ》 REIT《リート》 日本版REIT(Real Estate Investment Trust)。不動産投資信託のこと	1000億円
固定金利オペ 日銀が金融機関に政策金利(0.1%)と同じ低金利で、短期(3カ月)に貸し出す仕組みのこと	25兆円
総　額	80兆円

5兆円ずつ増やした

出所:日本銀行、ロイターの資料をもとに作成

日銀は、本当は○を付けた25兆円で、多くの株を買い支えているのだろう。これも金融緩和(ジャブジャブ・マネー)の一種か。

は横ばい圏内の動きにとどまる」と下方修正した。先行きのリスク要因として「世界経済をめぐる不確実性は引き続き大きい」との見方を示した。

増額した資産の内訳は、長期国債5兆円、国庫短期国債5兆円。基金の買い入れ期限は2013年6月末から同12月末まで半年間延長する。さらに、買い入れ入札《にゅうさつ》で予定額に応札が満たない「札割《ふだわ》れ」を回避するため、長期国債に設けていた入札下限金利（0・1％）を撤廃した。

（時事通信　2012年9月19日）

●「国債を買い入れてもジャブジャブにはしない」

これで欧米日の3者が、そろってジャブジャブ・マネーに舵を切った。これで来年の3月までは何とか景気を維持できる。

QE3の決定に対しては、ブラジルのギド・マンテガ財務大臣が、「FRBの追加緩和が、米国が抱える多くの問題を解決するとは思わない。一方で、新興国には多大な問題をもたらす」と、クギを刺している。

ブラジルのマンテガは大変優れた財政家で、ブラジルを大きく経済復興させた立役者である。ブラジル・レアル通貨は、マンテガの「政策金利下げ」政策（２０１１年8月31日、12・5％から12％へ。その後も段階的に利下げして現在は7・5％）で、投機家たちが逃げ去ったために一時暴落したが、ようやく持ち直した。ブラジルは着実に成長している。

ＥＣＢによる国債購入（ＯＭＴ、ドラギ大砲）とＦＲＢのＱＥ３の決定によって、政府資金が大放出されるので、「リスク回避の動きが後退」した。これで年末のクリスマス商戦に向かって景気の推し上げが欧米で進む。ヨーロッパ金融危機も「1ユーロ＝ちょうど１００円」で安定したまま続いてゆく。日本はジメッとした空気のまま、株も上がらず不景気のままだろう。

ドラギの「ＥＣＢによるボロクズ国債購入」に対しては、その後、ＥＣＢ理事会でドイツ連邦準備銀行（ブンデスバンク、ドイツの中央銀行）のイェンス・ヴァイトマン総裁が強硬に反対した。「ドイツは財政ファイナンス（資金援助のこと）をしない」と表明して、ボロクズ南欧国債の買い取り姿勢を後退させた。しかし、このドイツの意思を抑えつけて、ドラギは無制限の購入に踏み切った。

ＥＣＢの買い取りにドイツが強硬に反対したことに続いて、健全財政の〝北ヨーロッパ勢〟のフィンランドとオランダ、エストニアの中央銀行総裁も、買い取りに慎重な態度を見せた。

ドラギ総裁は、「国債を買ってもらう国々に対しては、厳格な財政構造改革を断行する義務を課す」ことと、買い取りに伴って供給する資金は「不胎化《ふたいか》する」ことを提唱することで、これらの国々の合意を取り付けた。このため、反対したのはドイツ連銀のヴァイトマン総裁だけになってしまった。ヴァイトマンは孤立して頑張っている。

「不胎化（スターリライゼーション　sterilization）する」というのは、国債の買い取りに伴って市場に放出した資金を、各中央銀行が「（国債の）売りオペレーション」をすることで、再度吸収して、過剰流動性（余剰の現金）が出回らないようにすることだ。インフレを恐れるからだ。中央銀行（ＥＣＢ）のバランスシートがこれ以上、不様《ぶざま》に実体取引なく拡大することを防ぐことでもある。

量的緩和策（ジャブジャブ・マネー）を拡大する際には、国債やその他の資産を市場から買い入れ（買いオペレーション）して、放出した資金をそのまま放置することで資金供給（「マネタリー・ベース」もしくは「ハイ・パワード・マネー」と言う）を増大させる。これを「非《ひ》不胎化《ふたいか》政策」（アンスターリライゼーション　un-sterilization）と言う。「妊娠（インフレ突入）するならしてもいいや」で、放置することである。国債買い入れのためにマネー供給を拡大することを「マネタイゼーション」monetizationと言う。これらは、すべてジャブジャブ・マネーの別名に過ぎない。

〝堅実経営〟を何よりとするドイツを筆頭に、インフレを懸念する国々の政治家と金融当局者は、この「マネタイゼーション」という言葉を聞くと、すごく嫌がる。だからドラギECBは、「国債は買い入れてもジャブジャブにはしませんから」と、ドイツなど反対する国々から渋々の同意を取り付けようとする。

●ECBの3つのルール変更

ECB（ヨーロッパ中央銀行）が国債買い入れを行なう場合に、焦点となるのは次の3点だ。

1つ目は「流通市場からの国債の購入であっても違法ではない」とした。これまでは、ECBが国債を市場から買うことはECB法で違法とされていた。国債を対象に「買いオペレーション」をすることで行なっていた日・米・英の中央銀行のような量的緩和策ができなかった。

そこでＥＣＢは、傘下のユーロ圏各国の国債の入札日が来るたびに、まず民間銀行に大量に応札させ買わせる。そして、その国債をＥＣＢに担保として差し出させることで、民間銀行に公定歩合という超安値で資金を無制限に大量に供給することにした。これで実質的に量的緩和策を急拡大させた。

こうすることで、国債市場に溢れだしてくるボロクズ債の〝供給（売り）圧力〟を吸収できた。また、資金繰り難に陥っている民間銀行の財務内容を支援した。この政策が奏功して欧州危機がいったん後退した。ところが、今年の5月以降、スペインの財政危機が高まり、新規の国債の入札日が到来する前に既発債《きはつさい》（中古品の国債）のほうが投げ売りされる事態になった。だからＥＣＢは、今回ついにＥＣＢ法を〝意図的に、強引に〟捻《ね》じ曲げる暴挙に出た。それが「国債の無制限買い取り」だ。

2つ目は、国債を買ってほしいと要請した加盟国のボロクズ国債の「適格担保条項」を撤廃した。中央銀行は、「物価の番人」と定義されている。自国の通貨の価値の信認の維持（すなわち通貨の信用）を何よりも大切としている。だから、民間銀行への融資、の担保として引き取る国債の格付けには、「一定水準以上の条件を満たすこと」が義務付けられてきた。この格付けの信用一定水準のことを「適格担保基準」という。

ところが、ＥＣＢは前述のように融資の際に引き受ける担保の基準を引き下げた。そして今回、ついにその条項そのものを廃止してしまった。そのため格付け機関《レイティングカンパニー》（ムーディーズとＳ＆Ｐ《スタンダードアンドプアーズ》）から「投資不適格」と評価されている格付けのボロクズ国債ですら、ＥＣＢは額面での満額評価で融資に応じる（Ｐ95の表を参照）。

例えば、デフォルトの一歩手前の「トリプルＣ（ＣＣＣ）」と格付けされているギリシャ国債ですら、３月上～中旬に「選択的《セレクティブ》デフォルト（ＳＤ）」なるものに分類された一時期を除いて、担保として引き取った。これでＥＣＢはすべての南欧諸国の国債の購入ができる。

３つ目は、「欧州安定メカニズム（ＥＳＭ《イーエスエム》）」がボロクズ国債の長期債を買い入れる。それに対し、ＥＣＢのほうは短期債（償還期間の短い国債。１～３年もの）を購入する、という役割分担を行なうことを決めた。

中央銀行としては、デフォルト・リスクが少しでも小さく、それゆえ暴落リスクが小さい短期国債を買うのは当然だ。

ＥＳＭという「お救《たす》け箱」のほうは、今後欧州の重債務国（火の車の国々）に対する恒久的な救済機関とされる。ユーロ圏加盟国（17カ国）が、それぞれの経済力に応じて出資することになっている。ところが、資金が集まらないでズレこんで、まだ創設できていない。それは、最大の出資国であるドイツがグズグズと出し渋って、憲法裁判所に提訴されていたため、資金拠出ができなかったからである。

●重債務国の国債が売り崩されたらどうなるのか

今後もドイツが強硬に反対することが予想される。

ＥＣＢは、今年の３月中旬にドイツが猛反対したので、「証券市場プログラム（ＳＭＰ《エスエムピー》）」という暫定の「お救け箱」で、ある程度の国債を買い取っていた。ただし、それらのボロクズ国債は、財政状態が健全な北部加盟国《ユーロ・ゾーン》の中央銀行に振り分けられて、分担して引き取らせており、当然のことながらドイツ連銀がかなりの国債を引き取っている。

そうした国債は不良債権（バッド・ローン、紙クズ）になることが目に見えている。だからドイツ連銀（中央銀行）が、いちばん強硬に反対しているのだ。

今回、いくらドイツの憲法裁判所がOKを出したとはいえ、中央銀行までがそうした「法律の勝手な解釈」をしていいのか、今後、大きな問題になる。おそらく、ECBの言い分としては、「きちんと、あとで不胎化しますので、ECB自体のバランスシートがブクブク膨らむことになりません。だから違法ではありません」と主張しているのだろう。しかし、説得力に欠ける。

今回の「ドラギ大砲」の決定を、欧州連合（EU）の〝政府〟である欧州委員会も支持した。だから、たとえドイツが欧州司法裁判所に提訴しても、ECB側に不利な判決が出ることはない。ただし、判決が出るまでは、ECBは流通市場から国債を買い入れることができなくなる。その間に危機がふたたびぶり返して、スペインやイタリアの国債が次々と売り崩されると、全面的な国債暴落が起きて致命的な事態になるだろう。水面下では、EU（欧州委員会）がドイツ側に提訴しないように説得している。

ECBが今回のOMT＝「ドラギ大砲」を発表したら、イタリア政府は「我が国は、まだ国債の買い取りをECBに頼むほど財政は深刻な事態にはなっていない」と無駄な虚勢を張った。その一方で、スペイン政府はクリストバル・モントロ財務相が「さっさとECBが買い取ってくれないと、スペインは崩壊する」と正直に発言した。ECBが買い取りを始めたら、すぐにでも要請する姿勢だ。

ところが、首相のマリアノ・ラホイは「その代わりにECBから我が国が、厳格な財政緊縮や労働市場改革（首切りの容易化）の実施を強《し》いられるのはゴメンだ。現政権が崩壊する」として、改革の受け入れに難色を示した。

ラホイ首相が恐れているのは、「構造改革の実施」でさらにスペイン経済が、どん底に落ち込むことだ。なぜなら財政構造改革の実施を義務付けられると、単に国のインフラ施設その他の公共事業が数多く停止されるだけでは済まない。年金生活者に対する年金の受け取り額が大幅に減額される。社会福祉も大胆に削られる。身体障害者や失業者への補助金《サブシディ》もかなりカットされてしまう。現にギリシャではそういう事態になっている。

そして公務員の人件費が大幅に削られるだろう。公務員の数自体も3割とか、かなりの削減を強いられる。労働者に対する最低賃金も大きく引き下げられる。すでに多くの国民の生活が困窮化しているのに、それに拍車をかけることになる。

スペインの景気はかなり落ち込んでいる。改革の実施を義務付けられると一段と落ち込んで、税収がさらに減ってしまう。どうせ2013年には一段と厳しい財政緊縮策を実施せざるを得ない。政情不安が強まって治安も著《いちじる》しく悪化して、いずれはファシズム政権

（ネオ・コーポラティズム）の成立にたどり着くだろう。

●「お救け箱」の中身も底を突きつつある

ＥＵとＥＣＢは、スペインのような重債務国に対して今以上の情けをかけることはしない。ドイツと北部加盟国は、ズルズルといつまでも続く支援金の継続とボロクズ国債の引き取りで、すでに巨大な協力を強いられている。それで国民の猛反発を受けている。ＥＵ、ＥＣＢとしてもこの動きを無視するわけにはいかない。

すでにＥＵやＩＭＦから巨額な支援を受けているギリシャでは、アントニオ・サマラス新政権が「総選挙での自分の公約を達成したいので、ＥＵから支援を受ける見返りに、義務付けられた財政構造改革の達成期限を2年延長してほしい」と求めた。しかし、今年の8月24日に、サマラス首相と会談したドイツのアンゲラ・メルケル首相は、その要求を拒絶した。翌日に会談したフランスのフランソワ・オランド新大統領もドイツと同じ態度をとった。

ドイツ国民はもはや、ギリシャとはまったく妥協する気がないようだ。これまでに巨額（おそらく10兆円ぐらい）の支援を続けてきたのに、まだその打ち切りの目途が立たないことに苛立《いらだ》っている。

ギリシャの他にアイルランドやポルトガルも厳格な財政構造改革の実施を求められた。支援のための融資金は一度に支払われることはなく、その国の国債の償還日の到来に合わせて小出しに分割して支払われている。その都度《つど》、国内改革（すなわち、再建計画。〝リスケ〟）の進捗状況が厳しくチェックされる。EUから出された〝宿題〟を着実にこなすことが確認されてから、ようやく小分けにした支援の融資金を渡すというやり方だ。

実際には、ギリシャは改革に向けた目標をほとんど達成できない。それでも、ギリシャが償還資金（お救《たす》け金）を手当てできず「無秩序なデフォルト」に陥ると、他の重債務国の国債市場に波及して深刻な打撃を受けかねない。だから、ユーロ圏財務相会合では渋々と次々に救援金が認められてきた。

この外部支援はEUだけでなく、国際通貨基金（IMF）も加わっている。だから、チェックするのはEUとECBに加え、IMFの3者から派遣される「トロイカ」による調査団（監視官たち《サーベイヤー》）が請け負っている。

スペインのラホイ政権は、四半期（3カ月）ごとにこのトロイカによる厳格な査定が行なわれるのを非常に嫌がっている。とくに、これにIMFが加わっていることをかなり警戒している。改革の進み具合を査定されたうえで、目標を達成できていないと判定されると、自国の財政主権《ファイナンス・ソブリーンティ》をEUとIMFに譲渡（明け渡し）させられてしまう。

このため、少し前までは、スペインは、できる限り早くESMとEFSFという「お救け箱」による国債の買い取りを求めていた。ところが、今ではアメリカから裏から何か耳打ちされたのか、ラホイ首相の政権側は「うちの国債を買ってくれ」を、要請したがらなくなった。

それは、今回のECB「ドラギ大砲」の国債購入の決定を受けて、どうせジャブジャブ・マネーが来ると分かったので、国際金融市場で楽観的な雰囲気が広がったからだ。スペイン国債の利回りが5・6％までかなり低下した（前述した。P131のグラフ参照）。それで危機感が後退したために、よけいに再建計画（〝リスケ〟）付きの買い取り要請には慎重な姿勢になっている。

それでも、ヨーロッパから財政不安や銀行危機が過ぎ去ったわけではない。いずれスペイン国債市況は、再び崩落しやすい状態に回帰していく。利回りがまたも危険水域の7％を超えて、さらに一段と上昇していけば、慌ててラホイ政権が国債の買い取りを申請するだろうことは容易に推測できる。

ヨーロッパが初めに作った「お救け箱」であるＥＦＳＦ《イーエフエスエフ》（欧州金融安定ファシリティ）には、もはや２４００億ユーロ（24兆円）しか残余枠がない。破綻したバンキア銀行をはじめスペインの銀行向けに、１０００億ユーロ（10兆円）が拠出されることがもう決まっている。

だからあと１４００億ユーロ（14兆円）しか残っていない。ポルトガルも第二次の支援が必要になる。ということは、ＥＣＢ自身が今後買い入れる国債も、いくら「無制限買い取り」と言ったって、そんなことできるもんか。打《う》ち出《で》の小槌《こづち》や、金《かね》のなる木は無いんだぞ、と言うべきだ。

●スペインとイタリアのデフォルトから世界恐慌が「ぶり返す」

今後、スペインの不動産バブル崩壊が進むにつれて、国際業務を積極的に展開している第1位のサンタンデール（その花形が子会社の「アビー・インターナショナル」という世界最大のネット銀行）や、第2位のビルバオ・ヴィスカヤ・アルヘンタリア（ＢＢＶＡ《ヴェヴェヴァ》）にも波及していく。

破綻した国内第4位のバンキア（バンキアはＰ１３９で述べた地方の貯蓄銀行の「カハ」

の集合体である）に続くのはどこか。同じスペイン語圏で歴史的に大きなつながりのある中南米諸国に連鎖してゆく、と言われる。しかし、私は中南米カリブ海諸国（ラテン・アメリカ）は、もう「古くさいヨーロッパ（オールド・ヨーロッパ）」に引きずられることはないだろうと思う。ブラジルとベネズエラを中心に、資源大国である強味を生かして、貧乏大国のまま、成長経済（年率6％ぐらい）をまっしぐら、という感じだ。成長が止まった米欧日と、成長途中国では、国民の感覚や気風がまったく違うのだ。真実は、そこに行って見なければ分からない、ということだ。

危機の焦点であるスペインとイタリアの2015年末までの国債償還額は、8000億ユーロ（80兆円）に達する、と見込まれている。ESM《イーエスエム》（ヨーロッパ安定メカニズム）が当初予定していた上限の5000億ユーロ（50兆円）の出資金を集めきったとしても、償還額はそれを優に上回っている。

スペインがデフォルトに陥れば、この国の国債発行残高は約7000億ユーロ（70兆円）あるらしいから、その打撃はすぐに広がる。そのあとをイタリアが追うのも既定路線だと言っていい。イタリアの国債発行残高は、約1兆6000億ユーロ（160兆円）だ。これはアメリカ、日本に次ぐ世界で第3位の規模を誇る。世界経済に破局的な事態をもたらしかねない。

イタリアの3大銀行が破綻することで、ドイツと並ぶユーロ圏の中心国であるフランスにも危機が波及していく。ある機関の試算では、南欧の重債務国をすべて救済するには2兆ユーロ（200兆円）を超す規模の支援金が必要だそうだ。ドイツの態度が姿勢を最大限、軟化したとしても、とても救けきれない。

スペインやイタリアの国債が「無秩序なデフォルト」になって、一気に無価値（紙キレ）となったり、ギリシャ国債を対象に行なわれたような「部分的（75％とかの）な債権カット」を強いられれば、その国債を保有している世界中の銀行の財務内容を直撃して経営危機に見舞われるところが続出する。

スペイン、イタリアの国債がデフォルトになれば、そのリスクの保険商品であるクレジット・デフォルト・スワップ（CDS）契約が執行される（P105参照）。その取引を引き受けている（すなわち、「CDSを売った」）金融機関に支払い義務が生じる。

ヨーロッパ諸国の国債CDS（倒産保険）の引受残高は、ドイツ銀行やコメルツ銀行、それからいくつかのドイツ州立銀行などのドイツ勢が多いそうである。JPモルガン・チエースとゴールドマン・サックスを筆頭に米国勢もかなり引き受けている。意外なことにシティグループは、これにはあまり手を出していない。だから、**ヨーロッパが恐慌状態に陥ればアメリカに必ず波及していく。その時が世界恐慌突入である。**

●バーナンキの背後には誰がいるのか

大西洋を挟んだアメリカが、〝バーナンキ・サプライズ〟でＱＥ３に踏み切ったことから、リスク資産高（すなわち株高）と対ユーロでのドル安が進んだ。

バーナンキ議長は会見で「労働市場の先行き（すなわち失業率のこと）に十分な改善が見られるまで適切な手段を取り続ける」と言い切った。ところが、いくらジャブジャブと資金供給（金融政策、金融緩和）を増大させても、実体経済である労働市場に好影響が及ぶことはないのだ。失業率の改善には財政政策（財政出動）が必要なのだ。この発言でＱＥ３の期限をエンドレスだと宣言した。このバーナンキ発言を捉《とら》えて、金融業界は「ＱＥ３（スリー）ではなく、ＱＥ無限大《インフィニティ》だ」との声が上がったことはすでに述べた。

それでもウォール街と、ワシントンの財務省、ＦＲＢを主力戦艦とするアメリカの権力者たちは、基軸通貨《キー・カレンシー》であるドルの信用（信認）に自信を深めている。抱え込んでしまっている隠れ借金（累積財政赤字の50兆ドルと民間の金融バクチの損の50兆ドル）は、会計帳簿をいじくることで帳消しにできるとまで楽観的になっている。天をも恐れぬ不埒《ふらち》な輩《やから》である。

バーナンキ議長は、長年の後ろ盾であるポール・ボルカー元経済財政諮問会議議長（元FRB議長、85歳）と、バラク・オバマ政権で主導権を握っている米外交問題評議会（CFR《シーエフアール》）の経済・金融部門であるピーターソン国際経済研究所（PIIE）のフレッド・バーグステン所長が、QE3の実施にずっと反対していたのに、この2人の意思を裏切った。バーナンキの背後に誰がいるのか。それを私は捜索中である。

9月13日までは、アメリカだけが量的緩和策（ジャブジャブ）をもう実施しないことで、「財政の崖（フィスカル・クリフ）」を何とか議会工作で乗り切って、財政緊縮策（デフレ対策）の痩《や》せ我慢で「ドル高政策」を推進し、世界中で信用収縮（ジャブジャブ無し）を強めようとしていた。これでヨーロッパを日干《ひぼ》しにして〝殺しに行く〟のと並行して、新興諸国（BRICS）にもお金《かね》が回らないことで打撃を与える、それでアメリカ一極支配体制を続けることができる、とつい最近まで考えていた。

米FRBがQE3金融緩和すると、新興諸国に余剰資金（投機の資金）が流れ出して、彼らを助けてしまう構造になっている。これで石油も金《きん》もその他の鉱物資源《コモディティ》も値上がりしてしまう。

最近、欧米の金融メディアの間で、あるエピソードが話題になった。ブッシュ政権からオバマ政権までずっと、連邦預金保険公社（FDIC《エフディアイシー》）という政府の「お救け箱」を手堅く運転してきたシェイラ・ベアー前総裁が、自分の回顧録で次のように漏らした。

「ティモシー・ガイトナー財務長官に対して、シティグループCEOのヴィクラム・パンディット（は、不正経理をやっているので）を解任するように私は申し入れた。この時、私はガイトナーから大きな反発を受けた」と暴露したのだ。〝デビル〟・ガイトナーも、もうすぐ財務長官を退任する。だから、こういう話も表面化する。

ここで重要なのは、シティのCEOであるパンディットをシティの経営トップに推薦したのは、ロバート・ルービン元財務長官だったということだ。ガイトナーは、ルービンに育てられ世話になっている。

パンディットもまた、2008年の金融危機の責任をとって退任したルービンの傀儡《かいらい》、子分だったのである。ルービンの背後にいるのは、当然〝世界皇帝〟デイヴィッド・ロックフェラー（97歳）である。この話からも、米金融当局はシティグループ（シティバンク）

には気を遣って神経質になるということだ。シティグループは皇帝デイヴィッド・ロックフェラーの個人財産のようなものである。シティグループに関係する不祥事やスキャンダルを、アメリカの金融当局はひどく恐れていることがよく分かる。シティには手を触れられないのである。

●2015年の「空中分解」

バーナンキがQE3のジャブジャブ・マネーに舵を切った理由は何か？　さらに次の2つの要因がある。1つは、2011年11月30日に、日と米と欧の6つの中央銀行が「ドル・スワップ協定」の強化で合意したことだ。この日、NYダウが前日比で490ドル高と急伸した。

この「ドル・スワップ協定」でドル資金の供給を6つの中央銀行が助け合うことで、ユーロ不安でドル資金不足に陥っているヨーロッパの銀行に、FRBがECBを介して潤沢に供給できるようになった。

世界中の信用創造は、基軸通貨《キー・カレンシー》（今のところは）であるドルを介して行なわれている。一時期、その対抗馬としてユーロが台頭しつつあった。しかし、ヨーロッパ危機で、その地位が凋落《ちょうらく》した。だから、今もまだ国際通貨は米ドルだけである。ブラジル、ロシア、インド、中国、南アの5新興国連合の「BRICS」が団結して米国の覇権を脅かすのはもう少し先である。これらの国々も成長基盤は米ドルの信用に依拠している。

ヨーロッパ危機がさらに深刻化して恐慌状態になったら、アメリカに必ず波及する。アメリカの大銀行たちの別働隊である米ヘッジファンドを、ヨーロッパで暴れさせることで、アメリカは欧州で信用収縮（クレジット・クランチ）を起こさせて、世界中の資金を米国に還流させることに成功した。新興諸国にも信用収縮（ドル不足）で打撃を与えた。この政策をアメリカは急に転換した。

バーナンキがQE3に動いたことで「リスク資産《アセット》」が上昇した。最近の流行語を使えば、「リスク・オン」になった。簡単に言えば、株式や債券を買い進む投機家（投資家）が増えるということだ。〝買い安心感〟が広がっているからだ。

しかし、このあとドーンと暴落がやってくる。ヨーロッパ危機が再発して世界的な危機的状況に発展し、アメリカに波及していくのはもはや間違いない。その時までは比較相対的《コンパラティブリー》にアメリカ優位の状況が続く。

ただし、2015年頃を目途にそれが臨界点に達した時、いわば空中分解の形で、行き詰まった米ドル基軸通貨体制が自壊を始める。アメリカ中心の世界体制（ドル覇権）も終わりに向けて動き出す。アメリカは今回、世界経済・金融のコントロールに自信を深めたことで、かえって天罰を受けて滑り落ちてゆくのである。私はこのように予言する。

２０１２年末には、「財政の崖（フィスカル・クリフ）」の問題が待ち構えている。初めのP32で書いたとおりだ。

バラク・オバマ政権が景気対策の一環として成立させた①「サラリーマン層向け給与減税」と、前ジョージ・ブッシュ政権が富裕層向けに実施した②「ブッシュ減税」の両方が期限切れを迎える。景気が失速するのを防ぐには、この「2つの減税」の延長を決める必要がある。アメリカ議会では共和党との対立が強まり、簡単には「国債発行限度の２兆ドルの増枠」の法律は通らないだろう。

さらに、年明けの２０１３年1月からは、歳出削減（赤字減らし）の議会審議が始まる。２０１１年8月に成立した予算管理法に従い、「向こう10年間で、総額1兆２０００億ドル（１００兆円）の強制的な歳出削減（そのうち半分の６０００億ドル［50兆円］は防衛費の減額）」の折衝が始まる。

アメリカ政府は、だから1年間に120億ドル（ちょうど10兆円）ずつ予算を削らなければ済まないのだ。したがって2013年からは、財政面《フィスカル》で相当なデフレ圧力が強まるのが避けられない。

アメリカ経済に具体的にどの程度のデフレ圧力がかかるかを、列記してみよう。

米議会予算局（CBO《シービーオウ》）は、②のブッシュ減税の打ち切りで最大2000億ドル、①の給与減税の終了の分で約1000億ドルの実質増税となる、としている。これに加えて、予算管理法による強制歳出カットで、約1100億ドルの歳出が削減される。このため来年には最大で4100億ドル（33兆円）ものデフレ効果が生じる。

これはアメリカの国内総生産（GDP）比で、2・7％に相当する。だから、CBOは**「2013年前半には米経済は景気後退（リセッション）に陥る」**と正直に予想を公表している。「リセッション」という表現で済めばいいが。本当はデプレッション（恐慌）突入であろう。

ただし、この数字にしても、資産（株式や住宅）の下落で、民間部門の金融機関が被《こうむ》るであろう打撃はまったく計算に入れていない。単に財政面からのデフレ圧力に限定して試算したものなのだ。

あとがき

私がこの本を書き上げた日に、東京でＩＭＦ・世界銀行の総会が開かれた。首脳たちが集まって何を秘かに決めたのか、はまだ分からない。彼らが深刻にヨーロッパ金融危機の救済策を練り続けていることは確かだ。日本はまた、お救《たす》け金を毟《むし》り取られる（早速、10月12日に日本政府は６００億ドル、約５兆円をＩＭＦに拠出することを約束した）。日本と中国の、尖閣諸島の領有権（主権。すなわち所有権がどちらにあるか）をめぐる争いなど、世界からはまったく相手にされていない。

しかし中国の周小川《しゅうしょうせん》中国人民銀行総裁が出席を取りやめたのは、日本の尖閣問題の対応に対する中国の抗議の意思表示だ、と外国では報道された。日本国内はシラーとして何の報道もしない。

私が唯一注目しているのは、ブラジルのギド・マンテガ財務相の発言である。マンテガは、私の人物評価では天才級の財政家（financier　フィナンシア）である。彼は要約、次のように発言している（10月11日）。

①　米バーナンキのQE3は金融政策だけであって、財政政策（財政出動）がない。

②　景気回復のためには、減税と投資拡大のための財政出動をすべきだ。

③「通貨戦争《カレンシー・ウオー》」すなわち、自国の通貨安《やす》を目的に為替介入する国が増えている。通貨安で貿易を伸ばそうとする。これは保護貿易（すなわち、自分だけ得をすればいい）の考えだ。

④　日銀の追加緩和策（10兆円）は、QE3の影響で、円高（ドル安）になるのを防ぐための日本の対抗策だ。

⑤　為替市場の調整は、G7よりもG20の場がよく機能する。

マンテガは、こう発言している。日本国内にいて、ウソの金融・経済情報ばかり聞かされ、読まされていると、私たちは世界が見えなくなる。中国は急速に景気減速している、とか、ブラジルはレアル安で資金が外国に逃げて財政破綻しそうだ、とか、インド・ルピーはやや戻したが景気は回復していない、とか。全部ウソだ。現地に行ってきた人々の話では、すべて逆だ。ブラジル経済は絶好調で、国民の熱気があって元気いっぱいだそうだ。

経済が急速に拡大し成長している新興諸国は明るい。それに対して、米、欧、日は金融危機とデフレ経済（大不況）で国内は沈鬱《ちんうつ》である。成長経済のない国では、すべてのものの考え方が後ろ向きで逆回転《リワインド》していて、暗い。

日本の景気（経済）を、回復させようと思えば実はできるのだ。それは国民の団結とやる気だ。それは「もうアメリカには頼らない。自分自身の足で立つ」と、国民が腹の底から決断した時である。私はその日が来るまで、じっと我慢して待つ気である。

この本も、恒例で祥伝社編集部の岡部康彦氏と作った。作り始めたのが、9月15日の中国での反日デモの日であった。ちょうど1カ月で書き上げた。記して感謝します。

２０１２年10月

副島隆彦

ホームページ「副島隆彦の学問道場」 http://www.snsi.jp/

ここで私、副島隆彦は、前途のある、優秀だが貧しい若者たちを育てています。

会員になってご支援ください。

【巻末付録】

副島隆彦が推奨する「鉱物・エネルギー株」34銘柄

時代が少しキナ臭くなってきた。世界の各地でこれからも軍事衝突が起きる。もちろん私たちの東アジアも例外ではない。

こうしたキナ臭い時代に強い銘柄は何か。やはり「鉱物資源」、「エネルギー」の関連銘柄である。「進軍ラッパは買い」と昔から言った。金《きん》、銅、鉄、レアメタルなどの鉱物資源を、採掘・精製・加工・販売している大企業と、石油やＬＮＧ（Liquefied《リキファイド》 Natural《ナチユラル》 Gas《ガス》 液化天然ガス）のエネルギーを開発・精製・販売する大企業だ。

鉱山会社と、非鉄金属会社、資源開発会社、大商社を横断的に網羅した。とくにＬＮＧに関連する銘柄を15個選んだ。値動きの激しい中東の石油から、北米産のシェール・ガス（天然ガス）に、日本のエネルギー政策が転換しているからだ。

私は、シェール（頁岩《けつがん》）天然ガスは、原油の重質油《じゅうしつゆ》と同じく、取り出しと精製に副作用が生じるから危険であり、高度の技術を必要とすると考えている。だが、シェール・ガスのＬＮＧでの輸入を日本政府が当面の国家エネルギー政策と決めた以上、すべての大企業がこれに従う。

ＬＮＧ天然ガスは運搬賃（輸送料）がパイプラインの2倍になる。それでも価格は原油よりは安価である。原油の価格は政治で動かされていて、ひどく高値のままだ。日本全国の原発も、どうせ必要に応じて再稼働するだろう。

本当はロシア樺太《からふと》の「サハリン２」の天然ガスを、日本までパイプラインを引いて買うべきなのだ。ところが「北方四島の一括返還」を、日本政府が強硬に主張するようにアメリカが強要・画策している。だからロシアとの外交交渉がうまくいかない。だから「サハリン２」の安価な天然ガスを日本は買えない。そのように大きく仕組まれているのである。このことの日本国内での議論は、厳しく禁句（タブー）となっている。

国家のエネルギー政策は軍事衝突よりも先に動く。だから、これらの「鉱物・エネルギー株」は、これからの時代に強いだろう。

副島隆彦

〈銘柄一覧の見方〉
① 企業名の横に付した4ケタの数字は「証券コード」。
②「現在の値段」は２０１２年10月15日現在のもの。
③ 株価チャートは東京証券取引所他の時系列データ（終値）から作成した。

※投資はあくまでも自己責任で行なってください。あとで私、副島隆彦にぐちゃぐちゃと言わないように。

1 大同特殊鋼 5471　現在の株価 332円

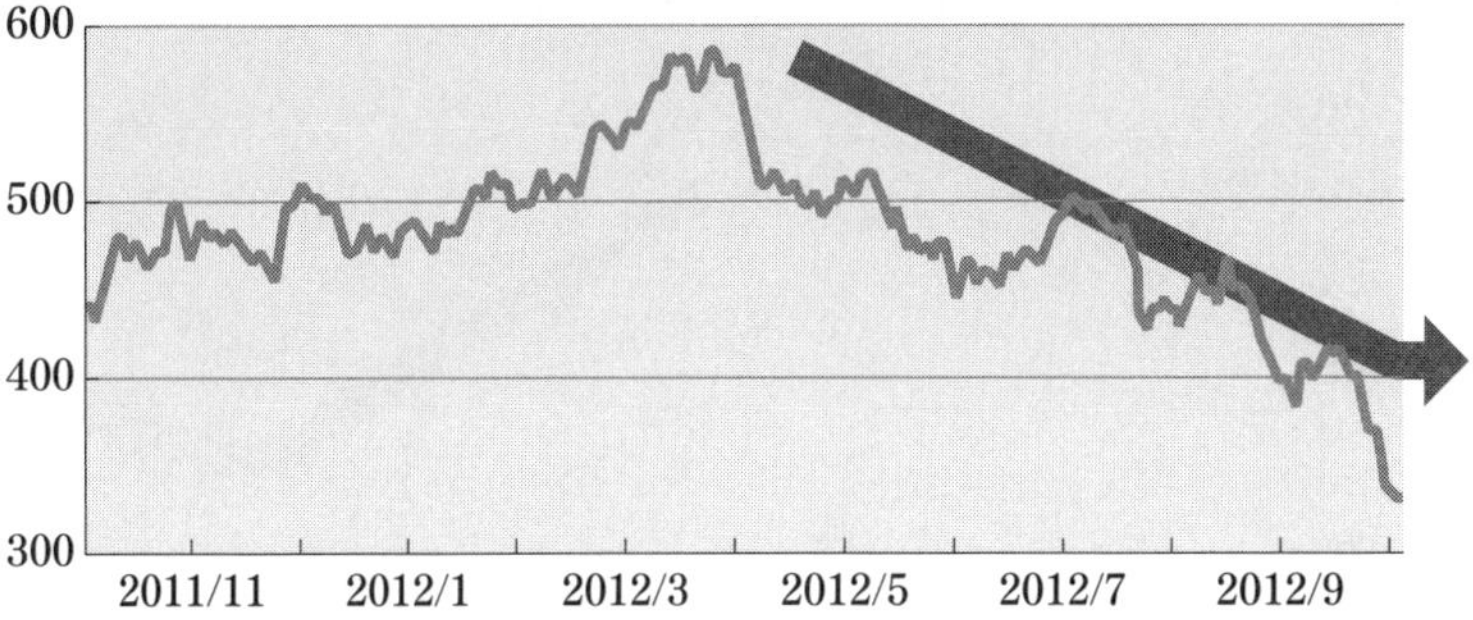

世界最大級の特殊鋼の専業メーカー。低級の特殊鋼に特化しており、数々の製品で世界トップシェアを持つ。日産、ホンダを軸に自動車向けが主力。エコカー市場の拡大をにらみ、江蘇省蘇州などの磁石生産拠点を増強中。航空機ジェットエンジンシャフトなど自由鍛造品も拡販中である。愛知県の知多工場は溶鋼炉の大型化で10%の省エネを達成した。

2 DOWAホールディングス 5714　現在の株価 543円

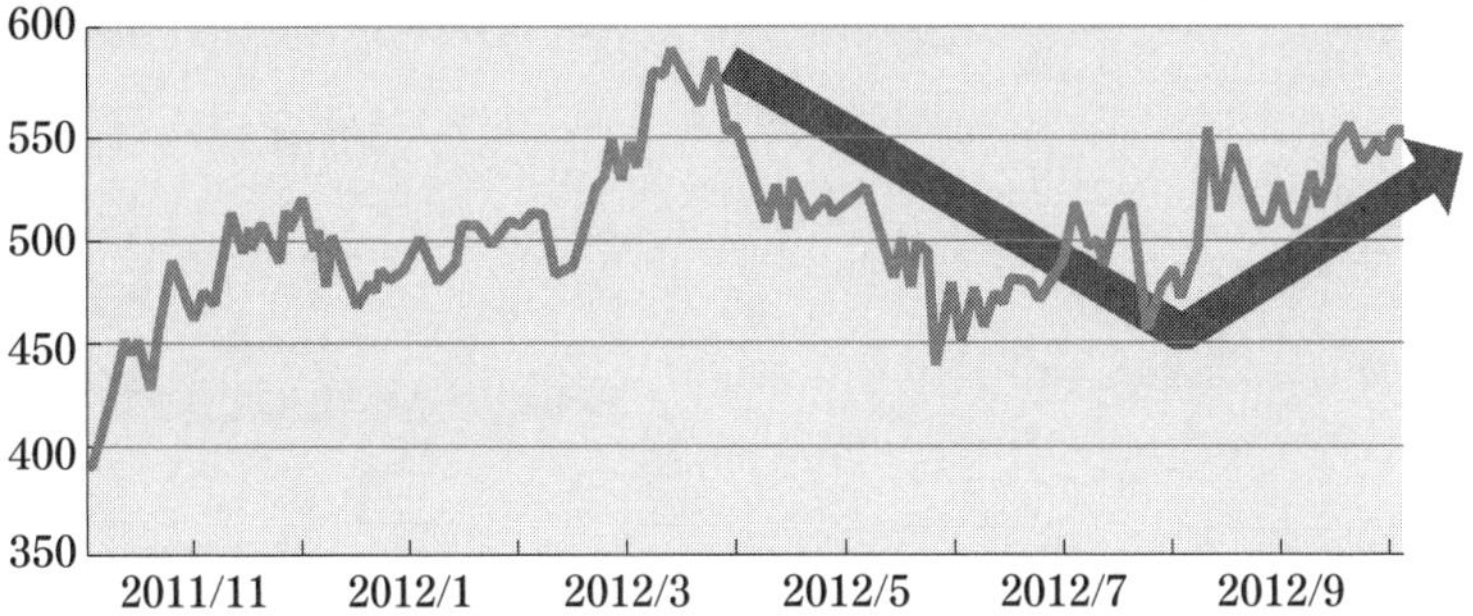

“同和山”の愛称で知られる非鉄金属製品製造の大手。創業1869年の老舗。もともと非鉄製錬が主力だったが、現在では環境・リサイクル事業のほか、電子材料部門など5つの事業を展開。2012年7月、タイに亜鉛加工品の製造・販売を行なう現地法人を設立した。亜鉛合金・調合亜鉛などの亜鉛加工品は、自動車用のめっき鋼板や部品、建材などに使用される。今後東南アジア地域における需要拡大が見込まれている。

3 新日鐵住金 5401　現在の株価 170円

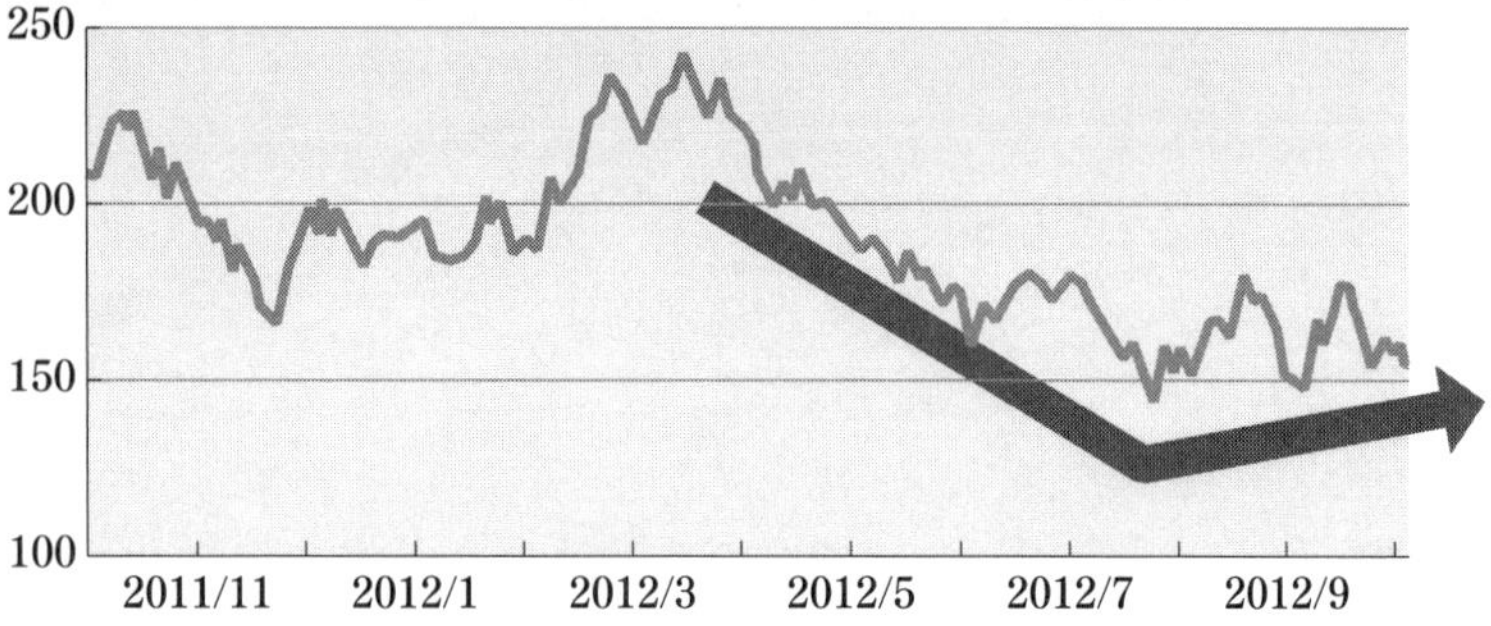

粗鋼生産トップの新日鐵と、3位の住友金属が合併して2012年10月に誕生した。この合併を機に、山口県光市でレアメタルのクロムやニッケルを回収する最新設備が稼働を開始した。これで副産物に含まれるレアメタルをほぼ全量回収できる。内需が振るわない環境の中で、合併とコスト削減により体力増強を目指す。10月以前のチャートは新日鐵のもの。

4 三菱マテリアル 5711　現在の株価 225円

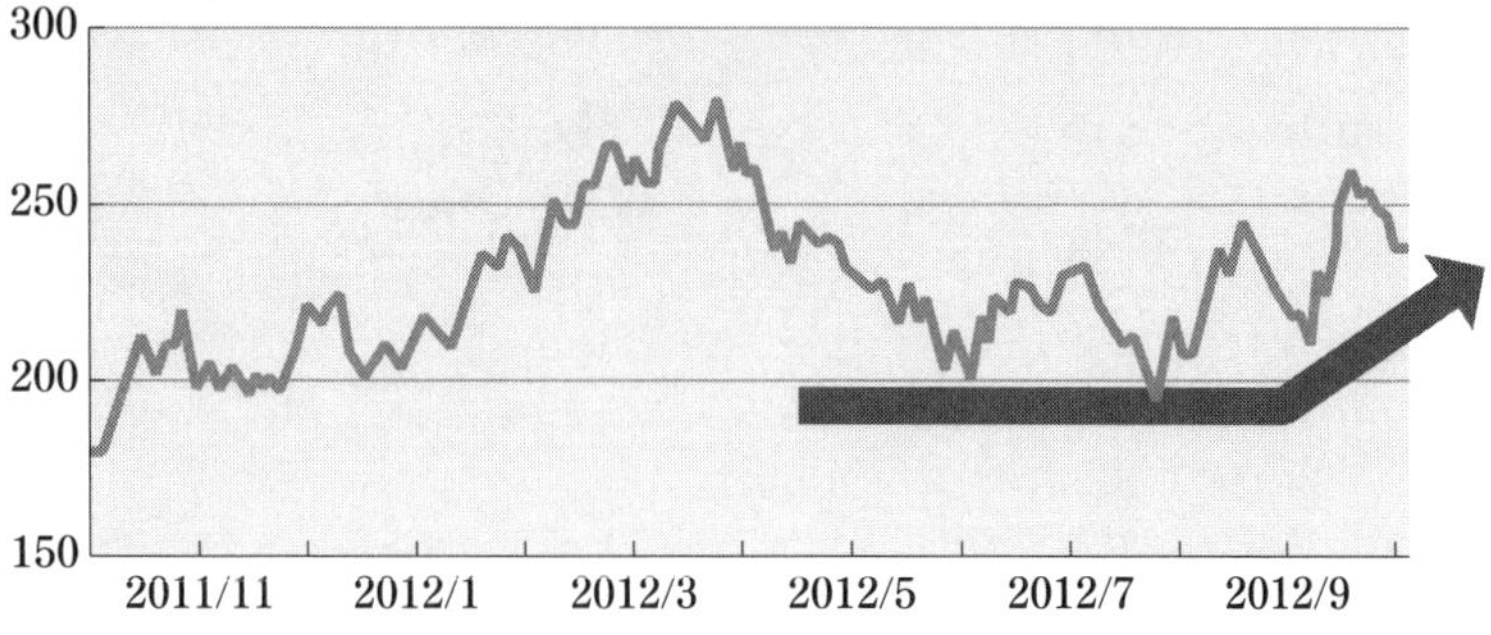

“三菱金属”である。セメント、銅、加工、電子材料4つの事業を中核とする。伸銅品（銅と銅合金を加工した製品）で国内首位。今は自動車、IT、リサイクルに力を入れている。家電のリサイクルでは国内シェアの20%を握る最大手だ。エアコンなどのレアアース磁石回収も手掛ける。2015年に、ホンダと組んで、廃車となったハイブリッドカーのモーターからレアアース磁石を回収する事業を始める計画である。

5 日本海洋掘削 1606 現在の株価 2,289円

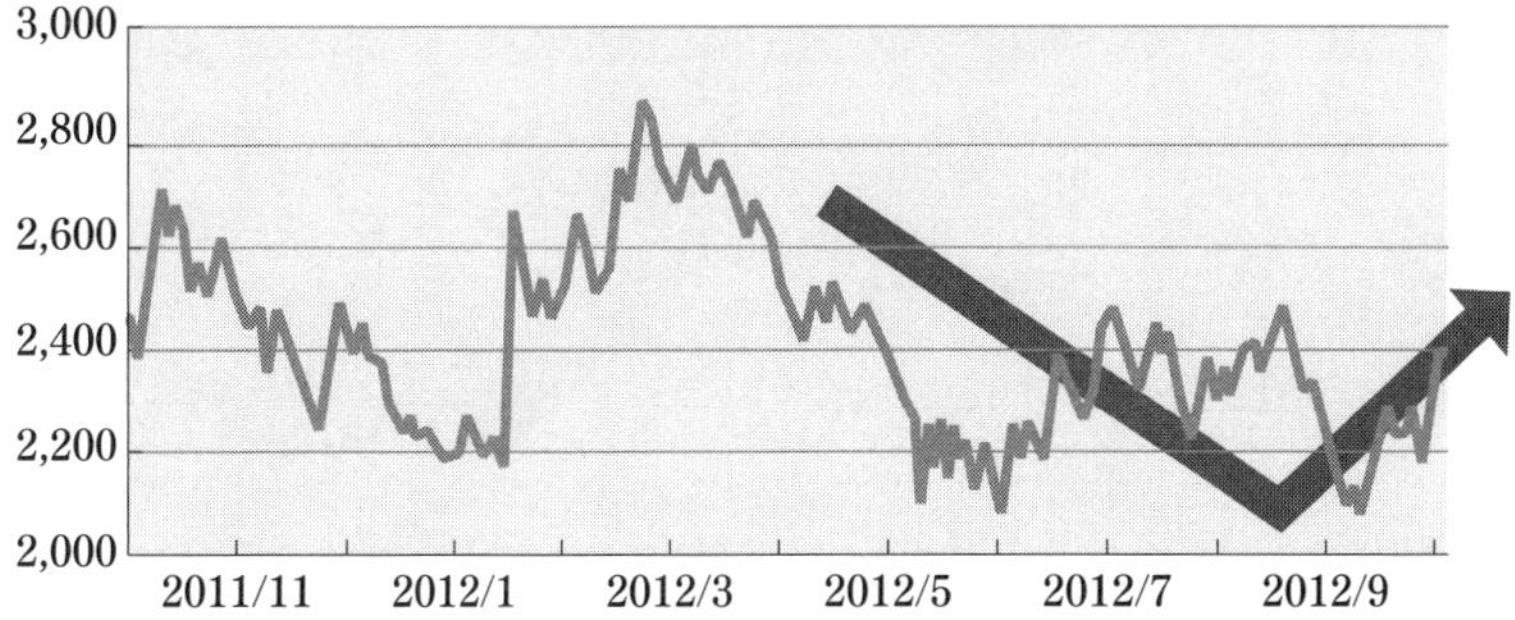

1968年創業の海洋掘削の専業企業。原油・天然ガス田の試掘や生産井の掘削を受託する。東南アジア、中東等で掘削リグ（資源を掘削するための洋上に設置される建造物）を操業している。「石油資源開発」との間で、ドリルシップ型リグ「ちきゅう」を使用する掘削工事契約を締結した。これは太平洋東部の南海トラフを操業海域とするもので、作業開始時期は2013年を予定している。

6 三菱重工業 7011 現在の株価 351円

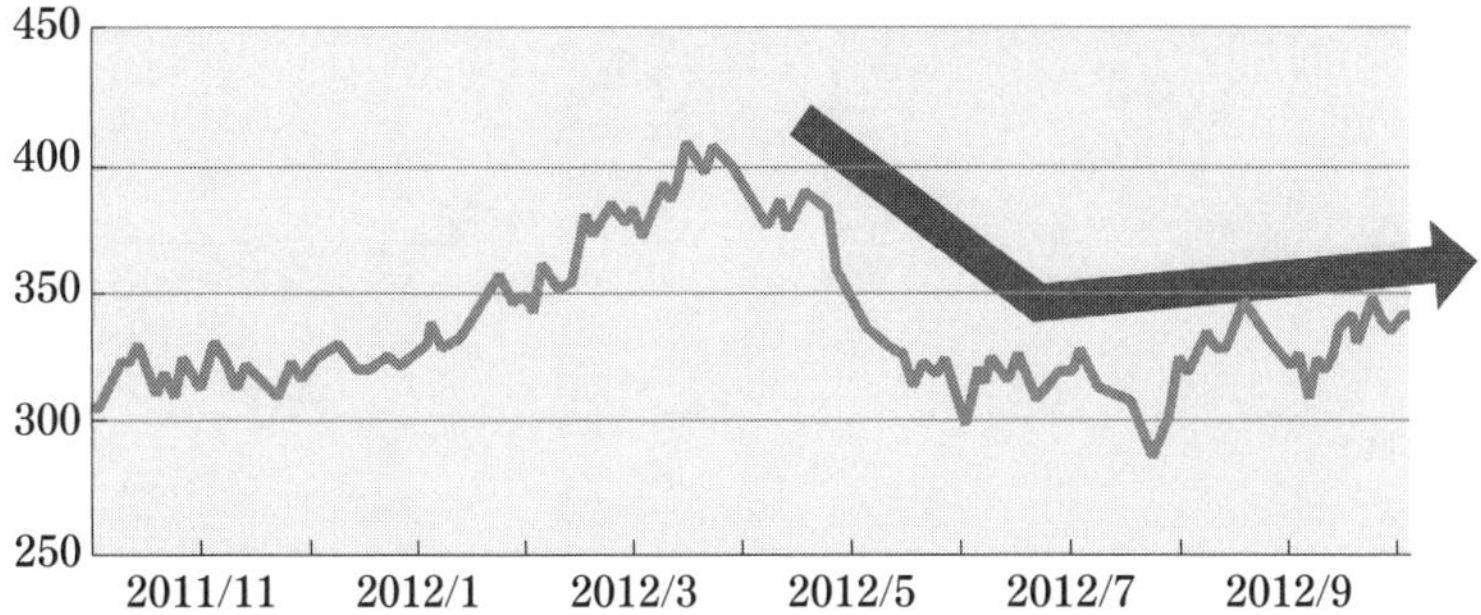

総合重機の最大手。発電所用の大型ガスタービンが伸びる。航空宇宙・防衛・産業機械等の分野で他を圧倒する。ガスタービンはGE等に次ぐ世界3位のシェア。アジア、北米で得意の高効率型を売り込む。世界で初めて石炭火力発電所の排ガスからCO_2を回収・貯留する一貫実証試験を、米サザンカンパニーと共同でスタートさせた。

7 信越化学工業 4063 現在の株価 4,480円

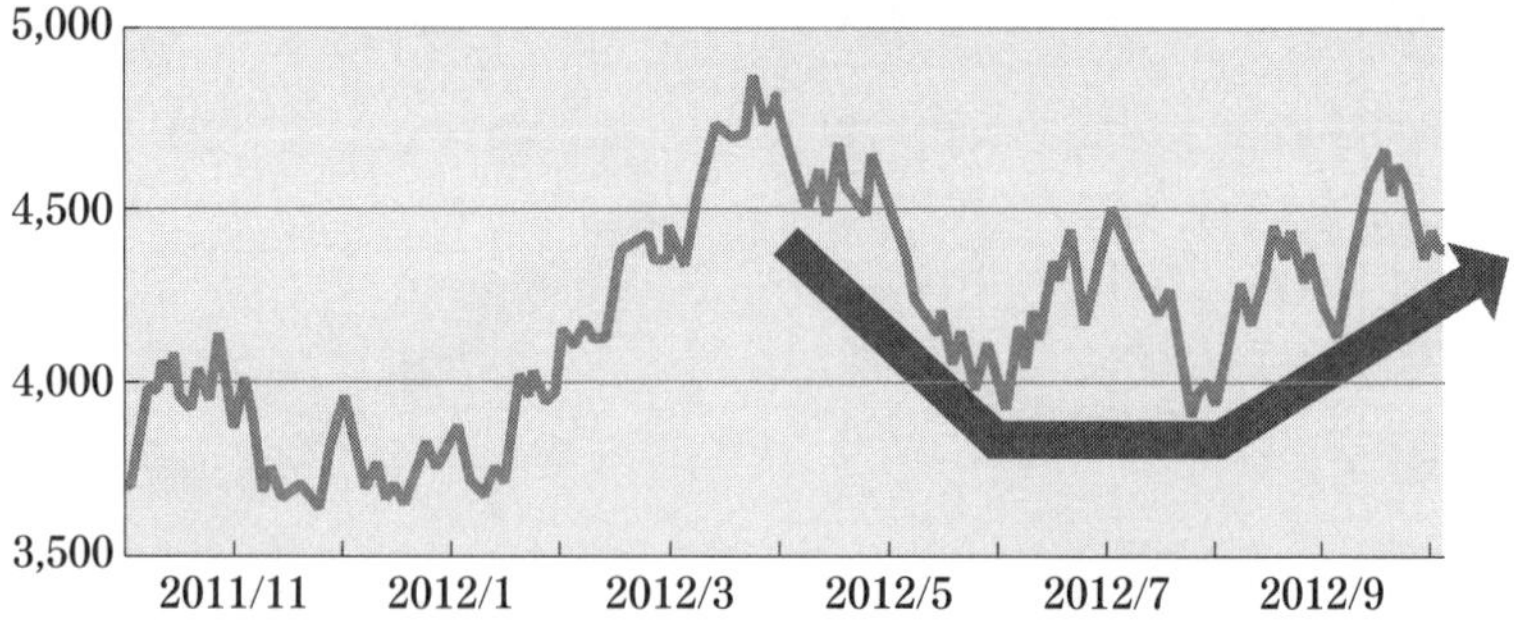

1926年創業の化学メーカーの老舗。塩化ビニル樹脂、シリコン樹脂、半導体シリコン、希土類磁石などを主力商品とする。2011年、グループ会社シンテックが、米ルイジアナ州で塩ビ樹脂の原料からの一貫生産工場の増設を完了した。半導体シリコンウエハーも世界シェア首位。ケイ素樹脂のシェアも高い。またシェール・ガス開発に合わせたエチレン系化学品への大型投資をもくろむ。

8 JXホールディングス 5020 現在の株価 451円

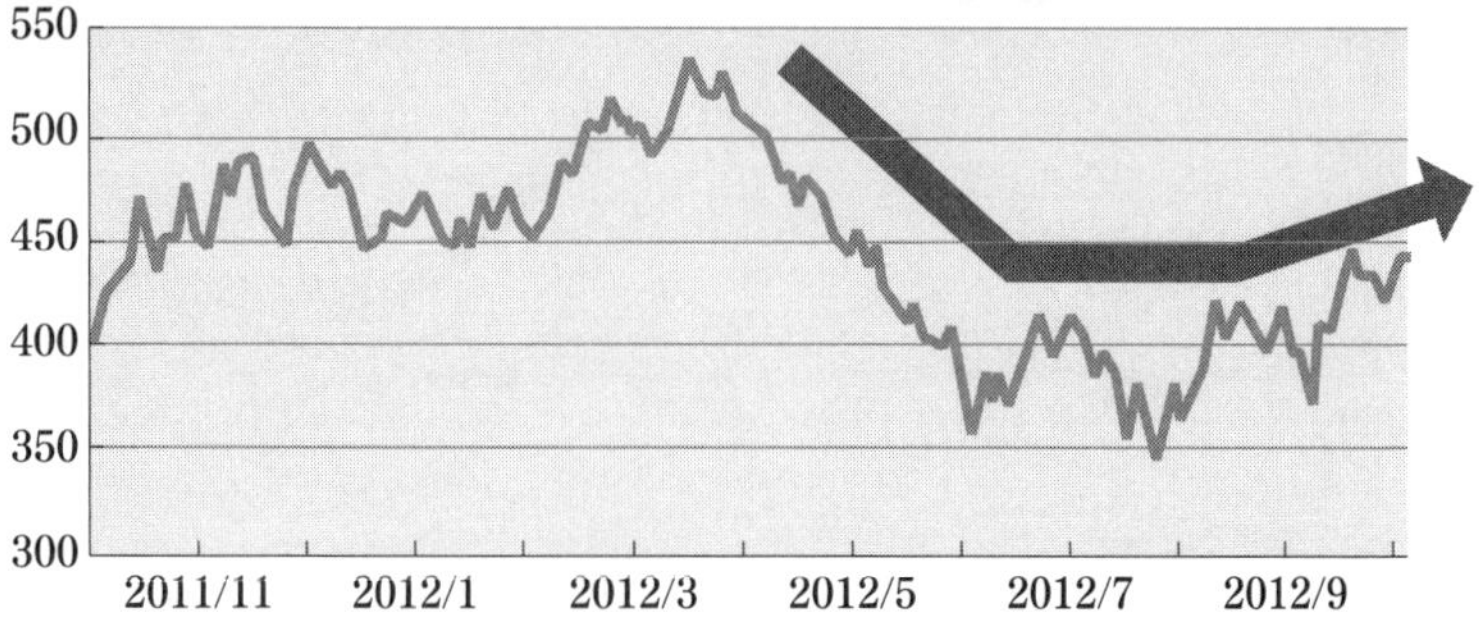

2010年に、かつての新日本石油と"山日鉱"の統合持株会社として設立。配下に石油精製販売事業、石油開発事業、金属事業の３事業をそれぞれ手掛ける3社を持つ形にした。国内燃料販売シェアは34%とトップ。パラキシレンの年間生産能力はアジアでは首位、電気銅の生産能力では世界第2位となった。

9 三井海洋開発 6269　現在の株価 1,588円

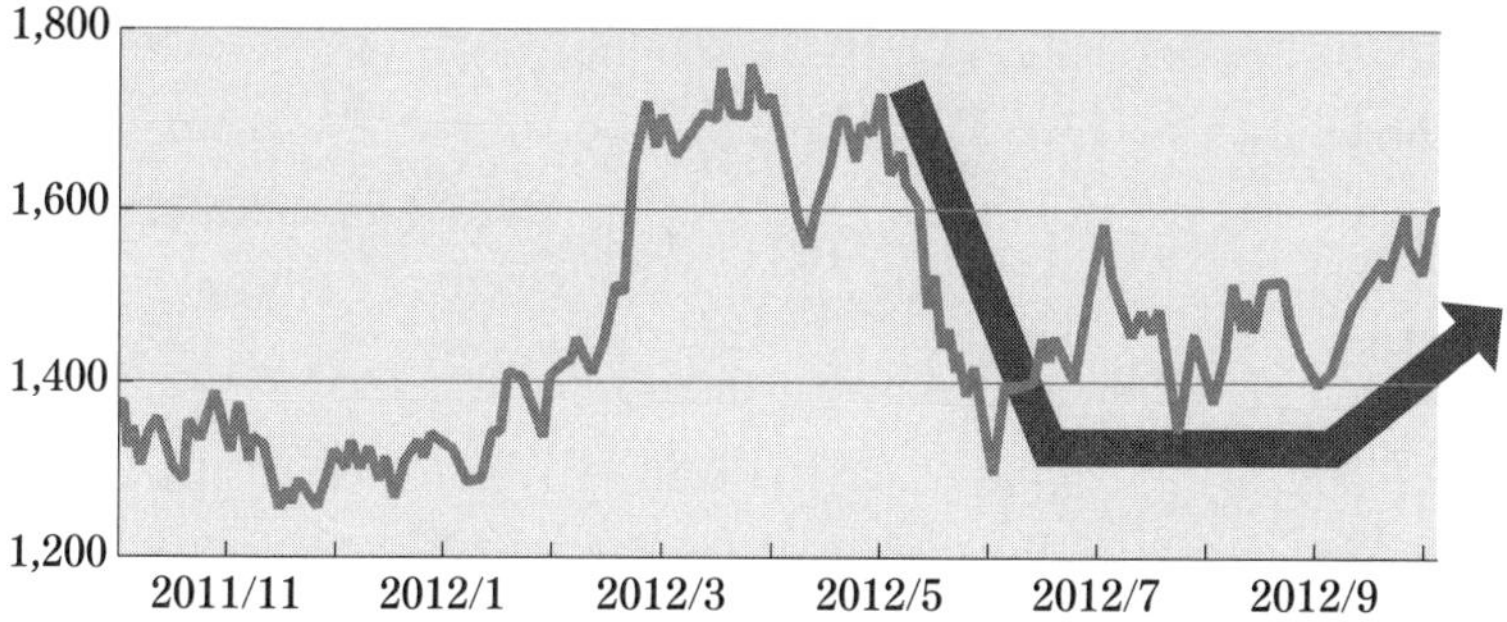

1968年設立。FPSO（タンカー型の原油生産貯蔵設備）建造の受託業務を行なっている。建造は外部委託だが、建造後に合弁会社を通じてリースを行なう。FPSO業界において世界第2位のシェアとなった。マレーシア国営石油会社から浮体構造の洋上天然ガス液化・貯蔵・積み出し設備の基本設計業務を受注した。

10 IHI 7013　現在の株価 179円

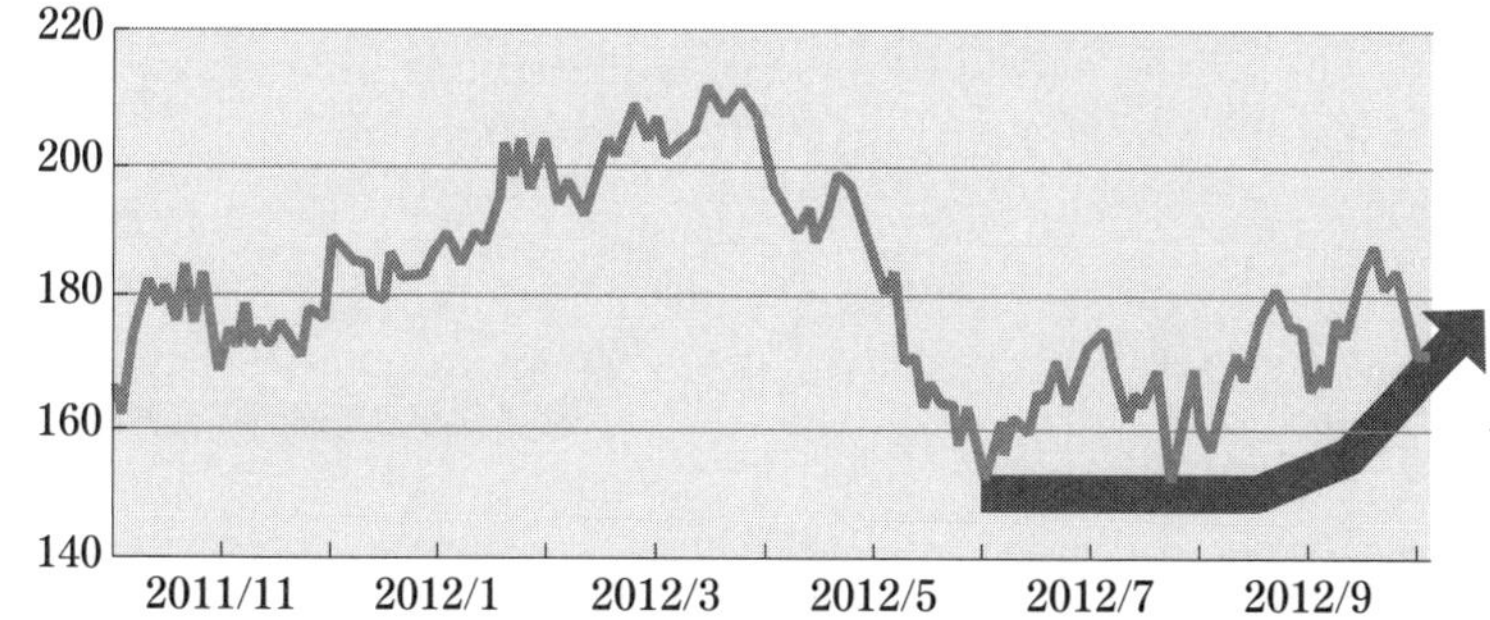

低迷からようやく脱出か。総合重機大手。旧社名の石川島播磨重工業を、2007年に従来の略称IHIに社名変更した。航空エンジン、大型ボイラー、LNG（液化天然ガス）タンク等に強い。国内タンクメーカー中、LNGタンクの累計納入実績ではトップシェアを誇る。国内のジェットエンジン製造の60〜70%を担う。大容量LNGタンクの建設工期を大幅に短縮する新工法を開発した。従来3年半かかっていたところを1年半に短縮させることに成功。

11 東洋エンジニアリング 6330 現在の株価 335円

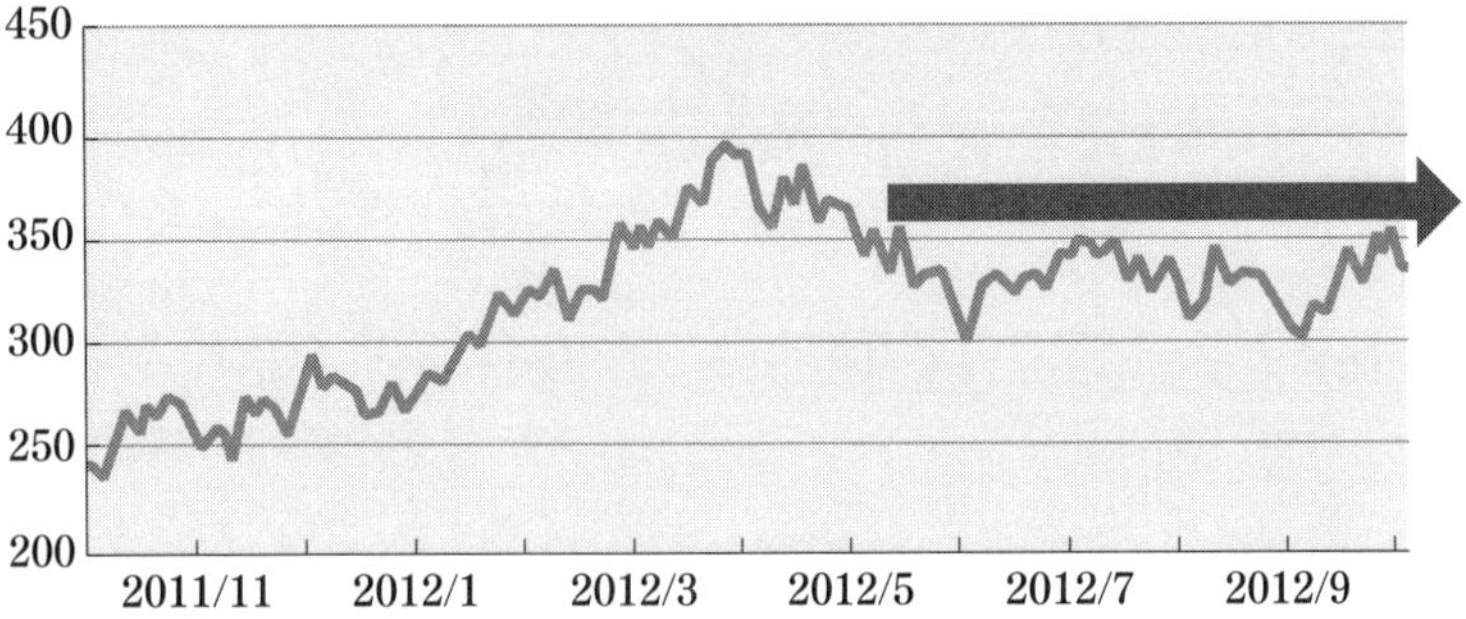

1961年設立の総合エンジニアリング大手。東洋高圧（現三井化学）の工務部門から独立した。化学肥料や石油・石化プラントを得意とする。ブラジルの製油所内用の設備をはじめ新規大型案件も好調。マレーシア国営石油会社から、浮体構造の洋上天然ガス液化・貯蔵・積み出し設備（FLNG）の基本設計業務を受注（他3社と連合）した。

12 明星工業 1976 現在の株価 242円

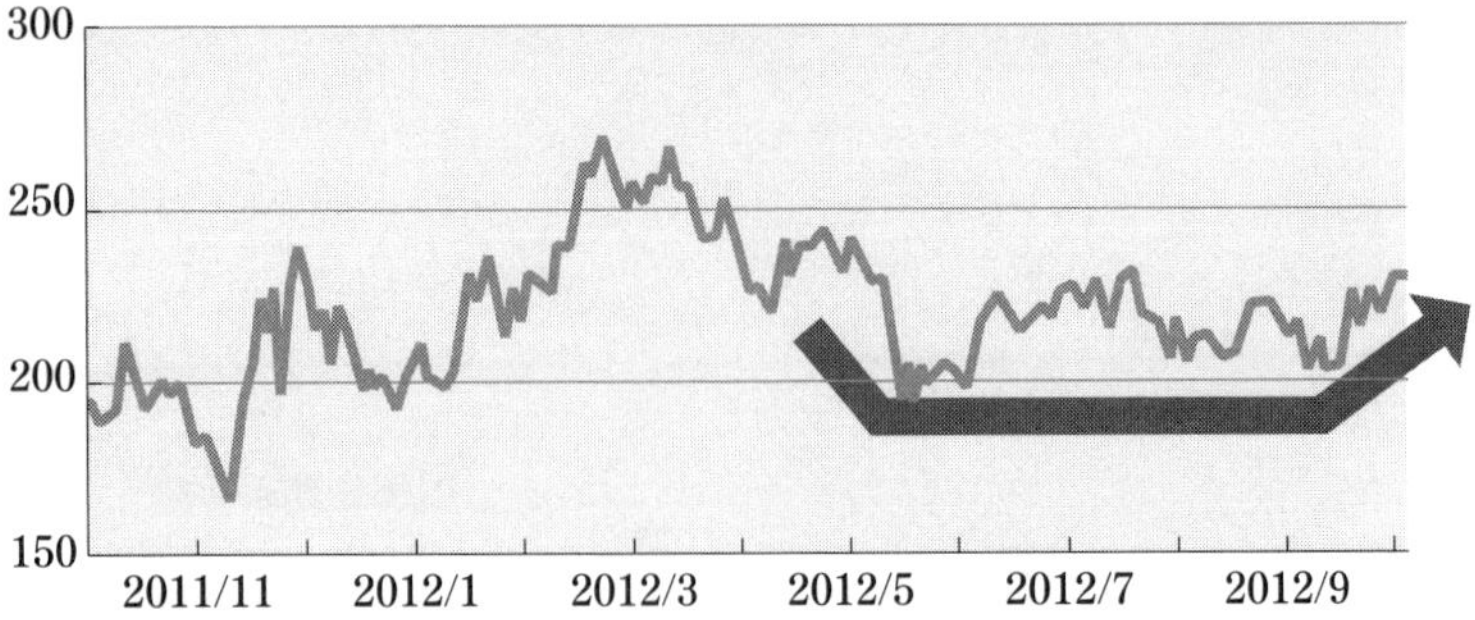

1944年設立の、熱絶縁工事に強い建設工事会社。海外のLNG出荷基地工事に実績がある。中でも工業炉で2000度もの高温から設備を守り、LNG運搬船でマイナス160度の超低温を保つ断熱技術に定評がある。パプアニューギニアのLNG開発関連事業が始動した。マレーシアやシンガポールなどの拠点拡充を目指す。

13 荏原《えばら》 6361　現在の株価 311円

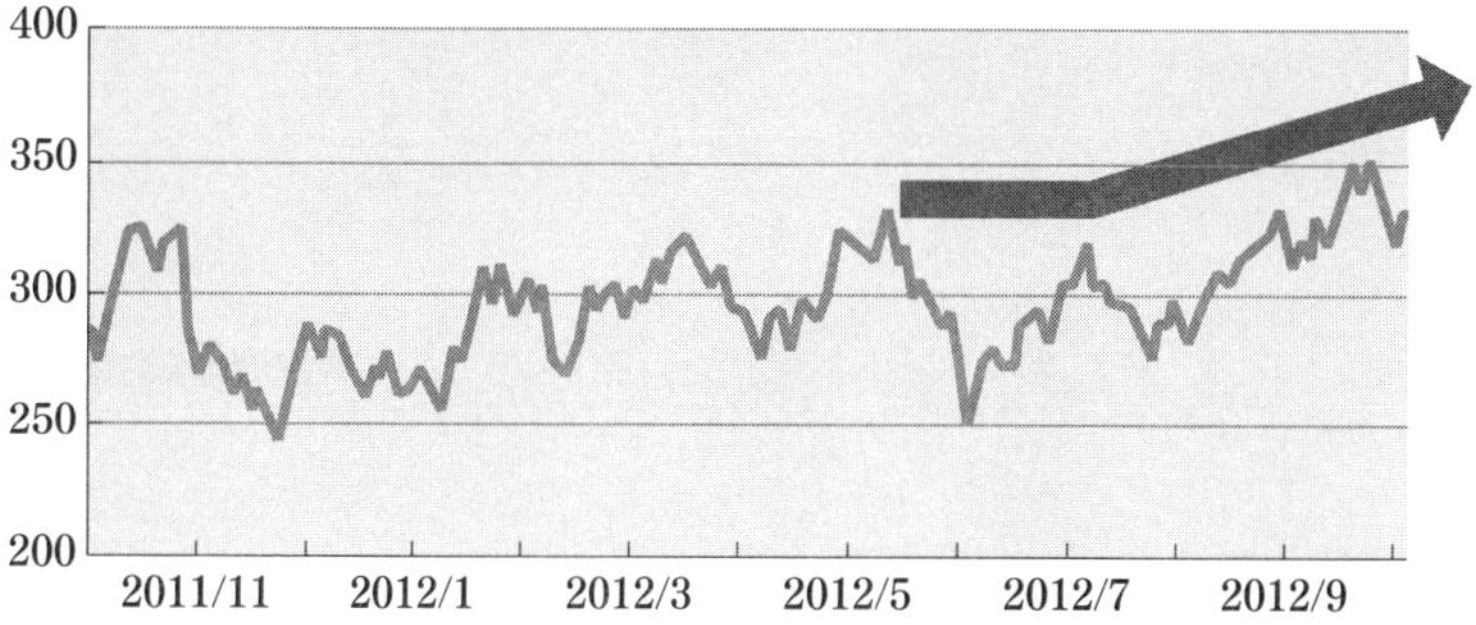

ようやく株価がテイクオフ（離陸）か。水処理の大手。1920年設立のポンプ総合メーカーである。環境対応のガス化溶融炉や半導体研磨装置など、トップ級の独自技術が多い。風水力事業、環境事業、精密・電子事業の3つの事業をグローバルに展開する。極低温対応型のクライオポンプがLNG向けで需要が拡大しており、世界シェア首位を生かして重点販促をかける。

14 千代田化工建設 6366　現在の株価 1,206円

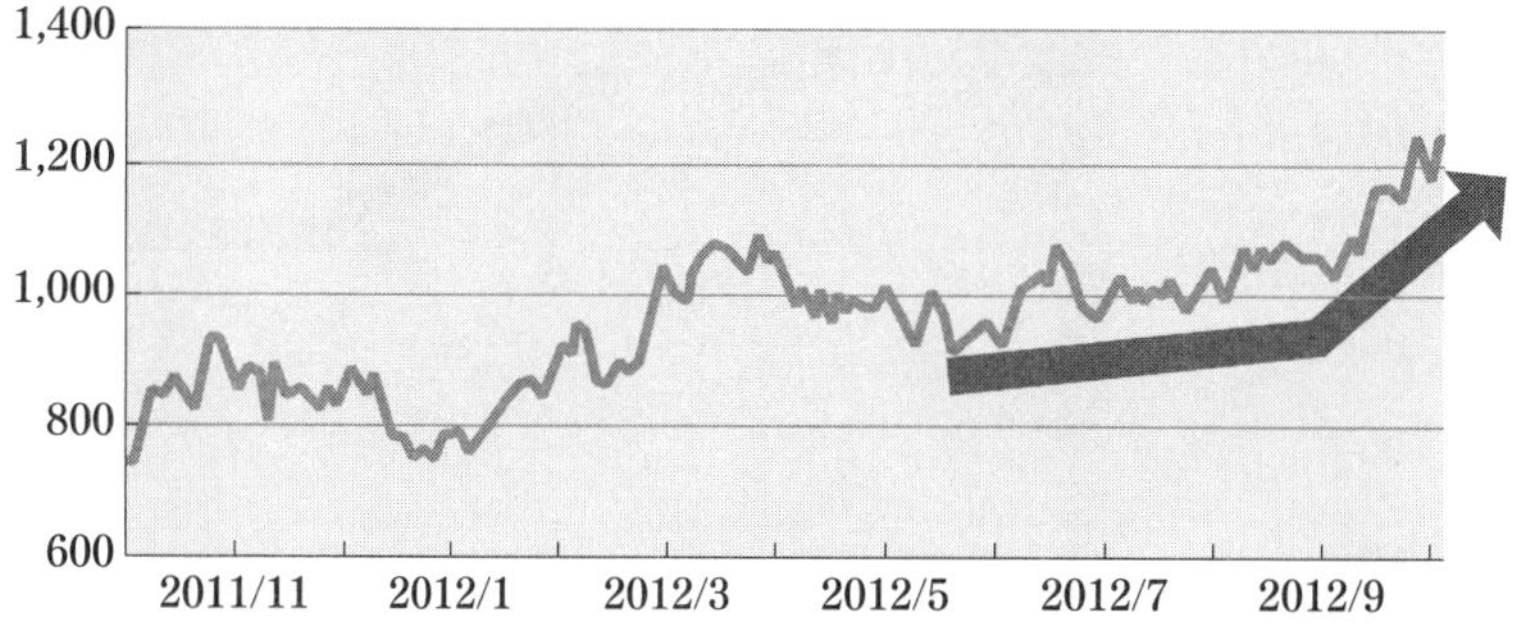

1948年設立の三菱商事系の総合エンジニアリング大手。LNG（液化天然ガス）プラントでは世界トップシェアを誇る。石油精製やエチレンなどのプラント建設も得意とする。LNGプラントは、主にアジア、オセアニア、中東などで展開中。東南アのLNG、日系シリコン工場の建設受注など海外大型案件も進む。

15 森下仁丹 4524　現在の株価 360円

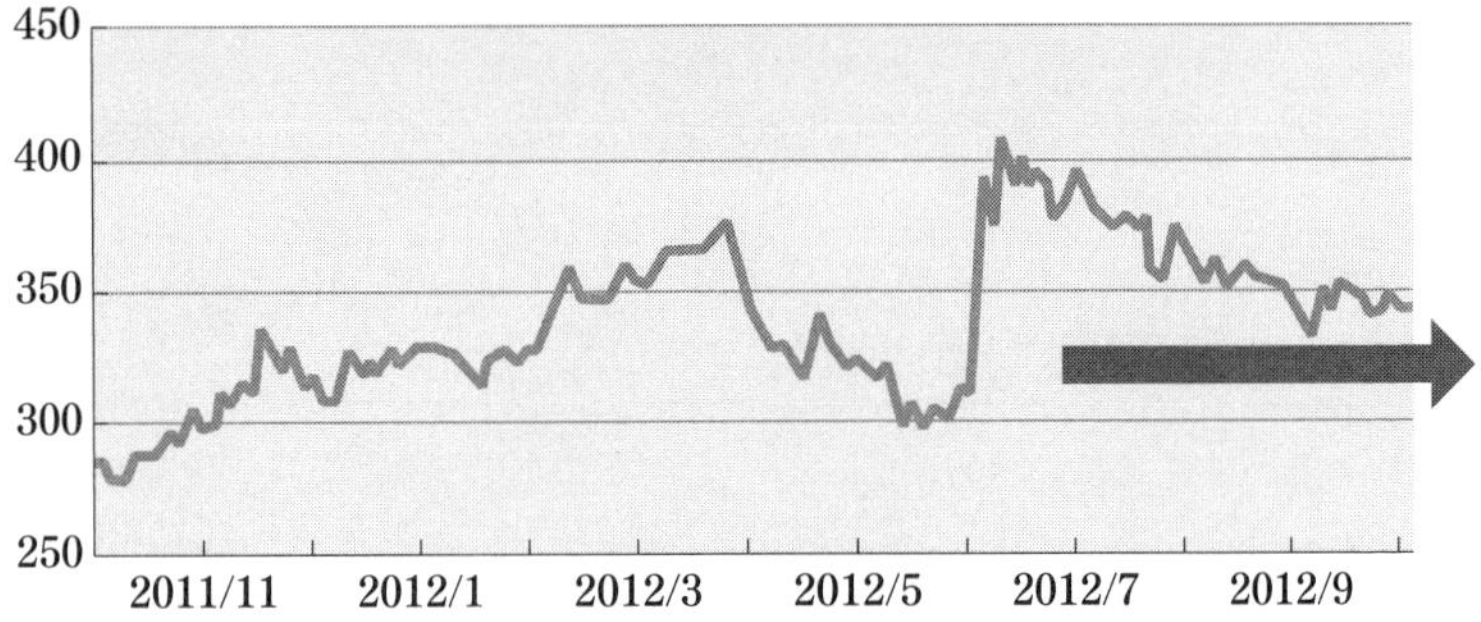

1936年設立で仁丹が代名詞。仁丹の製造から派生した独自のシームレスカプセル技術が中核。健康食品も主力事業。大阪府立大学と共同開発中の、微生物を利用するレアメタル回収の事業化を目指す。従来の回収方法に比べて安価な方法なので、注目されている。この希少金属回収システムの開発は、経済産業省の補助事業に採択された。

16 住友電気工業 5802　現在の株価 810円

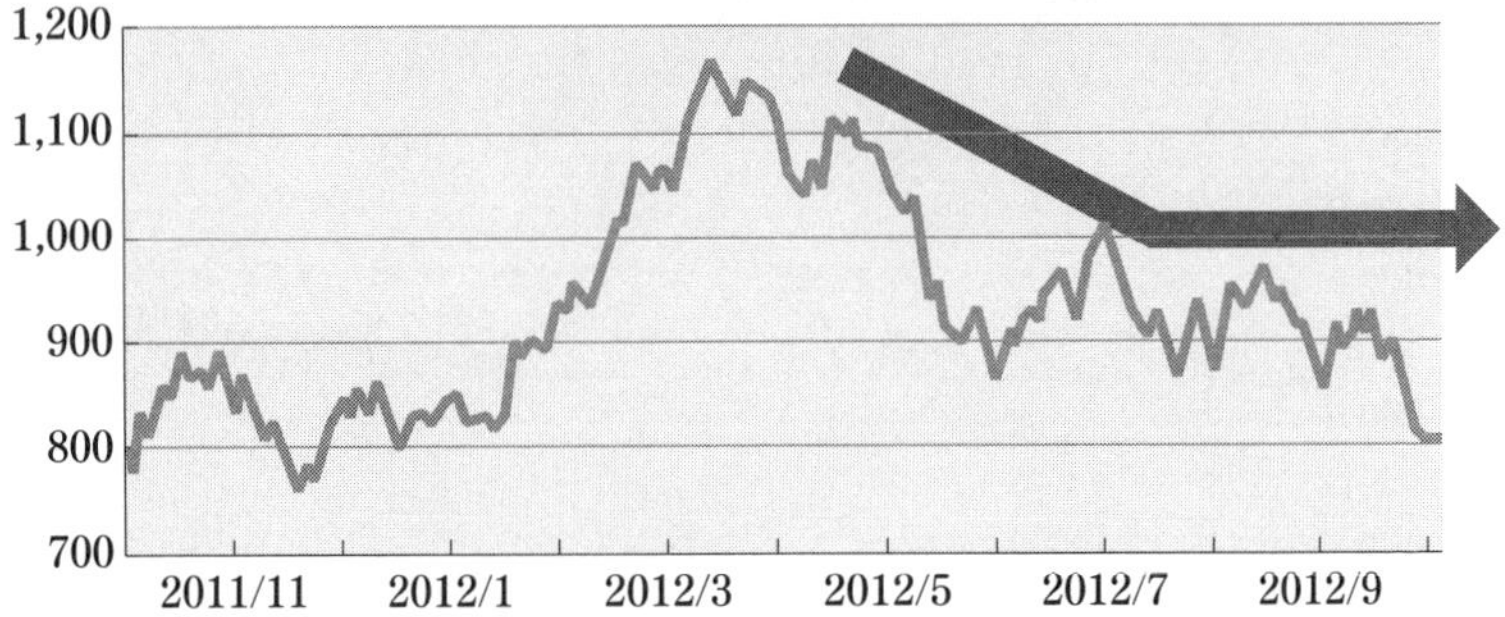

電線の最大手。創業は1897年で、住友伸銅場を開設し、銅板、銅棒とともに銅線（裸線）の製造を開始した。超硬工具に使用するタングステンなどのレアメタルを再利用する新工場を建設した。ピークカットや再生エネルギー導入の系統安定化用途で、独自開発のメガワット級の大規模蓄電池の事業化に意欲。

17 昭和シェル石油 5002 現在の株価 451円

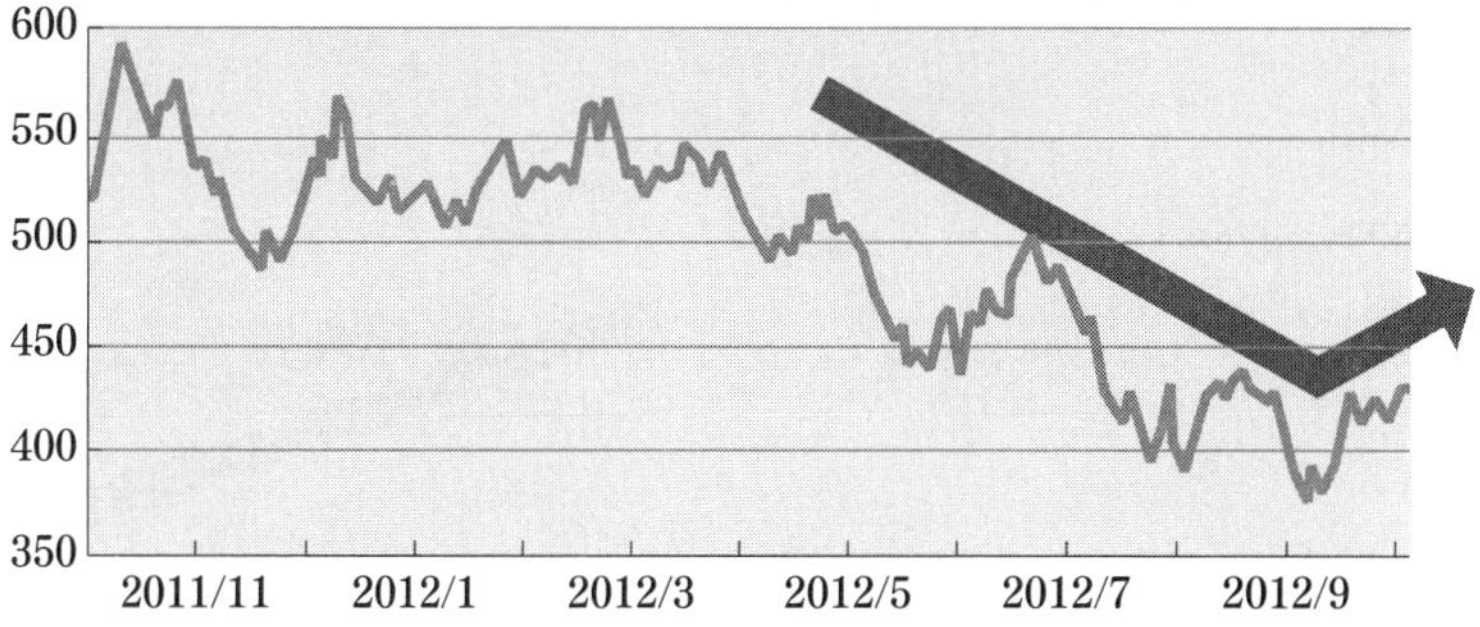

石油元売りの大手。売上の約9割が石油精製と販売事業によって占められている。太陽電池の開発が戦略事業で、株式市場では「再生エネルギー」、ないしは「代替エネルギー」関連銘柄として注目されることが多い。ガソリンの販売シェアは出光興産と並んで国内2位。筆頭株主は英ザ・シェル・ペトロリウム（保有株比率33.2%）。

18 出光興産 5019 現在の株価 6,960円

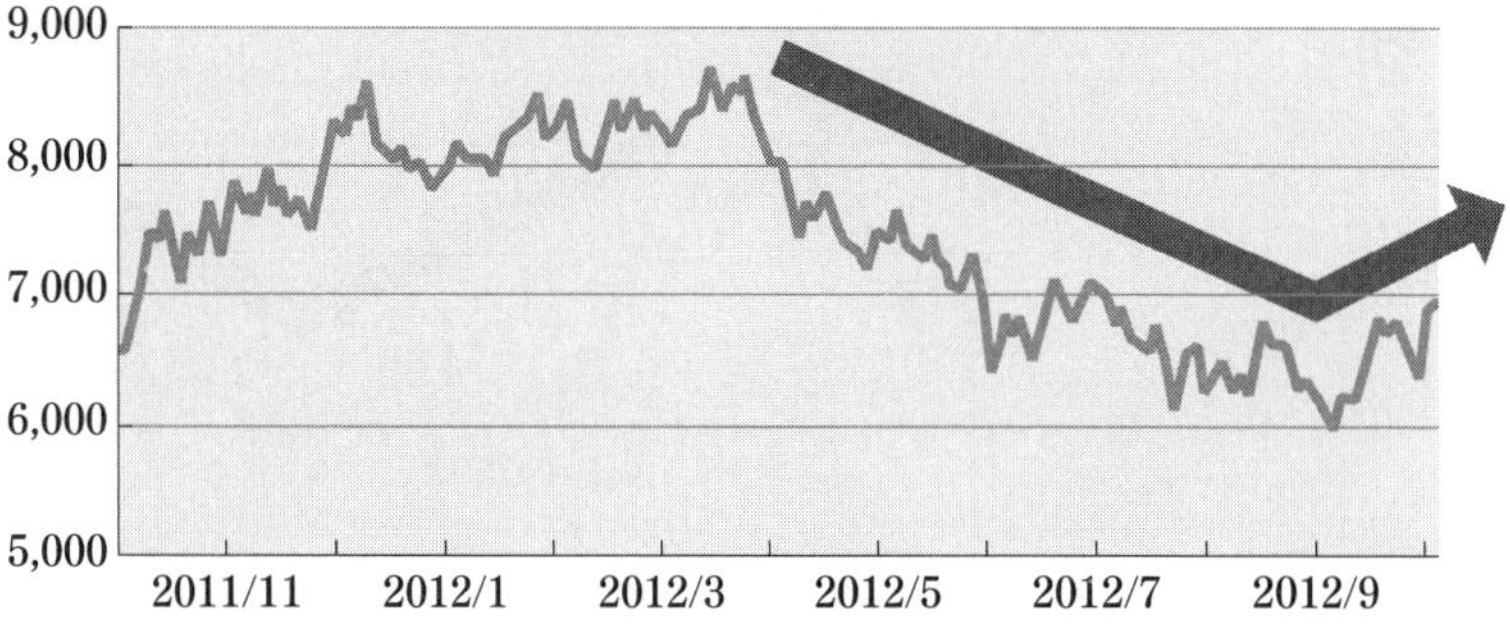

株価がようやく上向いた。国内石油元売りではJXホールディングスに次いで2位。石油精製、油脂製造、石油化学製品の製造・販売などの事業を展開している。2012年10月から、EV（電気自動車）向け充電ネットワークを拡大する。国内の充電ネットワークは2013年3月末までに50カ所に増やす計画だ。

19 三菱ガス化学 4182 現在の株価 380円

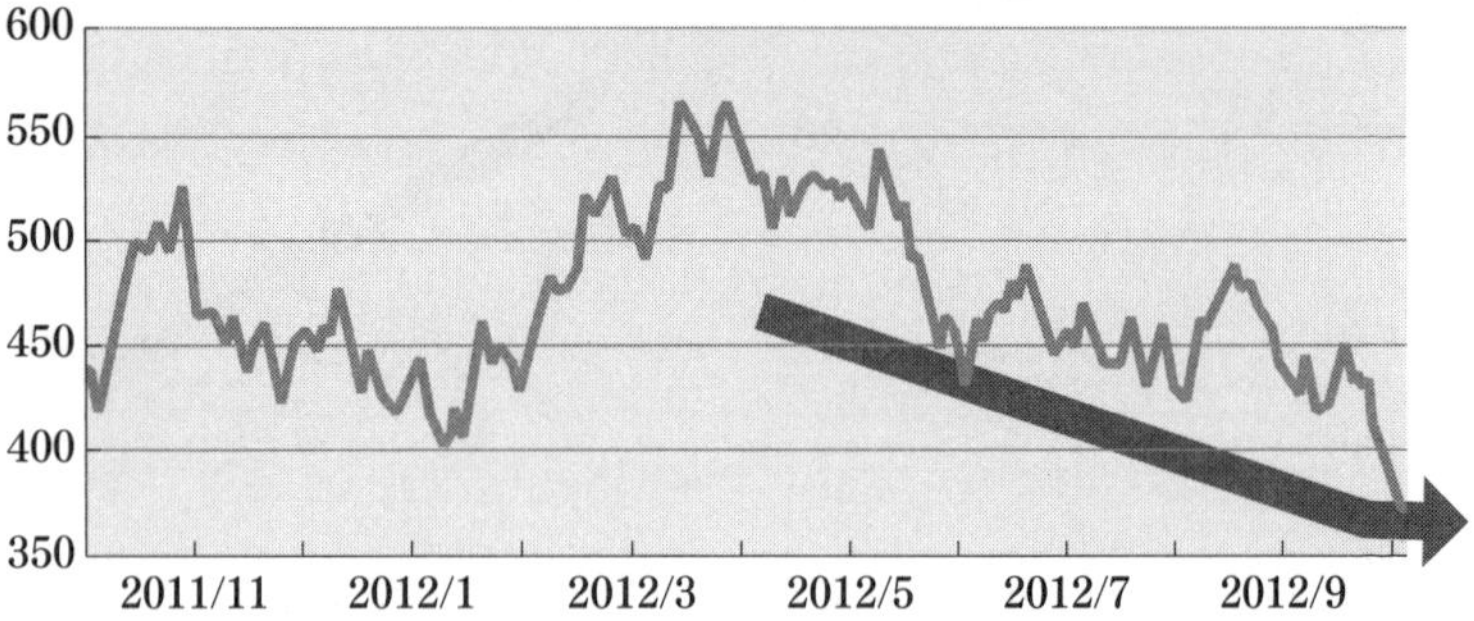

三菱グループの化学メーカー。日本海に天然ガスの自社鉱区を所有している。過酸化水素、キシレン誘導品、アンモニア誘導品、エンジニアリングプラスチックなどの化学品を生産。また、鉄が錆びるときに酸素を吸収する原理を応用した脱酸素剤「エージレス®」を世界に先駆けて商品化した。これは食品の鮮度保持などに、すでに私たちの周りで用いられている。

20 関東天然瓦斯開発 1661 現在の株価 422円

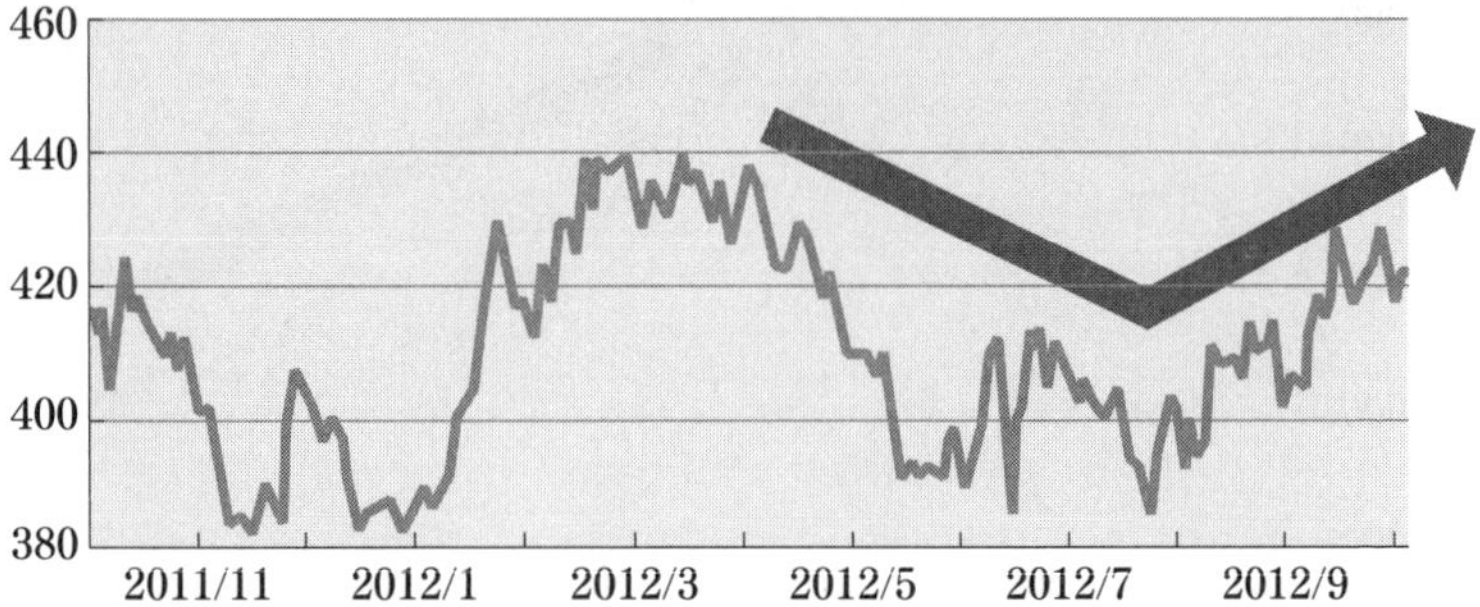

1917年設立。天然ガスの開発・採取・販売、それからヨードの製造・販売等の事業を行なってきた。南関東ガス田のうち千葉県茂原市を中心とした一帯の鉱区の天然ガス採掘権を所有している。これは推定可採埋蔵量973億立方メートルの、合計714平方キロメートルにわたる大きな鉱区である。可採埋蔵量は、現在の生産量の600年分にあたると言われている。

21 鉱研工業 6297　現在の株価 293円

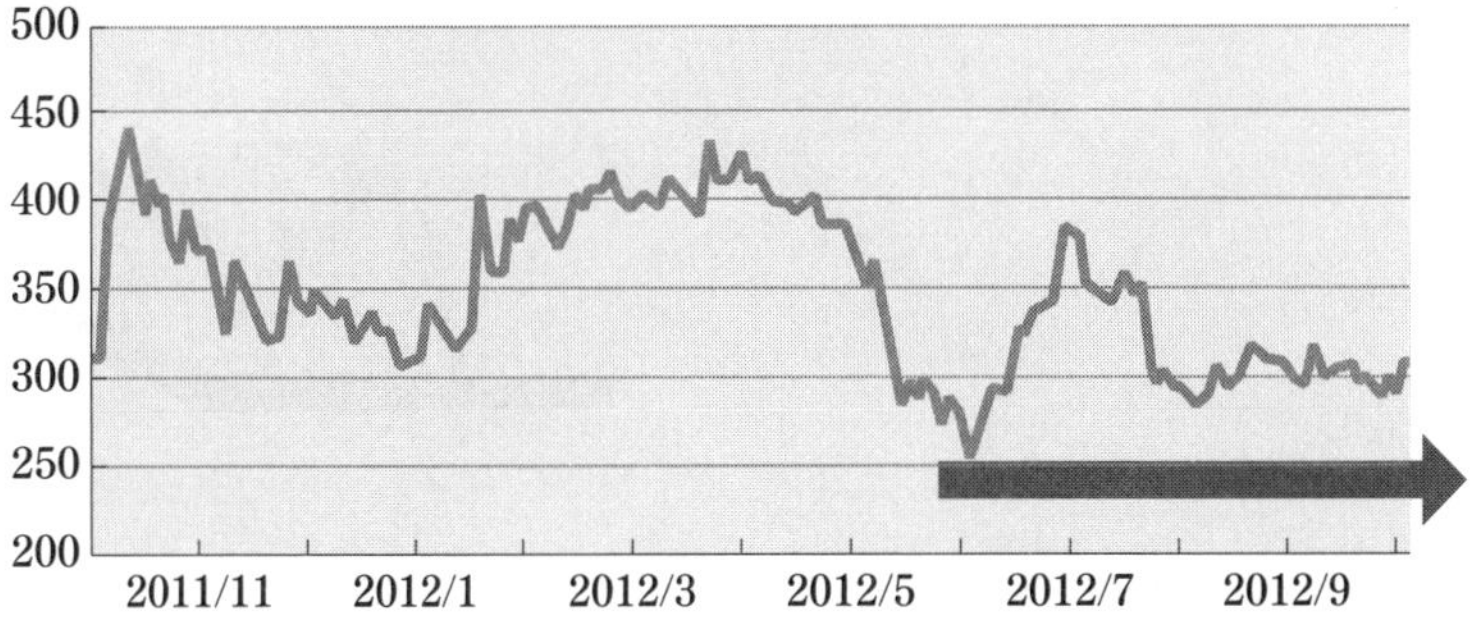

1947年設立。地下資源ボーリング工事用の掘削機械で国内有数のメーカー。温泉開発工事に強みを持つ。1957年、世界初の海底ボーリングマシンを開発して、海底炭田の調査を開始した。また同社参加の世界初のメタンハイドレート採掘試験が、渥美半島沖の海域で始まった。2013年にはメタンガスを取り出す計画である。

22 三井造船 7003　現在の株価 93円

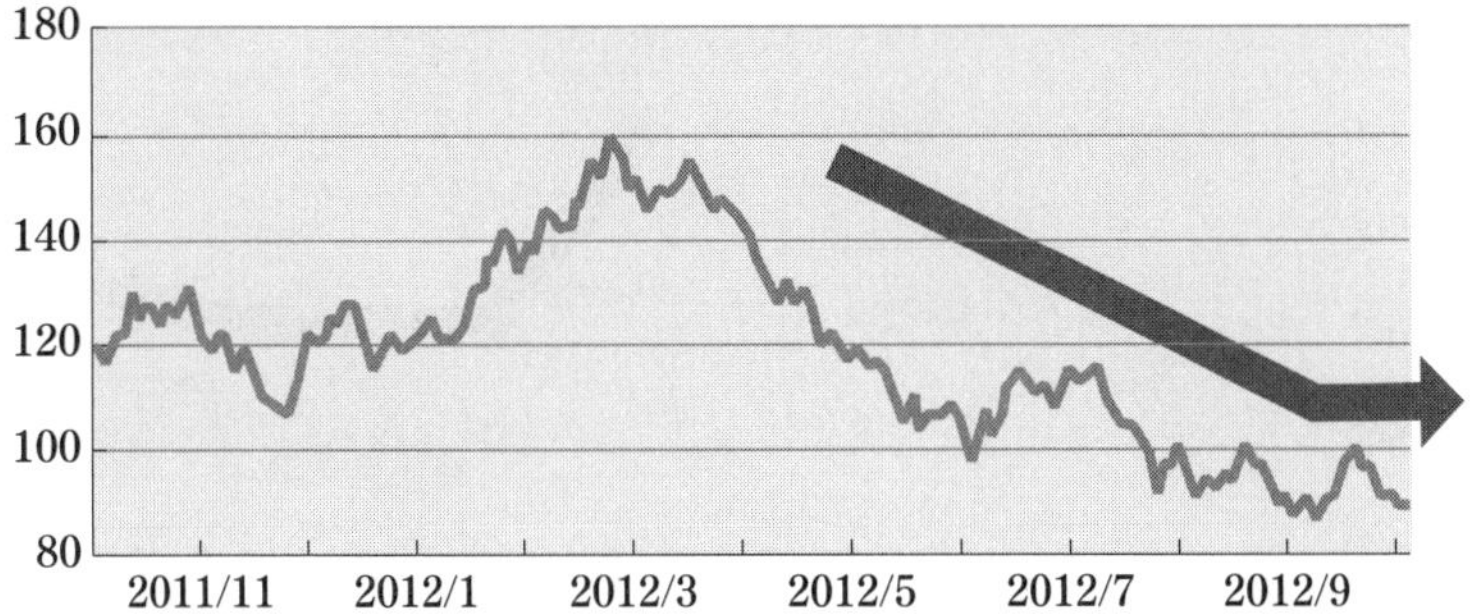

造船、機械、鉄構、プラントなどを手掛ける三井系の重工業メーカー。長い不況からようやく脱出か。1937年設立。船舶ディーゼルでは世界トップ。事業は「船舶海洋事業」、「機械事業」、「エンジニアリング事業」の3区分。エンジニアリング事業では、化学プラント、ごみ処理プラント、水処理プラント、資源リサイクルプラント、海外土木・建設工事全般、発電プラント、バイオマス発電事業などを手掛ける。

23 ビーピー・カストロール 5015 現在の株価 344円

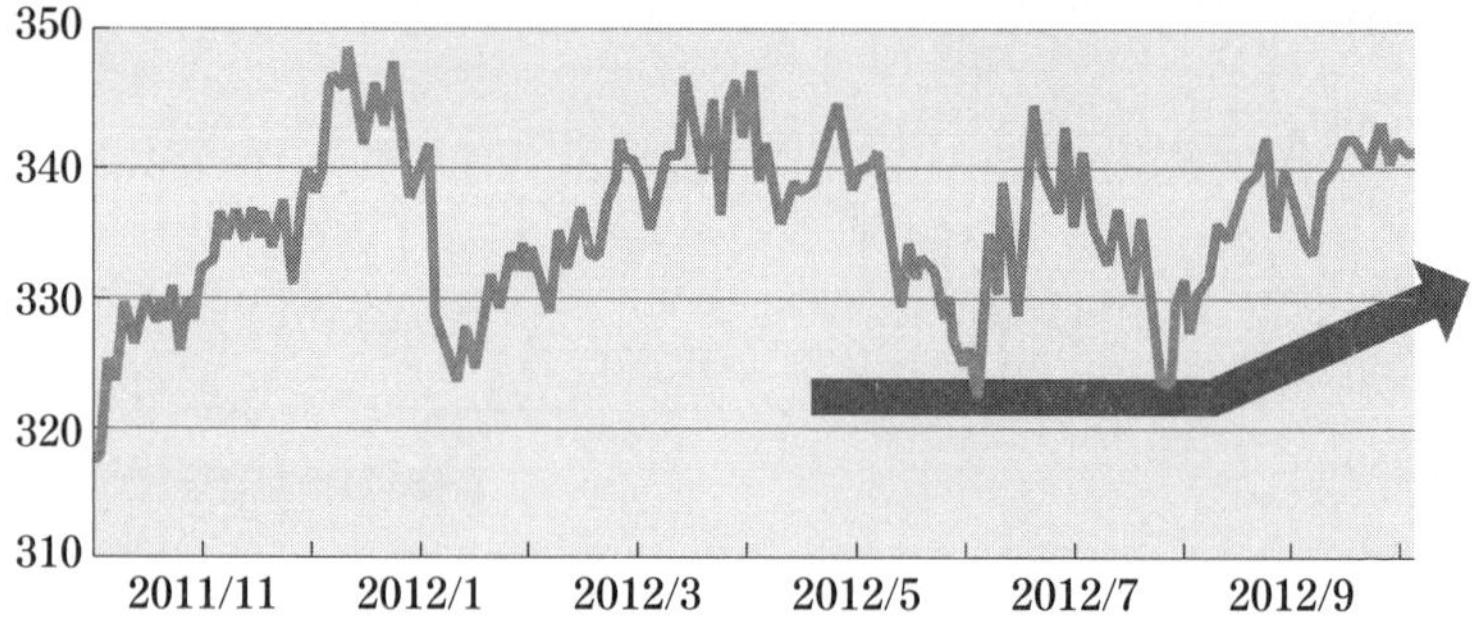

国際石油資本のBP（ブリティッシュ・ペトロリアム）が実質上の筆頭株主。2005年、BPジャパンと合併し、日本での自動車用潤滑油事業を統合した。環境対応オイルが順調。HV（ハイブリッド車）向けにオートマチックミッション用オイルの拡販を推進する。カーディーラー向け営業は新規顧客開拓に力点、販路拡大を加速する。

24 国際石油開発帝石《ていせき》 1605 現在の株価 479,000円

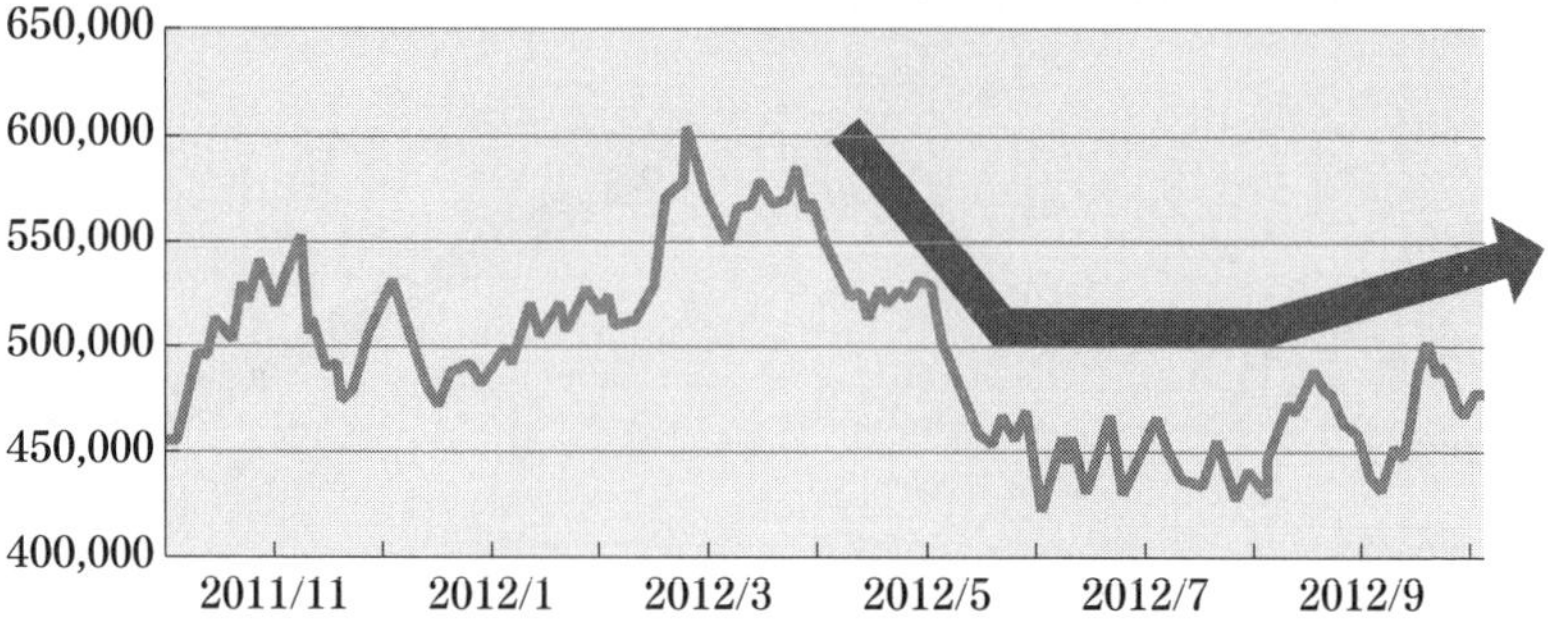

“帝石”である。資源開発の最大手。政府が株式を保有する国策会社。世界での原油と天然ガスの生産では中堅クラス。2006年に国際石油開発と帝国石油による共同持株会社を設立。さらに2008年には傘下の2社を吸収合併して、現社名に。権益取得によって、メキシコ湾ルシウス油田の権益を7.2%獲得した。2014年後半に原油・天然ガスの生産開始をもくろむ。

25 石油資源開発 1662　現在の株価 3,410円

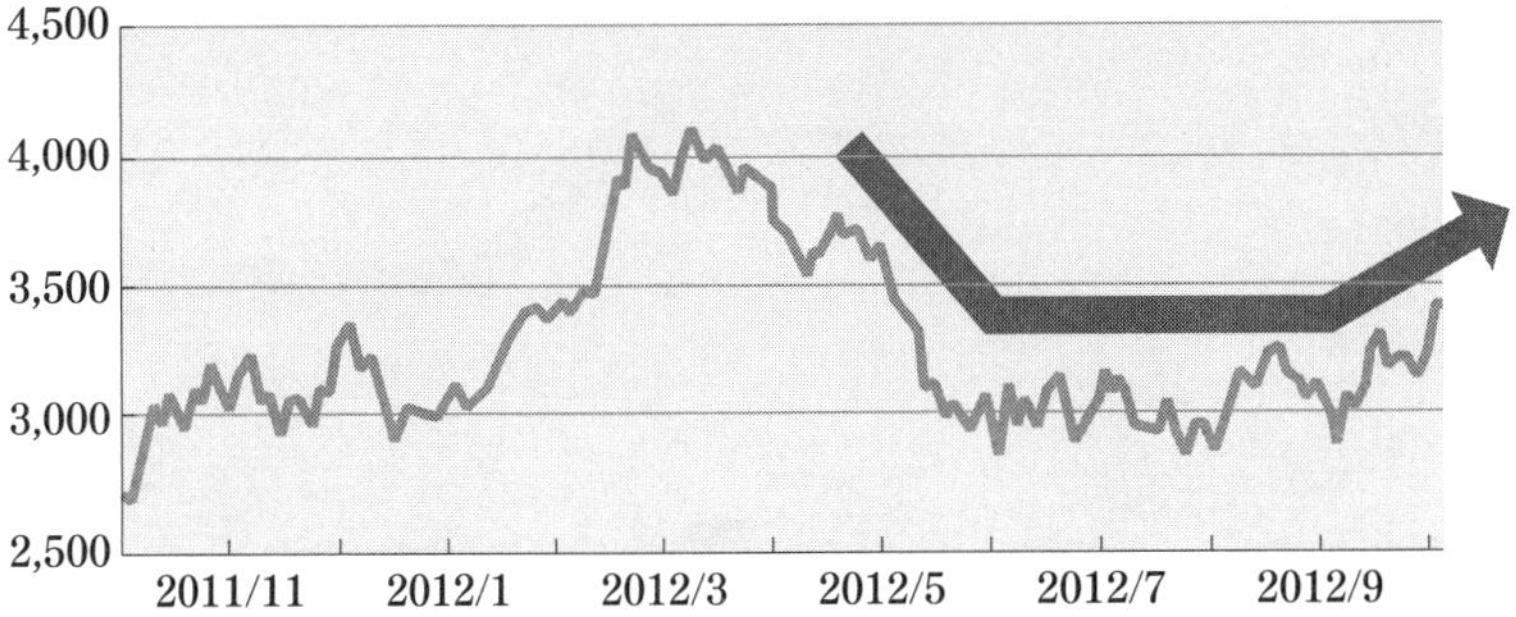

1970年発足の原油・ガス開発の専業会社。新潟、秋田などでの天然ガス田操業が大黒柱である。北海道苫小牧市勇払《ゆうふつ》で日産1500バレルの原油を確認、2012年冬から追加の探掘を行なう。秋田の鮎川油ガス田で国内初のシェールオイルの試験採取に成功した。海外ではカナダで、得意とする超重質油の生産も行なっている。

26 三菱商事 8058　現在の株価 1,348円

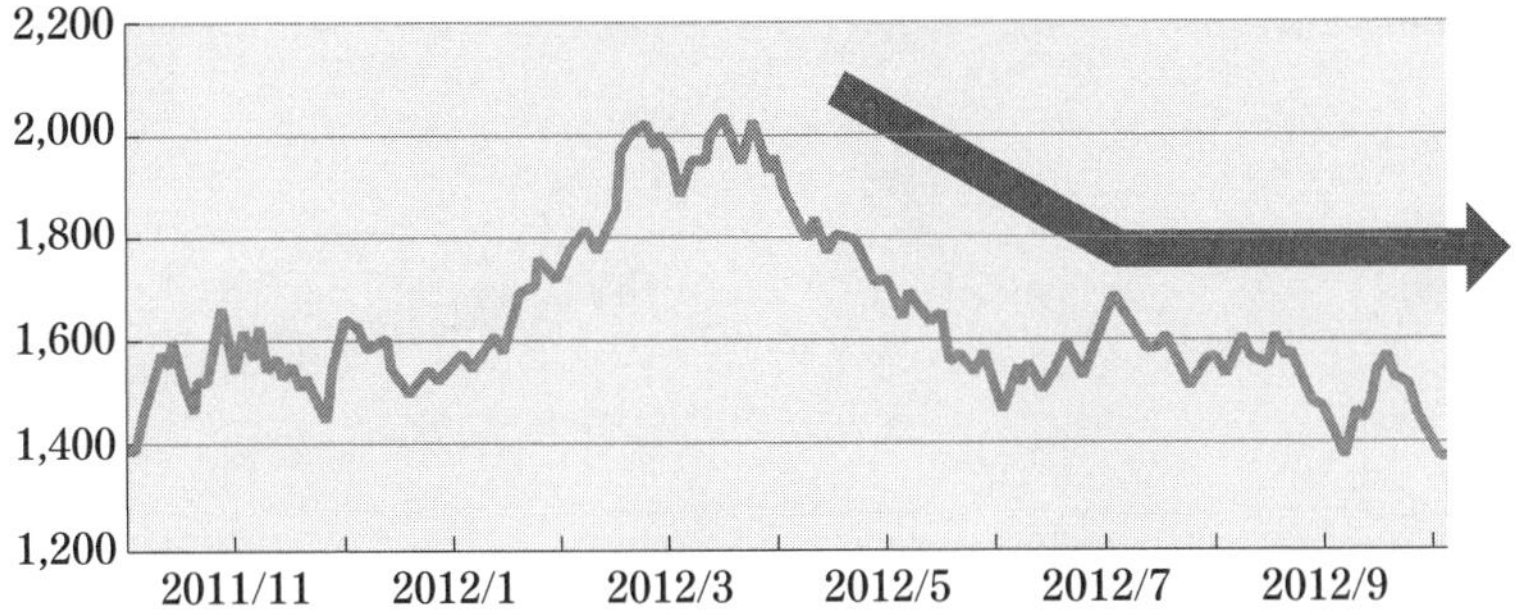

三菱グループの中核をなす国内最大の総合商社。エネルギー、金属、機械、地球環境ビジネスなど、世界中の現場で開発から生産・製造までを自ら行ない、事業を経営している。原料炭などの資源の自社保有を確実にし、機械、化学品、食品などの事業基盤が厚い。インドネシアで、待たれたテラン・ガス田からの商業生産が開始された。

27 三井物産 8031 現在の株価 1,098円

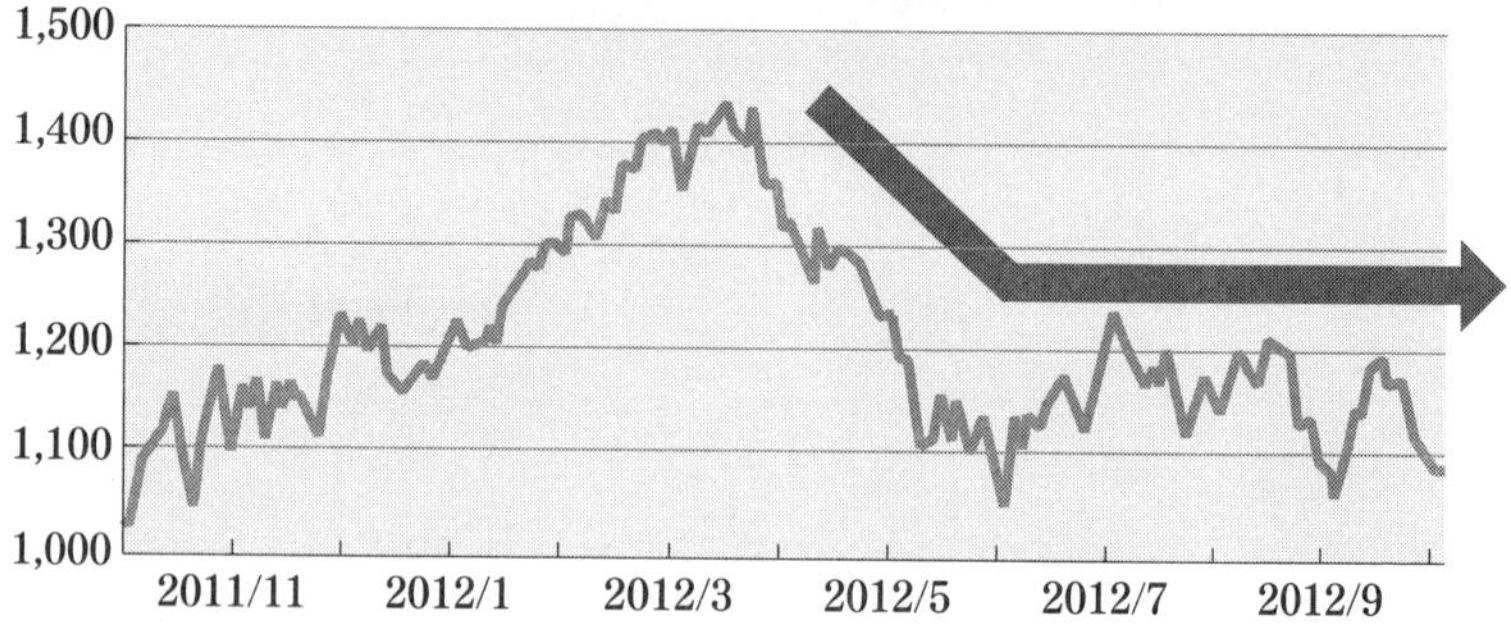

1876年創立の日本最初の総合商社で、三井グループの中核企業。エネルギー部門や金属資源部門で強みを発揮する。ここ数年鉄鉱石、原油の生産権益量は商社の中でトップ。2003年に、世界最大の鉄鉱石生産・販売会社であるブラジルのヴァーレ社の持ち株会社「ヴァレパール社」の株式を15%取得した。同社の権益比率に基づく鉄鉱石の持分生産数量は約4700万トンになった（2011年度）。

28 伊藤忠商事 8001 現在の株価 777円

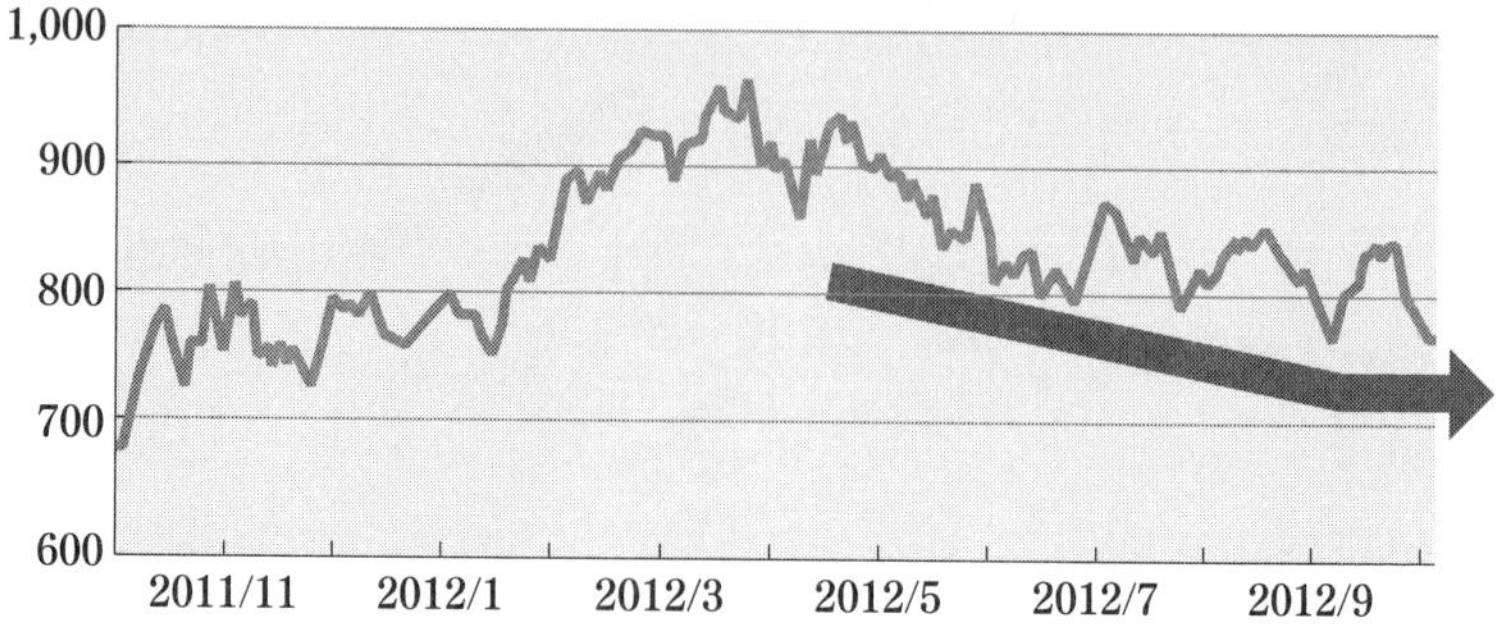

非財閥系の総合商社大手。衣料や中国ビジネスに強い。傘下にファミリーマート、不二製油などの有力企業を持つ。鉄鉱石の分野では、豪州で運営する鉄鉱山のジョイントベンチャーでの年間生産量が1.6億トンを超える。また、ブラジル鉄鋼大手の鉄鉱石生産・販売会社であるNAMISA社に、日韓企業連合の最大株主として資本参加している。

29 住友商事 8053 現在の株価 1,054円

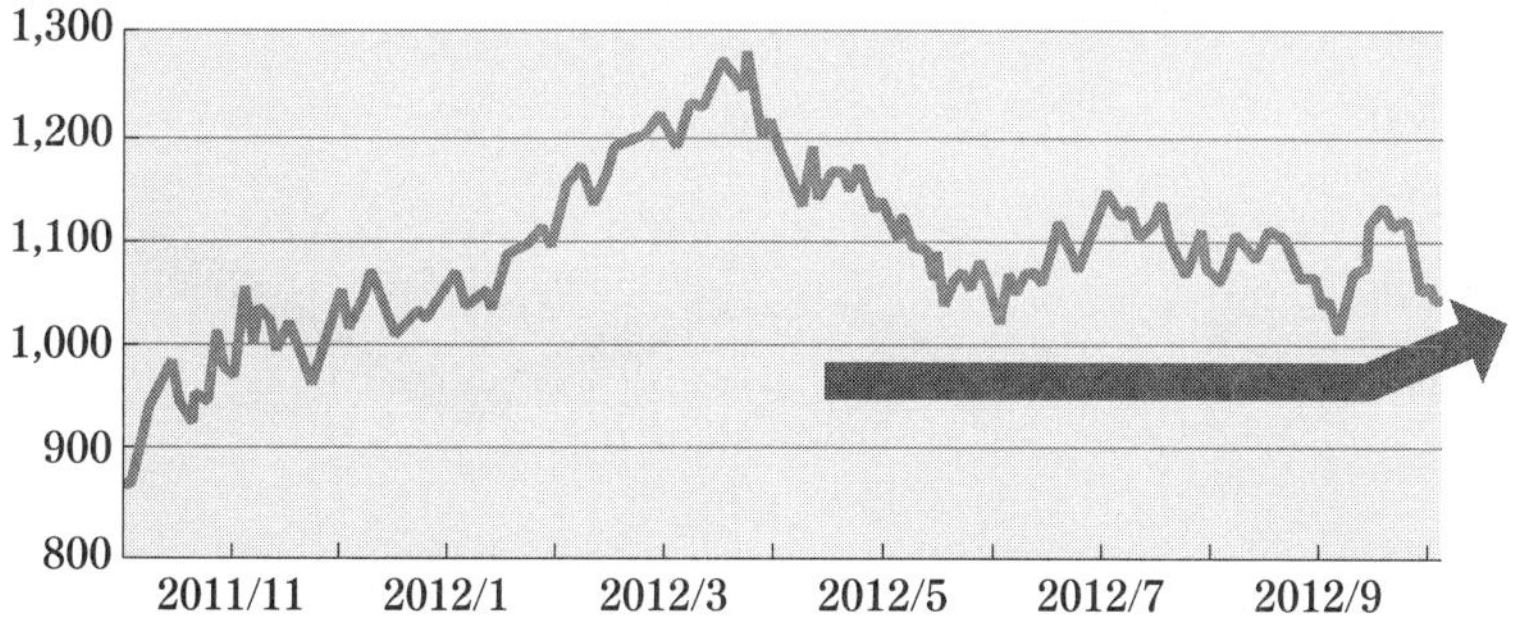

住友系の大手総合商社。鋼管や鋼材の取引に強みがある。が、収益構造としては特定の分野に偏らない、バランスのとれた事業内容となっている。世界的に需要が拡大している亜鉛・銀・鉛の安定的な供給源として、ボリビアの鉱山を開発している。また米国でシェール・ガスの液化加工を行なうドミニオン社とは、東京ガスと共同でガスの加工委託契約を締結した。2017年をめどに輸出を始める。

30 丸紅 8002 現在の株価 497円

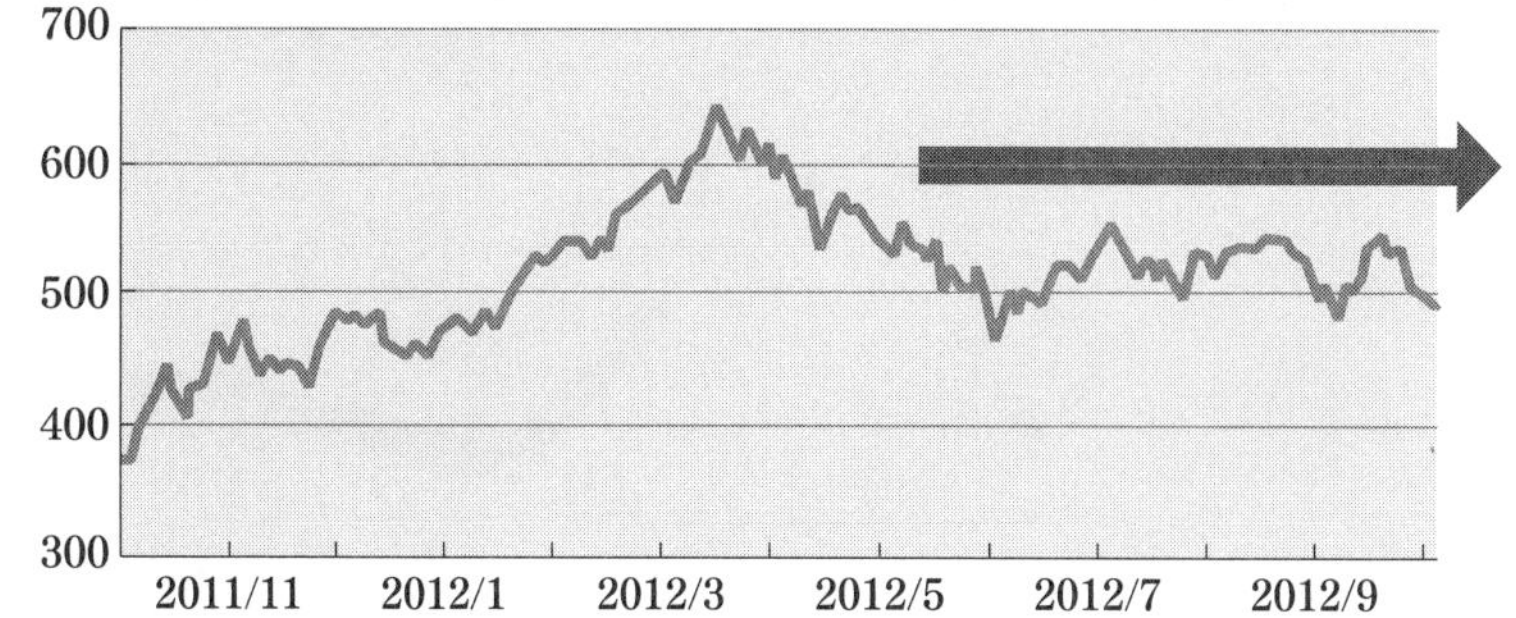

芙蓉《ふよう》（旧富士銀行）グループの大手総合商社。プラントや電力事業に強みを持つ。チリ北部のシエラゴルダ地区で銅鉱山開発を進めている。2012年3月期にはアントコヤ鉱山への参画を決定した。同プロジェクトで生産開始後の丸紅持分数量は、銅地金換算で15万トン。また石炭では、豪州で製鉄コークス原料用炭を中心に多くの炭鉱事業を手掛けている。石炭持分数量は900万トンとなる予定。

31 日揮《にっき》 1963

現在の株価 2,684円

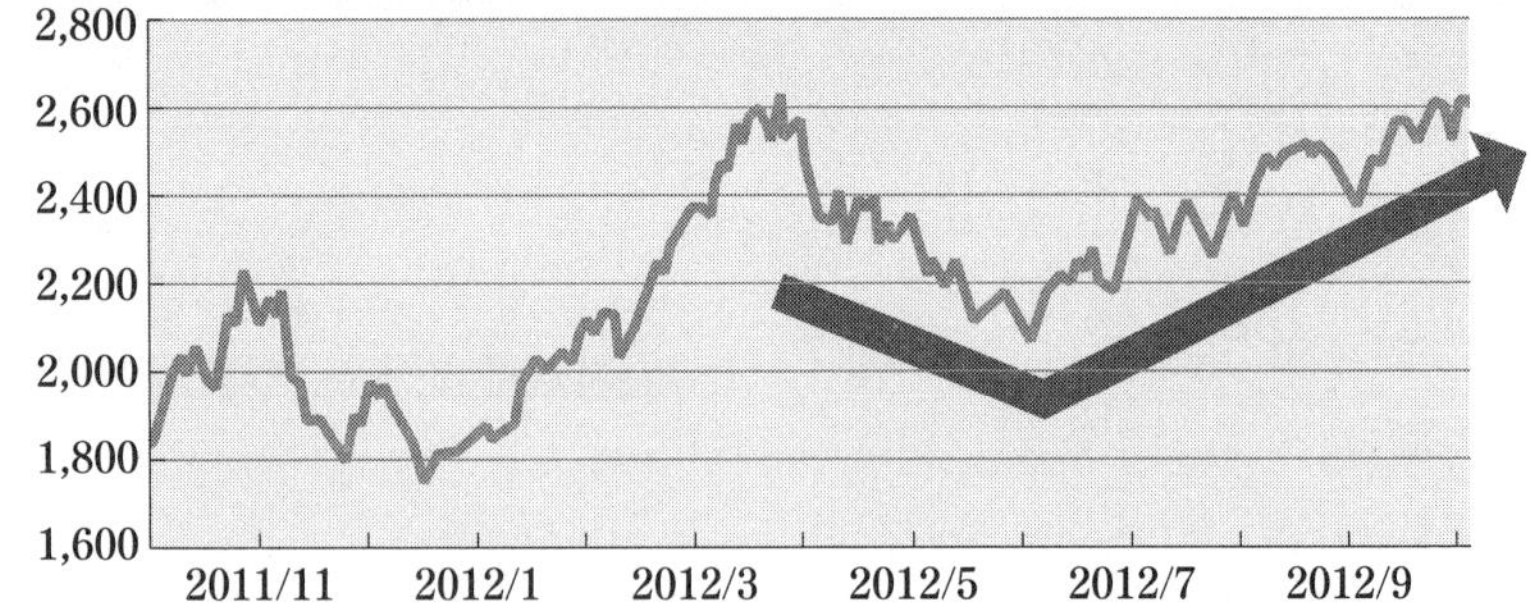

1928年設立の日本初のエンジニアリング会社。三井グループ。LNG技術の草分けである。各種のプラント建設の事業を展開。国際石油開発帝石と共同で設立したインペックス・ガス・ブリティッシュ・コロンビア社は、カナダの石油・天然ガス開発会社であるネクセンがカナダに保有するシェール・ガス鉱区で、各鉱区の40%の権益を取得した。

32 トーヨーカネツ 6369

現在の株価 150円

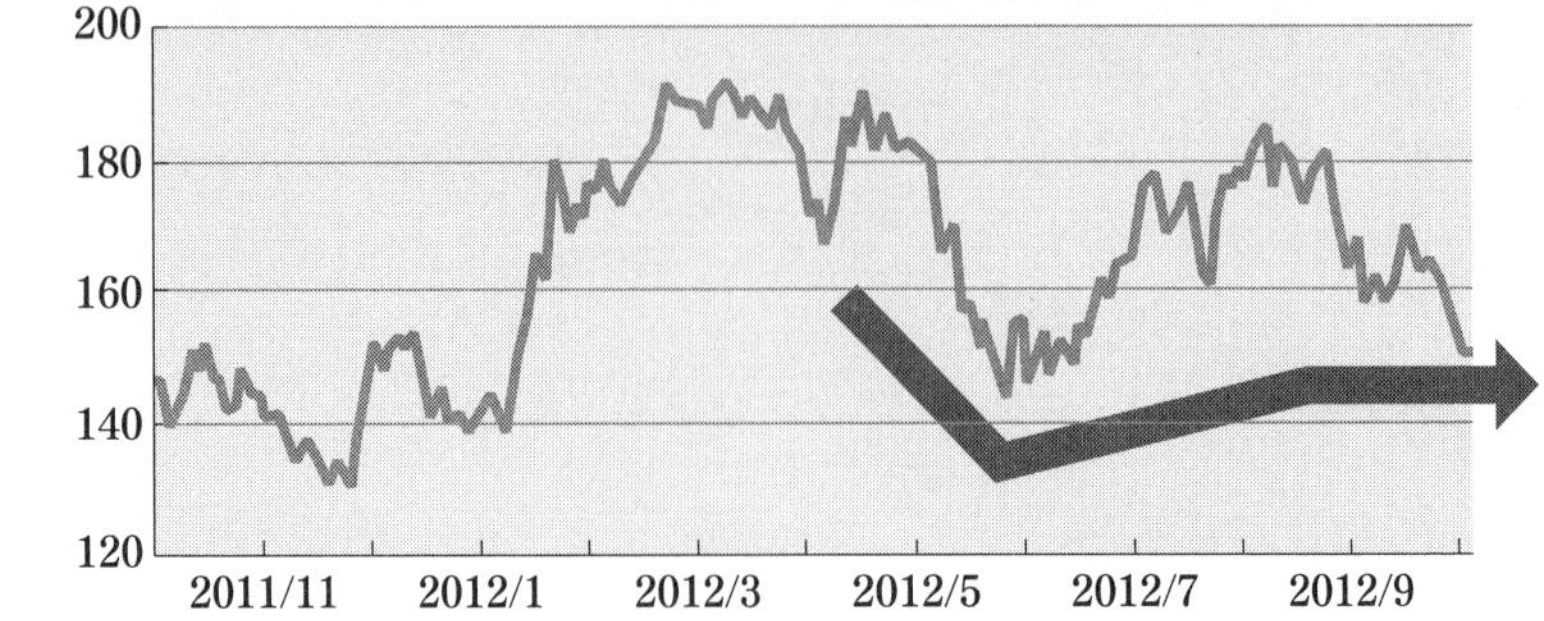

1941年設立で、石油・LNGタンクの建設工事で業界大手。世界各地でさまざまなタンク製造を拡充しており、中でも天然ガス用タンクは世界2位の製造シェアである。原油タンク（陸上）では18万キロリットル、LNG（陸上）では18.8万キロリットルという世界最大級タンクを建設した。世界各地に建設したタンクの実績は5300基を超える。

33 東京ガス 9531 現在の株価 425円

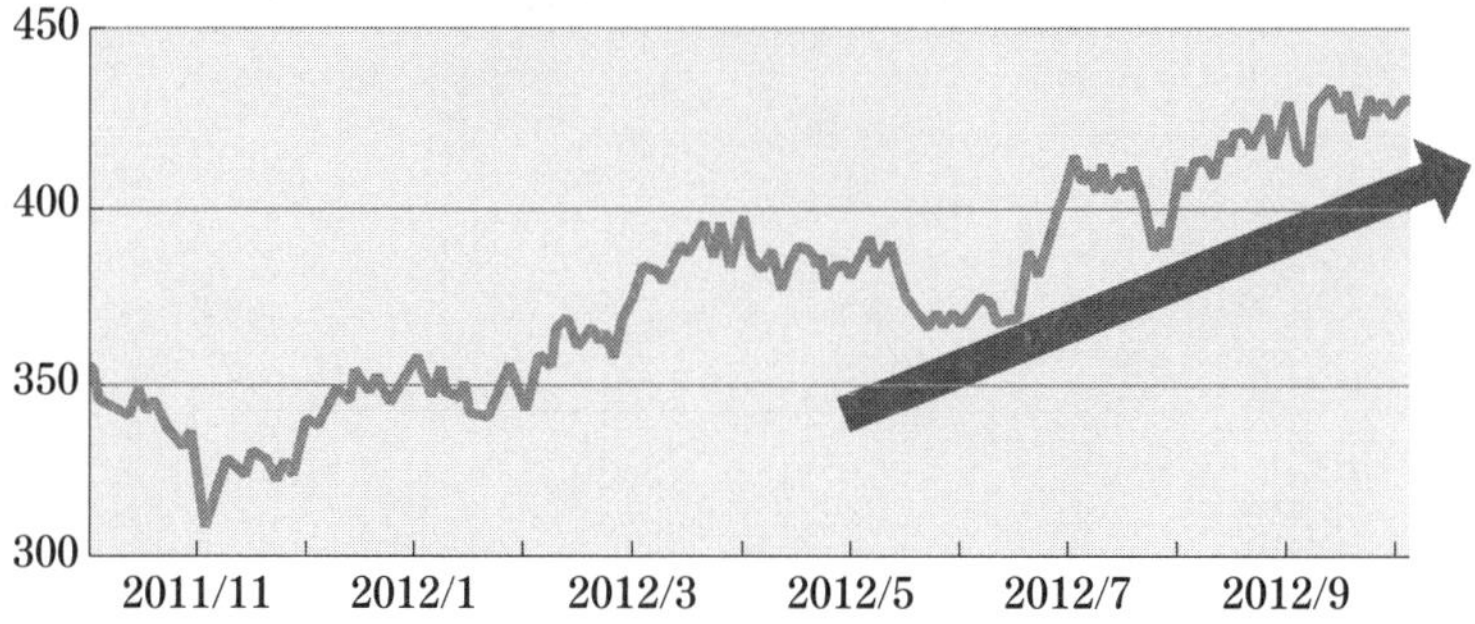

1885年設立の都市ガス最大手。電力会社への国民の強い批判を静かに受け止める。原料天然ガス化に先鞭をつけた。海外のガス田開発も活発に行なった。地域冷暖房計画に注力、新エネルギー開発にも着手した。海外からのLNG導入を推進しており、供給体制の強化を推進する。高圧ガスパイプライン「千葉－鹿島ライン」も完成した。

34 応用地質 9755 現在の株価 925円

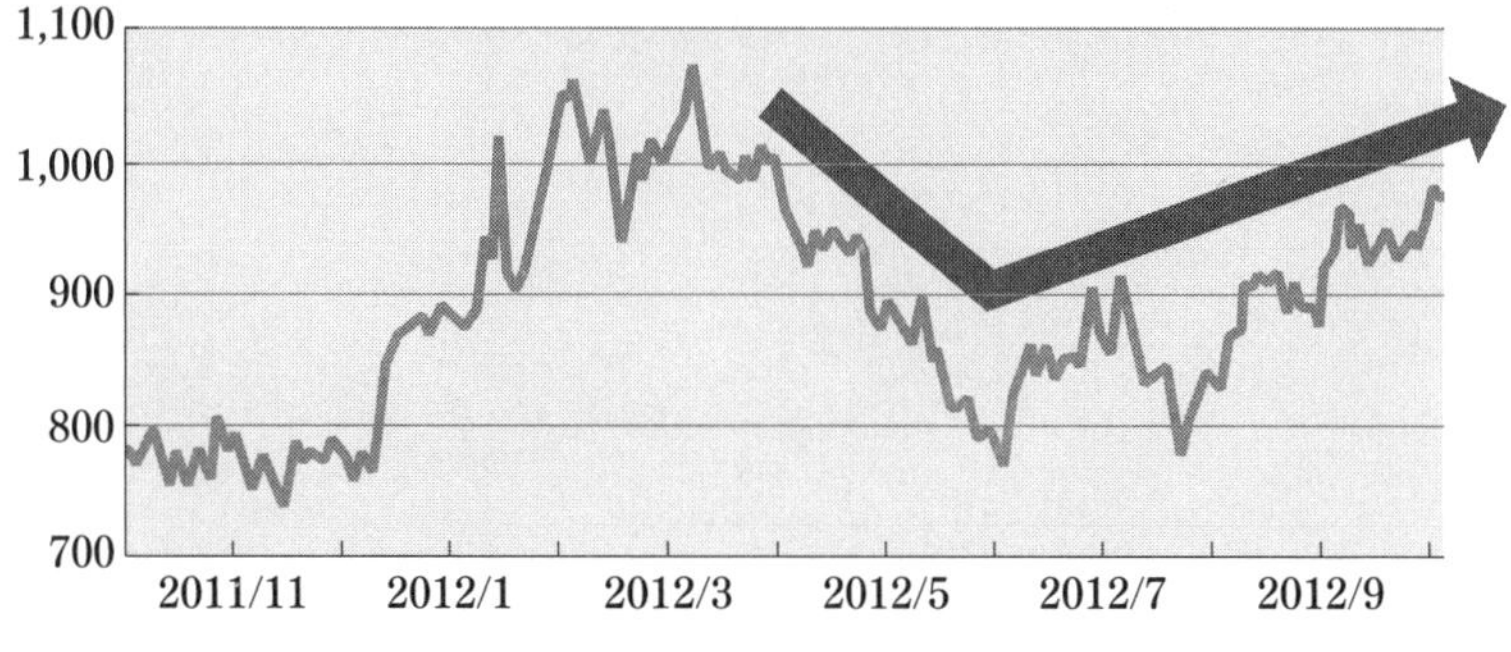

1957年設立の地質調査の最大手。建設コンサルタントとしての売上も業界上位である。国内外で計測機器の製造、販売、設置を展開する。鉱物資源の海洋調査機器でも高い実績をあげている。また工場や発電所から排出される二酸化炭素を分離・回収し、地層中に貯留する技術「CCS」にも取り組む。

切りとり線

★読者のみなさまにお願い

この本をお読みになって、どんな感想をお持ちでしょうか。祥伝社のホームページから書評をお送りいただけたら、ありがたく存じます。今後の企画の参考にさせていただきます。また、次ページの原稿用紙を切り取り、左記編集部まで郵送していただいても結構です。

お寄せいただいた「100字書評」は、ご了解のうえ新聞・雑誌などを通じて紹介させていただくこともあります。採用の場合は、特製図書カードを差しあげます。

なお、ご記入いただいたお名前、ご住所、ご連絡先等は、書評紹介の事前了解、謝礼のお届け以外の目的で利用することはありません。また、それらの情報を6カ月を超えて保管することもありません。

〒101―8701（お手紙は郵便番号だけで届きます）
祥伝社　書籍出版部　編集長　岡部康彦
電話03（3265）1084
祥伝社ブックレビュー　http://www.shodensha.co.jp/bookreview/

◎本書の購買動機

＿＿＿＿新聞の広告を見て	＿＿＿＿誌の広告を見て	＿＿＿＿新聞の書評を見て	＿＿＿＿誌の書評を見て	書店で見かけて	知人のすすめで

◎今後、新刊情報等のパソコンメール配信を　　希望する　・　しない

◎Eメールアドレス　※携帯電話のアドレスには対応しておりません

@

100字書評

ぶり返す世界恐慌と軍事衝突

住所

名前

年齢

職業

ぶり返《かえ》す世界《せかい》恐慌《きょうこう》と軍事《ぐんじ》衝突《しょうとつ》

平成24年11月10日　初版第１刷発行

著　者　副《そえ》島《じま》隆《たか》彦《ひこ》

発行者　竹内和芳

発行所　祥《しよう》伝《でん》社《しや》

〒101-8701
東京都千代田区神田神保町3-3
☎03(3265)2081(販売部)
☎03(3265)1084(編集部)
☎03(3265)3622(業務部)

印　刷　堀内印刷

製　本　ナショナル製本

ISBN978-4-396-61438-6 C0033　Printed in Japan
祥伝社のホームページ・http://www.shodensha.co.jp/

2011年刊

The U.S. Dollar-gold linkage must cut

「金《きん》・ドル体制《ブレトンウッズ》」の終わり

もうすぐ大恐慌

「ユーロ恐慌」から世界恐慌へのシナリオを描ききった衝撃作！

副島隆彦

祥伝社